築島　裕　編

高野山
西南院藏本
和泉往來總索引

古典籍索引叢書
9

古典研究會

「古典籍索引叢書」刊行に當つて

先般「古辭書音義集成」を編纂して、古典籍の影印を企畫した折には、專門的な典籍であるに
も拘らず、江湖の士より多くの御支援を頂き、全二十册を刊行することが出來た。これは、古寫
本といふ第一等資料が學界で重視され、活用されてゐる、何よりの證しであると思はれる。

近年、古典籍の索引の編纂刊行は、厖大な數に上つてゐる。その編集方針も、編者により千差
萬別であるが、筆者は、「古辭書音義集成」編纂の趣旨を活かして、後世の轉寫本や活字本でな
く、出來る限りの古い時代の、しかも信憑性の高い本文を選び、資料的價値の高い寫本を選び、
それに直接基づいた索引の類を集成して、索引叢書を編することを企畫した。本文については、
近時刊行されて容易に見得るものはこれを省略したが、未刊行のものや、往年刊行されて、現在
入手の困難なもの等については、その影印又は翻刻を併せて收載した。

本叢書に收めた文獻は、何れも國語學、國文學、國史學等の研究資料として、夙に定評のある
ものであるが、凡て編者自身によつて、他の助力無しに親しく編纂されたものである。各册ごと
に體裁は必ずしも統一されてゐないが、夫々に編者の創意工夫が盛り込まれた、努力研鑽の成果
である。この叢書が、諸學の研究に聊かでも貢獻することが出來れば幸甚である。

この刊行に當つては、貴重なる文獻の影印・翻刻に關して、宮内廳書陵部、東京國立博物館、名古屋市博物館、石山寺、醍醐寺、高野山西南院、陽明文庫、德川黎明會、五島美術館、學習院大學、書藝文化院等より、格別の御高配、御允許を賜り、鷲尾隆輝猊下、鷲尾遍隆師、麻生文雄猊下、故和田有玄猊下、和田有伸師、岡田祐雄師、加來大忍師、名和修氏、大野晉博士、故木村正中教授、岡崎久司氏を始とする多くの方々には、種々御芳情を忝うした。又、古典研究會の會員諸氏から、多くの有益な御助言、御援助を賜つた。關係各位の御厚意に對し、深甚なる感謝の意を捧げる次第である。

平成五年一月

古典研究會代表者　米山寅太郎

同「古典籍索引叢書」監修者　築島裕

古典籍索引叢書　第九卷　目次

「古典籍索引叢書」刊行に當つて ……………………………… 米山寅太郎
築島　裕

西南院藏本 高野山 和泉往來總索引 ………………………… 築島　裕編

凡　例

影　印 ……………………………………………………………… 一

翻字篇 ……………………………………………………………… 四三

翻字篇注 …………………………………………………………… 六九

譯文篇 ……………………………………………………………… 九五

和訓索引 …………………………………………………………… 一二五

字音索引 …………………………………………………………… 二一七

漢字索引 …………………………………………………………… 二七一

漢字索引部首一覽 ………………………………………………… 二七二

あとがき …………………………………………………………… 三三七

高野山西南院藏本 和泉往來 凡例

高野山西南院藏本『和泉往來』は、卷子本一卷、紙高二九・六糎、全長六四七・五糎、界線無く、全十五紙を有する。

一行の字數は十八字前後、一紙の行數は八行（第十紙）乃至二十二行（第十紙）と區々であるが、多くは十八行前後である。界線が無く、料紙の繼目に書寫してゐる箇所もあるので、このやうに不統一なのであらう。尚、一紙長は四四・五糎（第二紙）程である。内題、尾題各一行、本文二百五十行、奧書計四行、合計二百五十六行を算する。本紙の卷首は、料紙が一部分缺失してゐるが、現狀は、全卷に裏打が施され（裏打紙の紙高三〇・四糎）、藍地綾織の新補表紙が加へられてをり、表紙の内面には金箔を散らしてある。

卷末に墨書で「金王丸本（「本」は「丸」に重書）」「文治貳年（一一八六）四五月書寫了」「新別所申時許書寫了」「同所點了」の奧書があり、多分全部本文と同筆であらう（但し「同所點了」は追筆か）。

全卷に亙つて、墨書による訓點がある。墨書は一筆であるが、本文と同筆と考へられ、本文、傍訓ともに、文治の筆と判斷される。その訓點は、返點、合點及び假名點より成り、ヲコト點は使用されてゐない。假名の字體と返點等の符號の類の一覽表は、別揭の通りである。加點の狀況は詳細であるが、誤點と思しい所が多く、他の訓點本から轉寫した際に誤つたもの、訓法などの知識の不足によると思はれる誤讀等が見られる。

この文獻は、書寫年代の明確な最古の往來物であり、その訓點は文治二年の加點として、詳細且つ特異なものであつて、種々の問題を包含してをり、漢文學、國語史學、その他諸種の分野に亙つての、重要な研究資料と考へられる。その委細については、本書では觸れる暇が無いが、今後の研究に俟つこととしたい。

(五)

凡　例

本書は昭和三十四年十二月十八附で、「和泉往來文治二年四五月書寫奧書」の名稱の許に、「鎌倉時代」として、重要文化財に指定されてゐる（指定に際しては、文治以降は鎌倉時代とされる）。右記の紙高、全長の法量は、重要文化財指定のものに從つた。

（一）　影　印

一、この影印は、高野山西南院當局の御許可を得て、原本から直接に撮影したものを、原寸の約五六％に縮小し、紙高一六・五糎として、略々一頁に六行宛の割合で印刷したものである。

一、本文の影印の上欄外に、内題から始めて奧書に至るまで、1から256までの行數の通し番號を附記した。又、各料紙の最初に［第1紙］から［第15紙］までの紙數を添記した。これらは、翻字篇、索引篇において、所在を示すために使用した數字と對應するものである。

一、原本の第十紙と第十一紙との間（第167行と168行との間）で、紙の繼目に文字の隱れてゐる部分については、原本の現狀のままを印刷するに止めた。この部分については、貴重古典籍刊行會本に影印がある。又、本書の翻字篇の注記等を參照せられたい。

（二）　翻　字　篇

一、この翻字は、原文の改行ごとに、改行した。又、「十月　應鍾」「返事」などの標題で、原文で改行されてゐない場合や行間に加筆された場合等があるが、これらも原文の位置のままで翻字した。

一、原本の漢字の字體には、古體字、譌字、誤字、衍字などが多いが、古體字、譌字は、印刷の都合上、康熙字典に則し

（六）

凡　例

た、諸橋轍次編『大漢和辭典』所掲の正字體に改めることを原則とした。但し、古體字の中で、同辭典に掲載されてゐるものについては、「弃」(棄)、「陳」(隙)、「昏」(昏)、「鍾」(鐘)などのやうに、その字體を採用したものがある。

一、原本の漢字の字體には、略字體も多く用ゐられてゐるが、これらは、すべて正字體に統一することとし、原本の「糸」は「絲」、「尒」は「爾」、「万」は「萬」のやうに改めた。

一、その他、原本の漢字字體と翻字された字體との相違については、個々の比較對照表は示さないが、影印の字體と翻字篇の字體とを比較對照して知られたい。

一、原本の合點、返點の類も、なるべく原本に近い體裁で翻字した。

一、原本の片假名の字體には、古體が多く用ゐられてゐるが、すべて現行の假名字體に統一した。その字體の一覧表は、別掲の通りである。又、合點、返點の類も、その一覧して示した。

一、文の句切と見られる箇所、及び文末には、一様に「。」を加へた。

一、原本において、漢字又は假名によって、本行の右傍等に文字が補入された場合、文字をミセケチとした場合、漢字、假名又は符號による誤寫、乃至は判讀の困難な箇所については、それを伴ふ漢字の右肩に＊印を加へて、翻字の最後に「翻字篇注」として注記した。

一、誤字、誤寫、衍字などについては、注記でその旨を述べ、譯文篇・索引篇では、それに對應する字體を（　）に括つて添記した。

一、これら注記については、多くの先學の説を參考として引用させて頂いた。その先行研究文獻及びその略稱については、「翻字篇注」の冒頭に記した。

一、「例」の右傍假名「レ」などの「イ」表記の省略、「羊」の右傍假名「ヤン」の如き「ウ」の「ン」表記など、本文獻

（七）

凡　例

において規則的に使用されてゐると認められる表記ついては、必ずしも個々に注記を加へなかつた。

　　(三)　譯　文　篇

一、この譯文は、「和泉往來　翻字篇」に記した本文によつて作成した。

一、原本の漢字、符號等についての注は、すべて翻字篇に讓つて、重ねて注記しないことにした。

一、原文の改行ごとに、譯文も原文の行頭の文字から改行した。但し、「十月　應鍾」「返事」などの標題で、原文で改行されてゐない場合が若干あるが、これらは例外的な表記と認め、この場合に限つて統一的に改行し、各月の名稱は二字下げで、「返事」の標題は三字下げで、記すこととした。

一、原文の不讀の漢字は、[之]のやうに[　]形の括弧に括つてその右傍に（再讀）と注記した。又、再讀の漢字は、[未]（再讀）のやうに[　]形の括弧に括つてその右傍に（再讀）と注記した。

一、原本の合點の類は記したが、返點の類はすべて省略した。

一、文の句切の箇所、及び文末には、一樣に「、」を加へた。

一、原本で明に誤字と見られるものは、「彼」（波）のやうに、右傍、又は左傍に（　）に括つて正しいと考へられる字を記した。傍記の假名についても、これに準じて記した。

一、原文の衍字と考へられる部分については、「　」を加へて、（衍）又は（衍カ）と附記した。

一、原文の漢字で、本行の右傍等に補入した文字や、ミセケチとした文字は、翻字篇に注記したので、譯文篇では注記を省略した。

一、その他、詳細は「翻字篇」の「凡例」に準ずる。

（四）索　引　篇

凡　例

一、本索引は、「和訓索引」「字音索引」及び「漢字索引」の三部より成る。

一、本索引は、「和泉往來　翻字篇」に記した本文によつて作成した。所在を示すアラビア数字（1～256）は、本文の通しの行數を示す。

一、原本には、本行の漢字、及び、漢字の左右に記された假名や漢字の注について、誤字、脱字や衍字などが多く見られる。これらの誤字の類も出來る限り掲出して、それから正しいと判斷される語形の項目を參照出來るやうに配慮した。

一、本索引には文字鏡研究會の許諾を得て、一部に「今昔文字鏡フォント」を使用させて頂いた。

[和訓索引]

一、「和訓索引」は、「翻字篇」に記された漢字に附記された和訓を、五十音順に配列したものである。但し、次の諸語は、原則として採録しなかつた。

コト　シテ　タリ（完了）　テ　ト　ナリ（指定）　ニ　ノ　ハ　バ
ム（推量、但し「ウ」「ン」と表記された場合は採録した）　モ　リ（完了）　ヲ
但し、「也」𬜬「之」𬜬の場合の「ナリ」「ノ」のやうに、漢字に對する傍訓として附訓された場合には、採録した。

一、和訓の項目の下には、その和訓の語義を（　）に括つて示し、その和訓が加へられた漢字を［　］に括つて掲げ、［　］の下には諸橋轍次編『大漢和辭典』所掲の番號を附記した。更に、漢字とその和訓を示した。和訓は、原文で右傍に記したものは小字右寄せに、原文で左傍に記したものは小字左寄せに、記載した。（〔例1〕參照）

(九)

凡　例

［例1］　アカツキ（曉）

　　　［曉］

　　　　14176

　　　曉アカツキノ月ヲ　155

一、「翻字篇」において、漢字によつて記された語彙の内、和訓の附訓は無いけれども、和訓で讀まれたと推定した語について、その推定した和訓の項目を立てて、その下に序列した。その體裁は前項に準ずる。（［例2］參照）

［例2］　イカ（烏賊）

　　　［烏賊］

　　　　18998
　　　　36759

　　　烏賊　109

一、「今樣」を「イマヤウ」、「立几帳」を「タテキチャウ」、「御氣色」を「ミキソク」のやうに、一語の中に音讀の字と訓讀の字とが併存する、所謂「重箱讀」湯桶讀」の類は、一往「和訓索引」に收めた。又、「楝」を「ハンザフ」と訓ずるやうな漢字音出自の語や、「賀茂」を「カモ」と訓ずるやうな固有名詞の類も、「和訓索引」に收めた。

一、同一の漢字に對して附された和訓は、助詞、助動詞の類を含めて掲げ、これを一括して記載した。その順序は、原則として本文中の出現順とし、活用語尾や附屬する助詞、助動詞の類の順序附けは一切配慮しなかつた。

一、原文に無い和訓の補記は、原則として行はなかつたが、場合により「乘ノリ（タル）」「久（シク）」のやうに（　）で括つて補讀を示した。

［字音索引］

一、「字音索引」は、「翻字篇」において、漢字に附記された漢字の字音と、併せて、字音の注記は無いが、字音で讀まれ

（十）

凡　例

一、「翻字篇」において、本文の漢字の内、字音の注記は無いが、字音で読まれたと推定し
たと推定した漢字を、五十音順に配列したものである。

一、本書の字音には、漢音系統のもの、呉音系統のものなどが併用されてゐる。掲出の項目は、原則として、原本の表記
に従ふこととしたが、参考のため、適宜、関係項目を空見出しとして立項し、両系統の字音を相互に参照出来るやう
に配慮した。

　　例、チヤウ（聽）→テイ　　テイ（定）→ヂヤウ

一、「今様」を「イマヤウ」、「立几帳」を「タテキチヤウ」のやうな、所謂「重箱読」「湯桶読」の類で、第二字以後に音
読の字を含むものは、「字音索引」で、夫々「ヤウ（様）」「キ（几）」「チヤウ（帳）」の項目を立てて、その所在を記
した。（但し、この場合「様」「几」「帳」などの漢字は、「漢字索引」からも検索することが出来る。）

一、本文の内、「矣」、「讀經之眼」の「之」、「進而」の「而」のやうに、不讀と考へられる漢字は、夫々字音
「イ」「シ」「ジ」に相當するものとして扱つて、字音索引に收めた。

一、「和訓索引」に收めた語の内、「明日香」「紅亂海示」のやうに、一語の和訓として「和訓索引」に收めたもので、且つ、
その和訓を漢字一字毎に區分分割出來ない場合には、その第二字以下の漢字の各字「日」「香」「亂」「海」「示」につ
き、それを假に字音で讀んだものとして扱つて、「字音索引」の「ジツ」「カウ」「ラン」「カイ」「ジ」の項目の下に收
めた場合がある。（但し、この場合「日」「香」「亂」「海」「示」などの漢字は、「漢字索引」からも検索することが出来
る。）

一、「和訓索引」に收めた語の内、「泥障」「海老」のやうに、二字以上の漢字の熟語で読みが附せられてをらず、「アフリ」
「エビ」のやうに一語の和訓として推定して「和訓索引」に收めたもので、且つ、その和訓に對應する漢字が、漢字一

凡　例

字毎に區分出來ない場合には、その第二字以下の漢字の各字「障」「老」につき、それを假に字音で讀んだものとして

扱つて、「字音索引」の「シヤウ」「ラウ」の項目の下に收めた場合がある。（但し、この場合「障」「老」などの漢字は、

「漢字索引」からも檢索することが出來る。）

一、加點された文治二年當時の標準的な表記體系として、ム（-m）とン（-n）、キ（ki）とクヰ（kwi）、ケ（ke）とクヱ
（kwe）、ギ（gi）とグヰ（gwi）、ゲ（ge）とグヱ（gwe）とは、夫々區別して揭出した。

一、「舉」を「コ」、「諸」を「ソ」、「力」を「ロク」と記した類の、拗音の直音表記は、「キヨ」、「シヨ」、「リヨク」のや
うに「拗音表記」で揭出し、「直音表記」からも參照出來るやうにした。

一、「沈」を「チウ」、「任」を「ニウ」と記した類の、脣内撥音尾（-m）の「ウ表記」は、「チム」、「ニム」のやうに「ム
表記」からも參照出來るやうにした。

一、「散」を「サ」、「塵」を「チ」と記した類の、舌内撥音尾（-n）の「無表記」は、「サン」、「ヂン」のやうに「ン表記」
で揭出し、「無表記」からも參照出來るやうにした。

一、「姻」を「イウ」、「塵」を「チウ」と記した類の、舌内撥音尾（-n）の「ウ表記」は、「イン」、「ヂン」のやうに「ン
表記」からも參照出來るやうにした。

一、「熊」を「イウ」、「紅」を「コン」と記した類の、喉内撥音尾（-ng）の「ン表記」は、「イウ」、「コウ」のやうに「ウ
表記」からも參照出來るやうにした。

一、「葉」を「エン」、「合」を「カン」と記した類の、脣内入聲尾（-p）の「ン表記」は、「エフ」、「ガフ」のやうに「フ
表記」からも參照出來るやうにした。

一、「葛」を「カン」、「察」を「サン」と記した類の、舌内入聲尾（-t）の「ン表記」は、「カツ」、「サツ」のやうに「ツ表

記」で掲出し、「ン表記」からも参照出來るやうにした。

一、その他、「草」を「サン」、「舟」を「シン」と記した類の、音尾 -μ の「ン表記」、「至」を「シイ」と記した類の、母音の「長音表記」、乃至は、明に誤讀と思はれるやうな類についても、原文の表記を空見出しの項目とし、その見出し項目から通常の表記の項目を參照して、所在を檢出出來るやうに配慮した。

［漢字索引］

一、「漢字索引」は、「翻字篇」において本文として記された漢字の全部を、略々、康熙字典に基づいた、諸橋轍次編『大漢和辭典』の順に配列したものである。

一、最初に、部首の一覧表とその頁數を掲げた。

一、部首の頭部には、(1)(2)のやうに、その部首の畫數を掲げた。

一、項目として掲げた漢字には、諸橋轍次編『大漢和辭典』所揭の番號を附記した。

一、項目として掲げた漢字の下に、【和訓】【字音】として、夫々「和訓索引」の項目、又は「字音索引」の項目を片假名で示し、それらの項目を參看することを通して、所要の漢字の所在を檢索することが出來るやうに編纂した。

［例1］「失」字の所在を檢索する場合。

「漢字索引」の「(3)大部」の「失」の項目

　　　　【失】
　　　05844　【和訓】【失】ウシナフ

により、「和訓索引」の項目「失ウシナフ」の項目「失ウシナウテ　191」を檢して、「失」字に「ウシナウテ」の附訓を有する例が191行に存することを知る。

凡　　例

凡 例

［例2］「僕」字の所在を検索する場合。

「漢字索引」の「⑵人部」の「僕」の項目

　　　〔僕〕01094　【字音】ボク

により、「字音索引」の「ボク〔僕〕」の項目「僕ホク士シ　21」を検して、「僕士」に「ホクシ」の附音を有する例が21行に存することを知る。

［例3］「木」字の所在を検索する場合。

「漢字索引」の「⑷木部」の「木」の項目

　　〔木〕14415　【和訓】〔木〕キ　〔木賊〕トクサ　〔借木〕エスリ　〔弓木〕ユミキ　〔篤木〕アツギ

　　　　　　　　　【字音】ボク、モク

により、「和訓索引」の「キ〔木〕」「トクサ〔木賊〕」「エスリ〔借木〕」「ユミキ〔弓木〕」「アツギ〔篤木〕」の諸項目、及び「字音索引」の「ボク〔木〕」「モク〔木〕」の諸項目に「木」字が出現することが知られ、上記と同様の手順により、その所在を知る。

(当)

凡

例

（假名字體表）

	ン	ワ	ラ	ヤ	マ	ハ	ナ	タ	サ	カ	ア
	ろ口ヨ：加乱ソモ卜リ	レ	ヮ ラ ラ	ヤ	マ て	ハ ハ	ナ ナ 大	タ 大	サ サ	カ カ	ア ア
	レ 井 レ	リ 井	リ リ		ミ ミ	ヒ ヒ	ニ ニ	チ チ	シ し	キ い キ	イ イ
	名 火 卜Tリ	ル ル	ユ ユ		ム ム レ	フ フ	ヌ 又	ツ ツ	ス ス	ク ク	ウ 穴 千
	ゴ 五	年鬼 エ 卫卫	レ レ		メ メ	ヘ ヘ	ネ 子糸	テ テ	セ セ	ケ ケ	エ エ
	圣元源 者	ヲシ ヨシ	ロ ロ		ヨ ヨ	モ モ も	ホ ア	ノ ノ	ト ト	コ コ	オ オ

（諸符號表）

⁝	五	⌒⌒⌒
∴	四	・切
下⟋	三	八
中⟍	二	七
上⟋	一	六

高野山
西南院藏本

和泉往來

[第1紙]

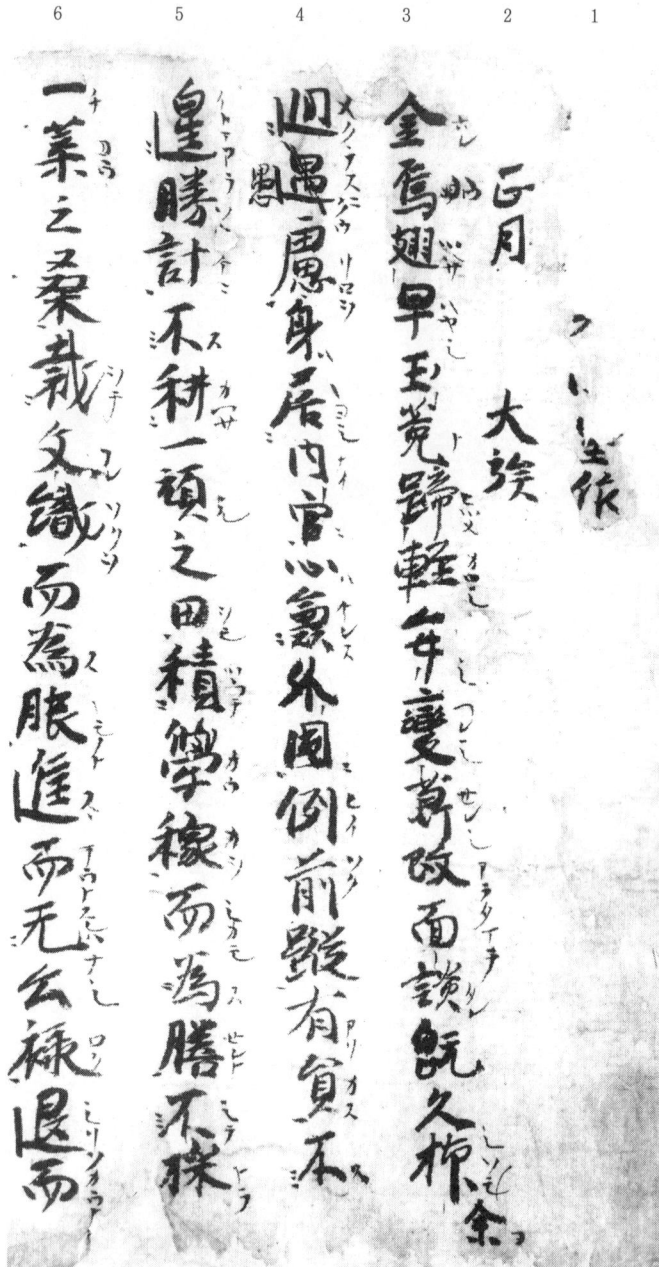

正月　大簇

金烏翅早玉兎歸輕年變新改面讃既久栬　余

過遇願身居内官忘氣外圖例前發有貧不

違勝計不耕一頃之田積學稼而爲膳不採

一業之桑裁父織而爲脹進而无公祿退而

影印

三

影印

有私燬難備愚頑之質愨企至紀之誠夋

諸國受領稱其切劵者或馬鞍未鮮早策

雲山之驛數舟檝未乾忽掉燵浪諸格勤諸

司難預歡賞特賜賢慮按掠懷頃綏容

之隮被洩緇殺済前君有廣恩適任小賖車

前廚牛梔上磨于馬除目之春朝釜天隣

浪末葉号万蜀慰重多

四

猥号黄柔之姝暮紅渡在裸号万　　　至多

一紙何盡美　　　　行

朓朒東昇嶄嵬而屑將茸憂改居諸推移

金章入手玉詞螢心栖愚過故實有傍諸可

還經分憂其來尚矣不敢毛拳裁弱冠仰愧裁

成立豪賣拝従一國榮樂且千両頃年之間

保余　忘流　里十　先　長　馬露

前信年枝上府　退陽日之春事

影印

五

拜除如忌流趾似絶虫計月之光藤徳漏兩露

之潤漆偏勤会之苛屍枷顧称之藝日羨廛愛

之妻妻誅而倦断繍之營奮従之儻士宕而通

走使之役愁緒至長何日前之上閤所愚下官是同

恨外出身之器沐露納隆之悬乎令先不顧無

為之傾恒何情得徹有限之鶴度願浄氣色闌

下希磴鳳翔雲天你而難戴　且薩寶陸

[第3紙]

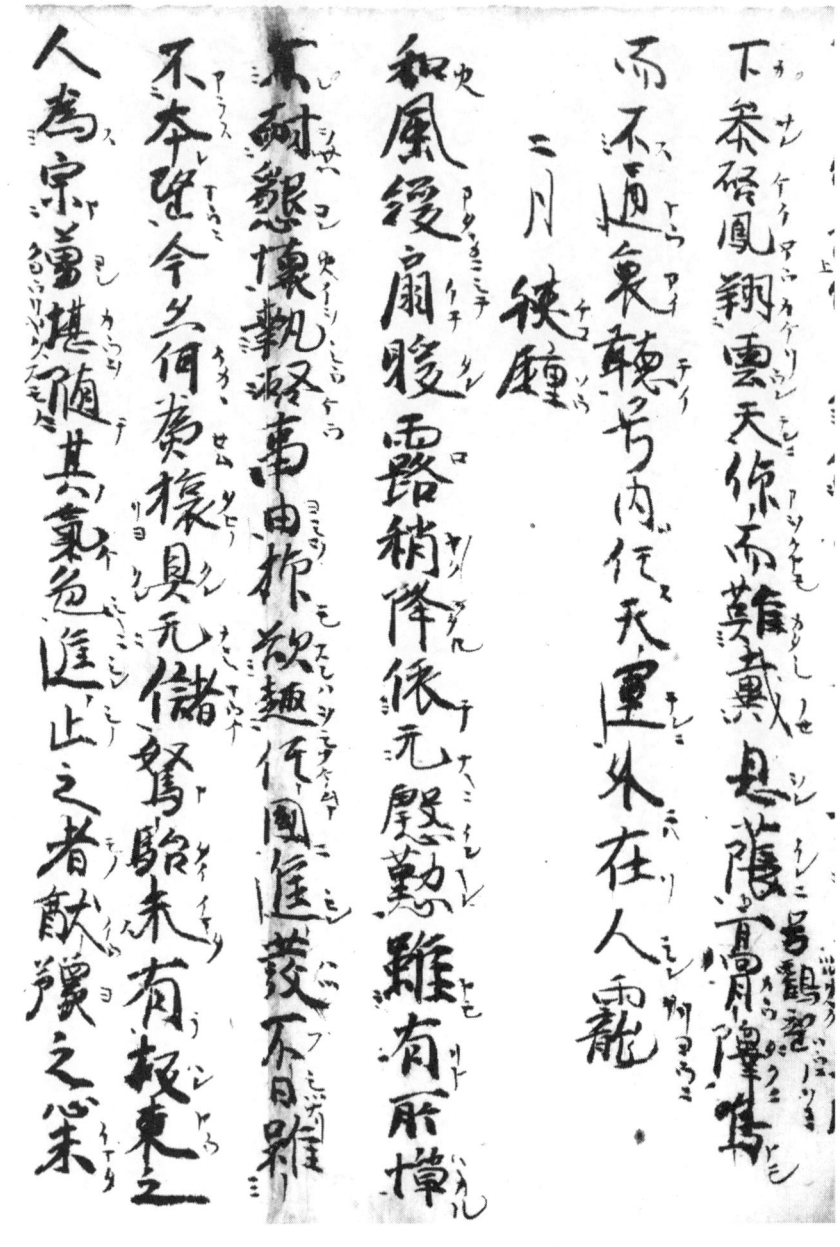

　　　30　　29　　　　28　　　　27　　　　26

影印

下希磧鳳翔雲天係而難戴是護資賞障㗖

而不逼氣輙兮内任天軍外在人寵

二月狹塵

和風緩扇駿露稍降依元懃懃難有所憚

荣耐懇懷熱溽車由作欲麺任圍進菱不日𥝱

不本壁今多何爲攪頁元儲駑駘未有報東之

人爲宗藩堪随其氣急進止之者猷獴之榮

七

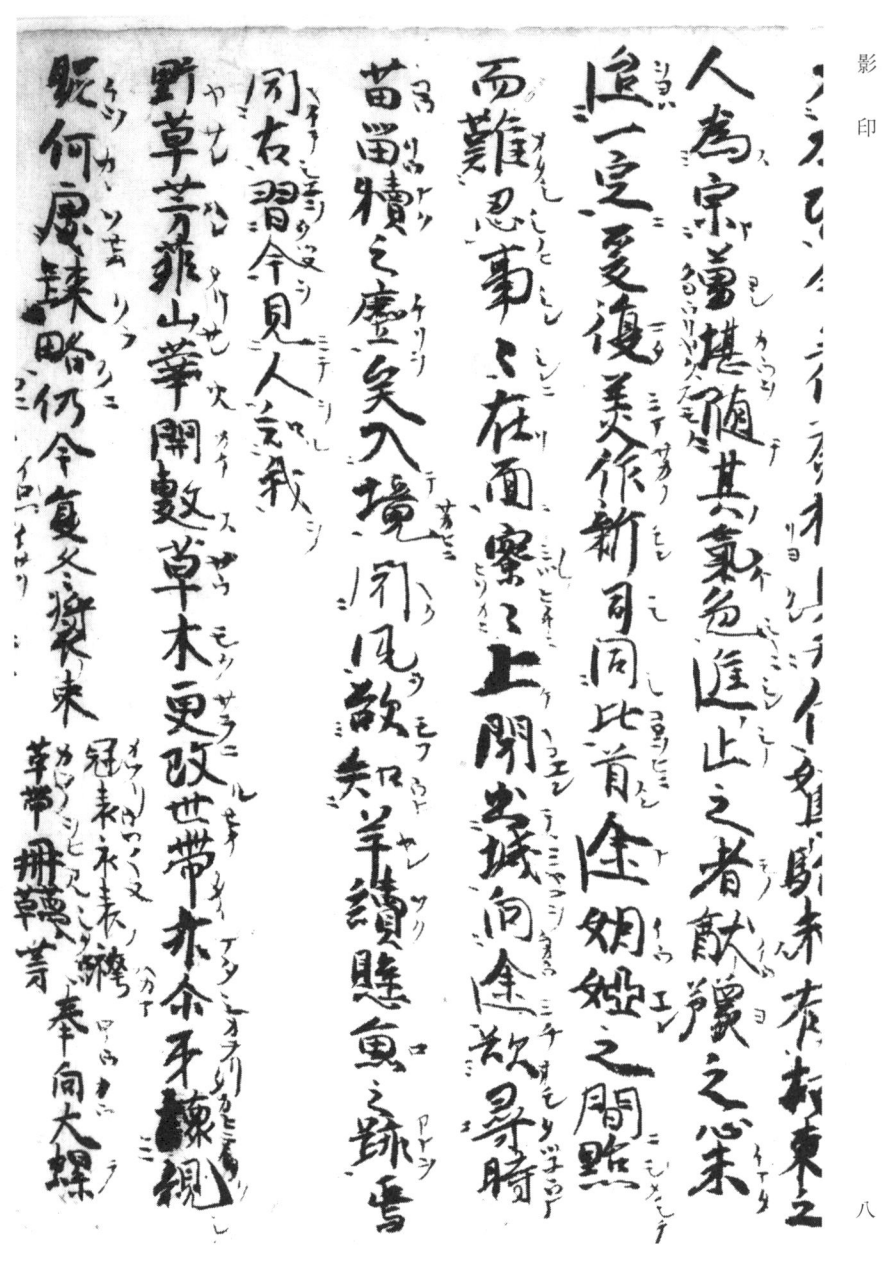

人爲宗蕃堪随其氣急進止之者猷禳之哭

進一定爰復美作新司同比首企姐娘之間監

而難忍事々在面寮々上開出城向企欲尋膺

苗罰犢之慶々矣入境閑風敵知羊續懸魚之跡書

同右習令見人氣我

野草芳非山苹開數草木更改世帶亦余乎諫視

黠何處鍊略仍令夏冬獎来蓽帶冊韓芳奉向大螺

銅鞍打�𤥪鞍懸鰐口緤廐有番醒猪隈高橋介所作

貶何處銖略仍今復又將來 冠表氷表 草帶冊轡菅 奉向大螺

鞍己上雜物裸在沼障西章野原三 近藤横所作打出 猫面兵庫廐豆廐黒諌

大刀鮫束鳥頸師子首玉条六秦介所作ら胡籙

脹行騰一頂長刀綾蘭笠篦鳥羽樺諌金是皮遣

頬股独膝道白草青皮淓紫草餌囊朱諌黒

夫月村月〻〻自〻〻〻〻信〻〻〻〻〻〻二

一〇

誅鋐欣同合子御器提毛香半靴寫臭綾錦繍

奥文絹長絹例絹細裁例布續穀續糸綿色濃

糸䌷布褐布唐筥紫荊易紅藍鴨頭草䋶岐子

櫃蘗芳陶砂　好稚給　明日香下椎　彈甬木䁱借木弓木䁱鍬

斷絹巳十刀上馬守馬駄麻縄相副解文奉回之

殊入恩領織而不見色給桁架之暮雨裁而無

定援縫春衣之朝風續〻雜事又〻啓達

三月 沽洗

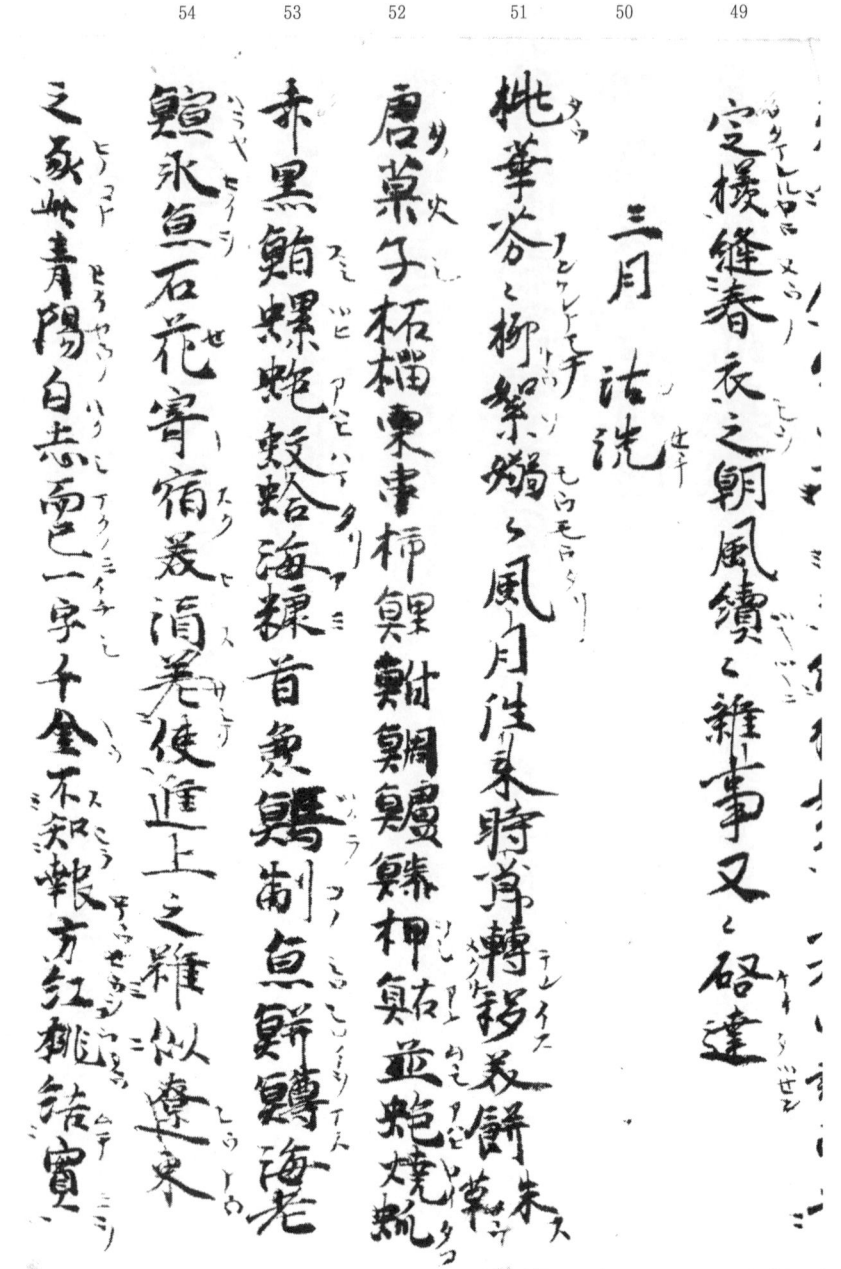

定様縫春衣之朝風續く雜事又く啓達

枇菙苵と柳絮燗く風月佳景時尚轉鈔義餅朱
並菀燒瓩

唐菓子柘榴栗棗柿梨鮒鰻鰈柳鮎

赤黒鮪螺鮑蛟蛤海粔首魚鶴制魚鮮鱒海老

鰮永魚石花寄宿菱洧若使進上之雜似遼束

之豕此青陽白杰雨巳一字千金不知報方紅桃結實

之氣此青陽白志色一字千金不知報方紅桃結實

達美三千之嫁月黃河清彼逢辰五百之春風

鬼德如海報翻似消

譽聲喧耳花色養眼三春漸暮一身偷憤令此

珍物世途無雙下若村所貽欵上林苑屎勞欵梺

楷模頭詳知清懷竹業後鬱君心池無處桃花染紅

鬼山有峯邇菓臭具天下是希美消鱗甲走絡

四月仲呂

鬼山有峯時葉莫具天下是希美渟鱗甲走路

尤勝推崙視二仙之其吞自計千年之齡榮期歡

五領之拳巳謹三縣之賦延年益壽帝呂在此

青陽祉也朱明柔也 徒送每月空闕拜謁稀下官

従下願西樓閟清難解愛以去正月廿日首途同廿二

日解纜進發類艘五百余艘極橄櫓杭覽水櫂

五醫苦使少永手尾敦舫舸湯敦艫軸離貝一二兒

五艘苔接抄水手梶取舫舸楊取艫舳雜具一つも

路次取る途中泊る碇無済慶如山海神明和合し

在海安隙人倫獨音應来暁數弓剃風波幾衆海

面無慮征帆如飛船跡有逢越乗至河昇岸就陸

天地相應佛神裏憐使自然也視西者一溺二溺

紫鴛白鷗之翅翩之向東者朱嶋贖嶋枠安駒

奥之粧幾之氣湯之河溶之就末澄大河虎到

清江以向烏飼編大鳥進女撑舩渭出多類各以

奥之舩縱之氣湯々河溶々就半渡大河虎到

功言每舩媚着圀と舩横多吾舩人舩遥上下混

注来此等為艦乗舩造令楼撤精好輈取口峻

棲母詞御造豐至鮮雲文高麗三儿振前軟導

寒凉色依平屏風同障子

襄打出扇美弊手稍寂甲麼 殊勝硯遠刀硯卷臺

[第6紙]

影印

　　　87　　86　　85　　84　　83　　82　　81

摵本是廉美男手藤寶印處

打出大刀美好沉枕螺鈿磨入机臺懸盤釡杅數折出處

摵茶埦懸籠攝于薫熨衣襟盟　琴和琴

圍碁雙六彇調度君臣塗藤草庖刀初葦也至銀熨

懸算大燃殿油釣舩鵜舟濕難難弁又粉黛師

直美眼者禅身綱可憐皮膚美操聲和頬伽吻呟

愛言長句詩賊吟詠歛閑向前藥師鴛之令横歛

曲枝此彼古躰加之和歌是述壊使开四福所謂四者等

一六

影印

　　　　　　九三　　九二　　九一　　九〇　　八九　　八八

一七

影印

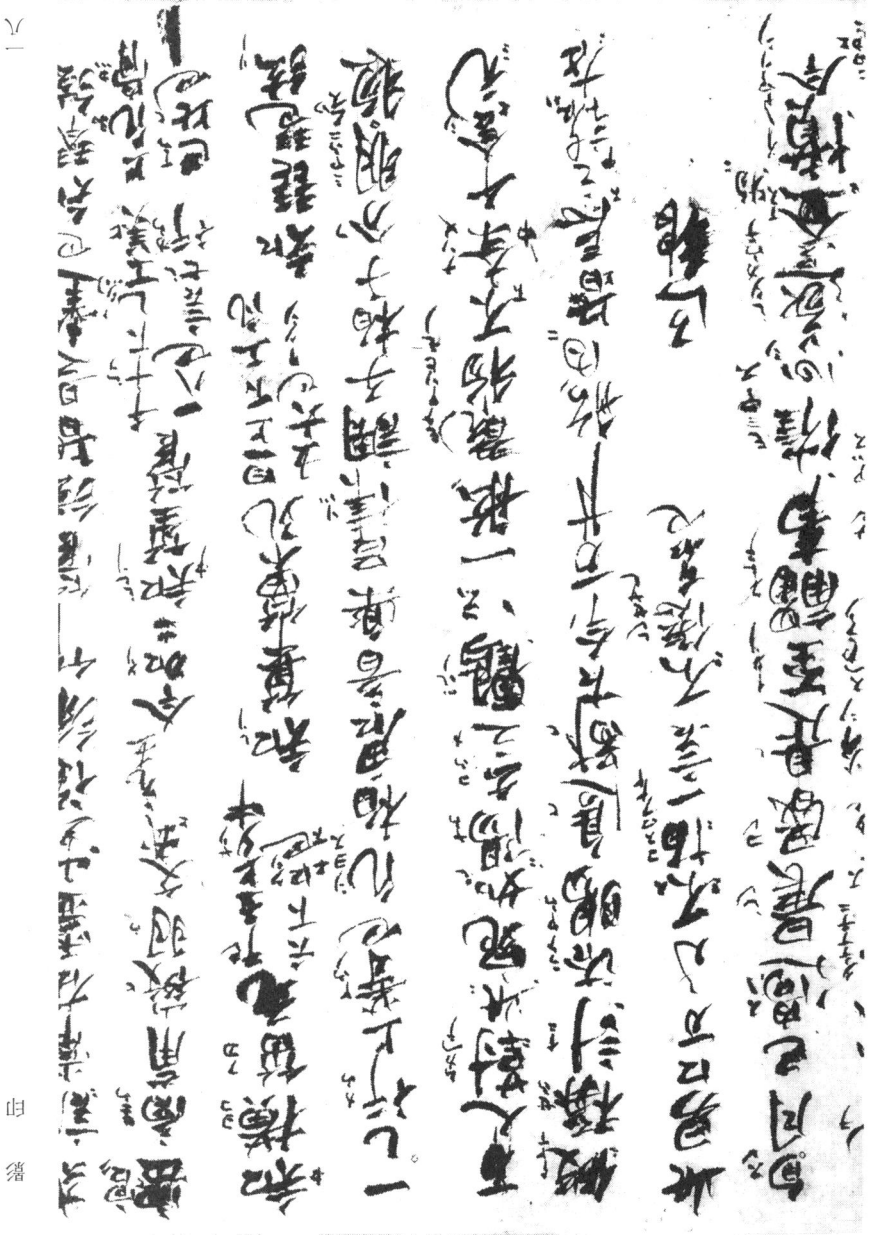

一八

［第7紙］

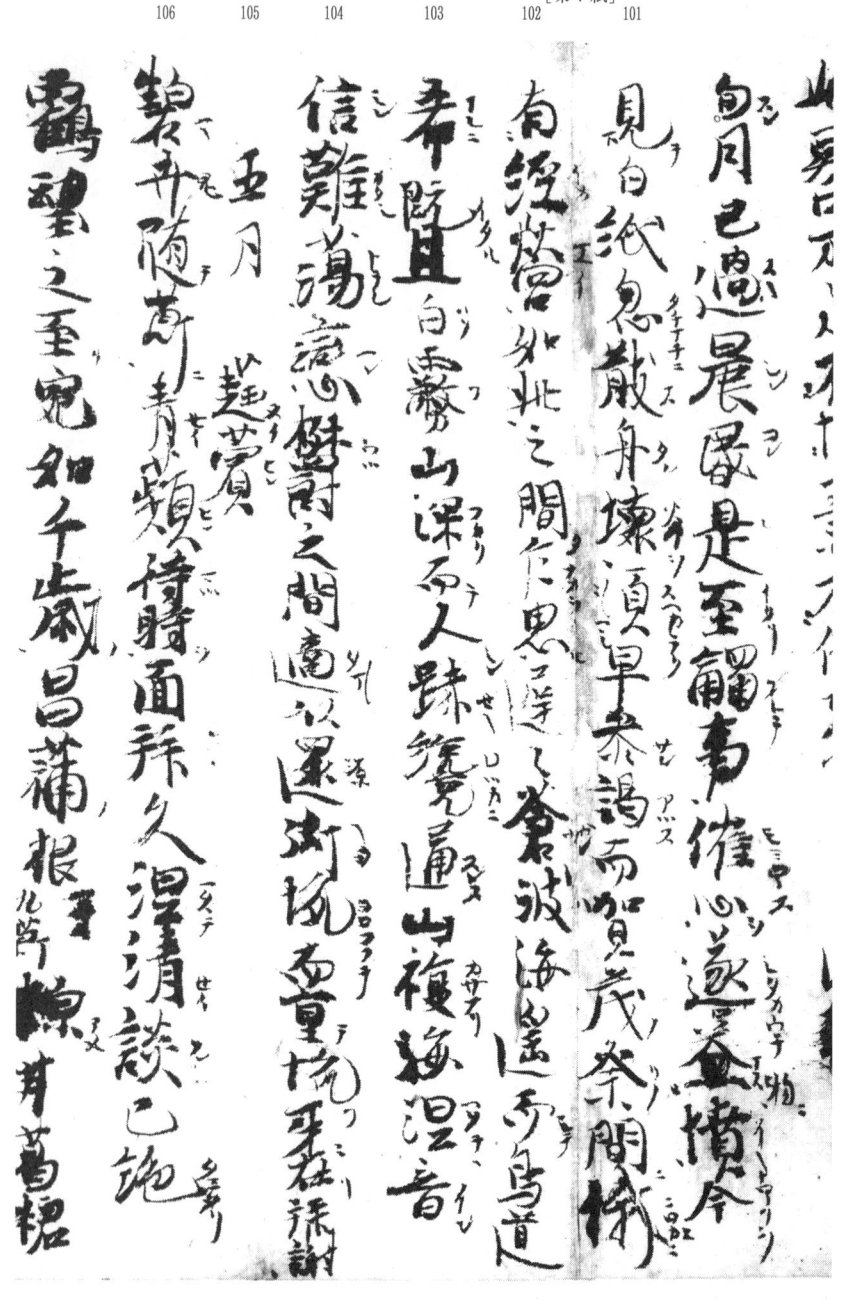

旬月已過晨屡是至籬事催心遂盡金償今

見白紙急厳舟壊頃早奉謁而賀茂祭問候

有経営如此之間思人跡籠通山復海温音

信難湯意對之間還却量

希賢　白露山深

五月　難賞

製并随而青頬橋時面弄久温清談已施

鸞　之至宛如千歳昌蒲根陳其葛粗

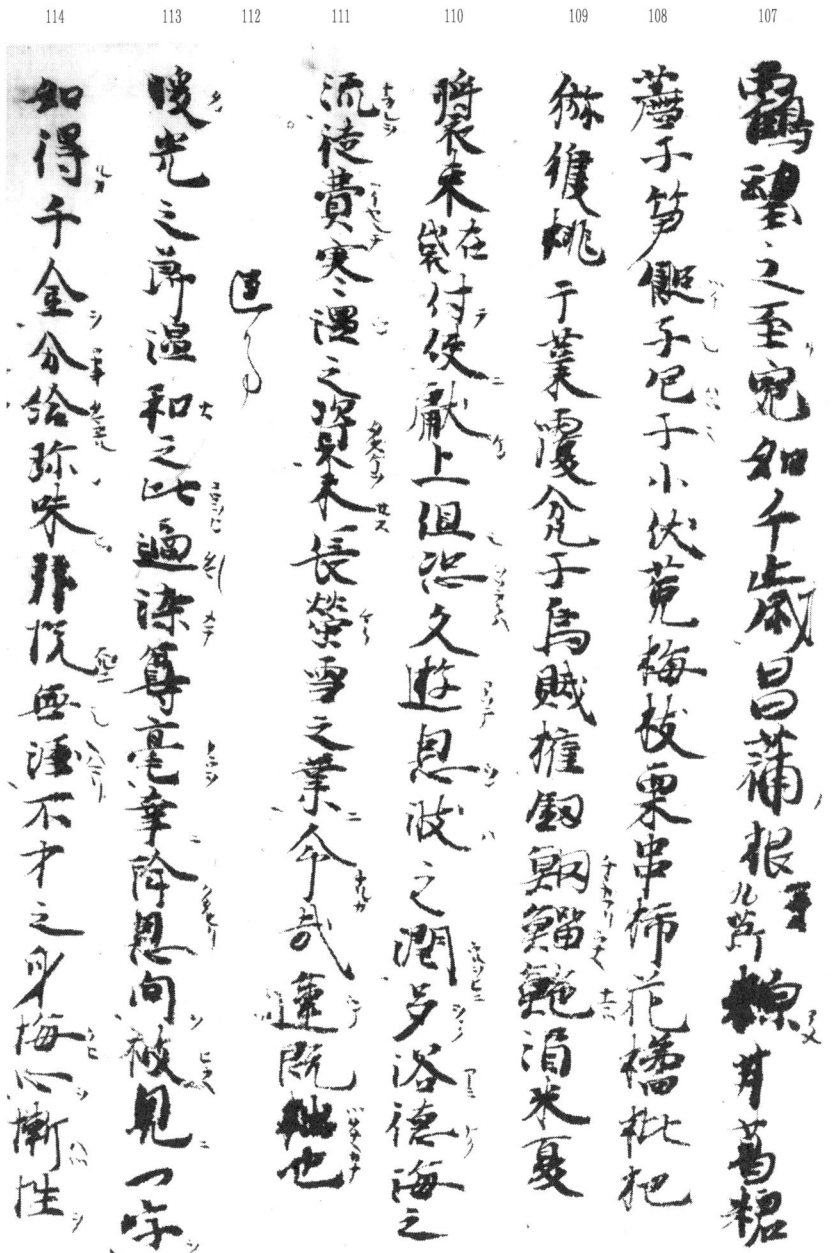

鸛望之至宛如千歳昌蒲根〻〻線苜蒿糖

蕣子笋櫻子呃子小伏莵梅枝栗申師花橘枇杷

猕復桃子業濵兒子烏賊権倒觚鑼鮑滴米夏

將衣來袋付俟獻上一匜泛久遊恩攸之澗夕洛德海之

流徳貴寒湮之栗末長榮雪之業今哉蓮院地也

晼光之前温和之此邉漆尊毫幸险恩向被見一字

如得千金分給弥味非浼〔無〕渾不才之外梅心衝性

如得千金分給弥味非悦画潭不才之身梅心断性

飛也師今如錬資勤似忌今歎羅夕何立前途乎

叶寒谷之永不及水之谷也彿若山之雲不拾薪之

六月　林鐘

芙蓉覆水蕉薤蛭風年月移迎去路改轉超於

俗骨之間蘇彿法之事也蚕峯間里之念突愚長山

尉之鑾羹湯推床布蠅蠐上体継雲白米前煎餅堅

高言醤造宋曾于男布三麦布舟後布油麦粉

［第8紙］

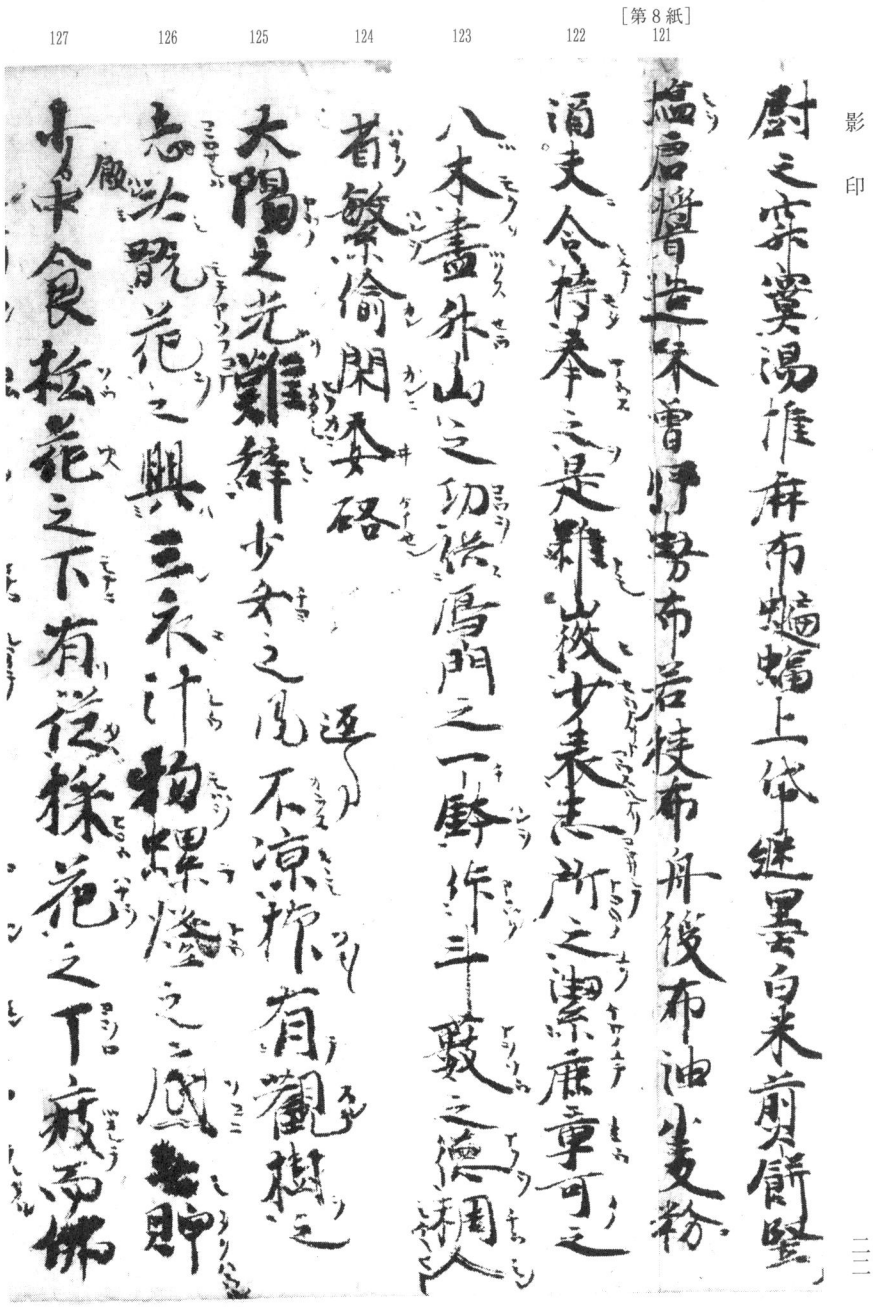

影印

尉之窠窶湯准屛布蝙蝠上休継雲白米前灸餅堅

塩店樹造味噌竹勢布若狹布舟後布油麦粉

涌吏令待奉之是難後少裏志所之潔廉事可之

八木盡升山之切供鴈門之一野作三藪之德頼人

者繁愉閑委略
大陽之光難辭少和之風不凉搾有観樹之

志次歔花之興三衣汁物螺燈之二風師

小中食松花之下有従孫花之下寂雨佛

三二

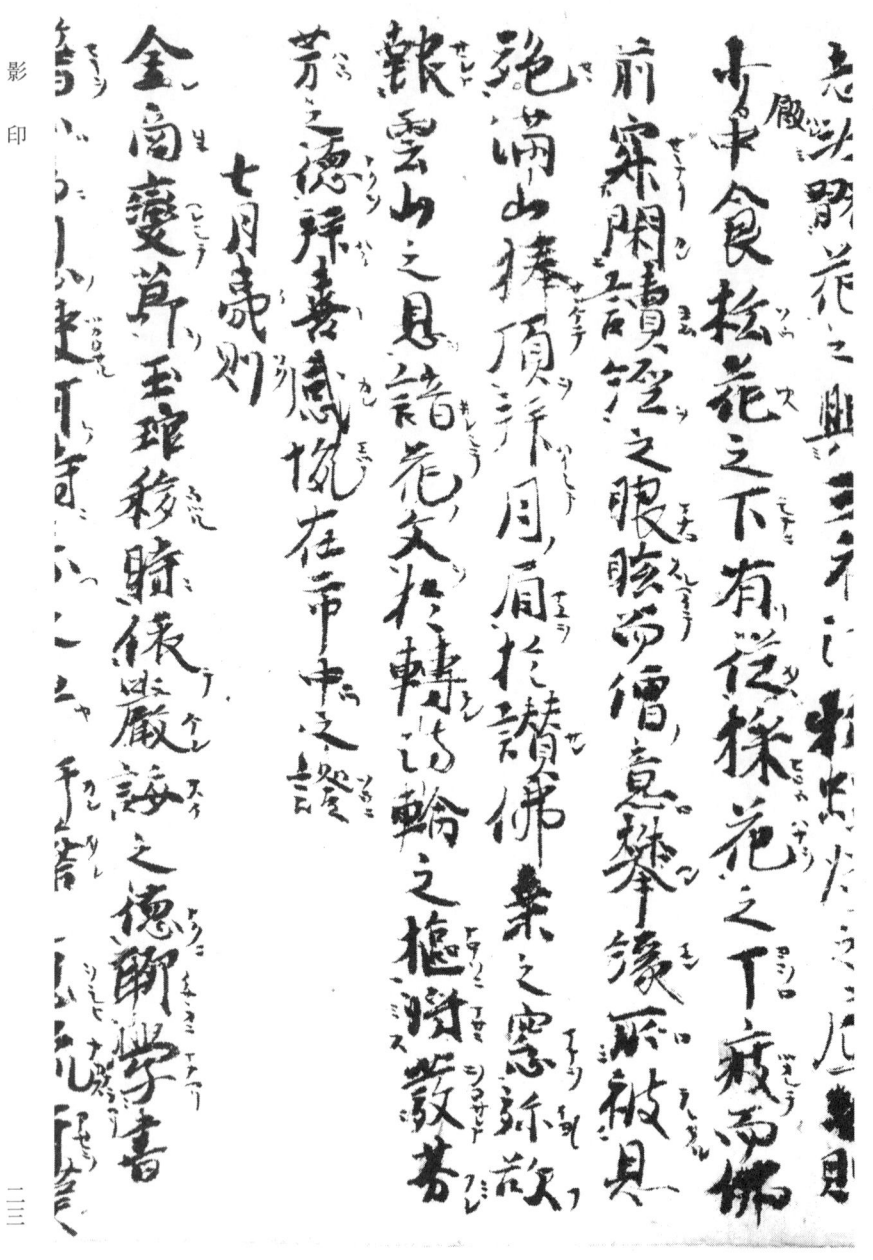

金高夔茸玉珊移時依嚴誨之德卿學書

七月歳州

芳之德拝喜感悦在巾中之讃

銀雲山之見詣花文於轉為輪之爐附散芳

絶満山捧頂拝月眉於讃佛業之窓弥散

前寒閑讀經之暇瞼莇僧意挙後所被見

十中食松花之下有従孫花之下寂而佛

殿

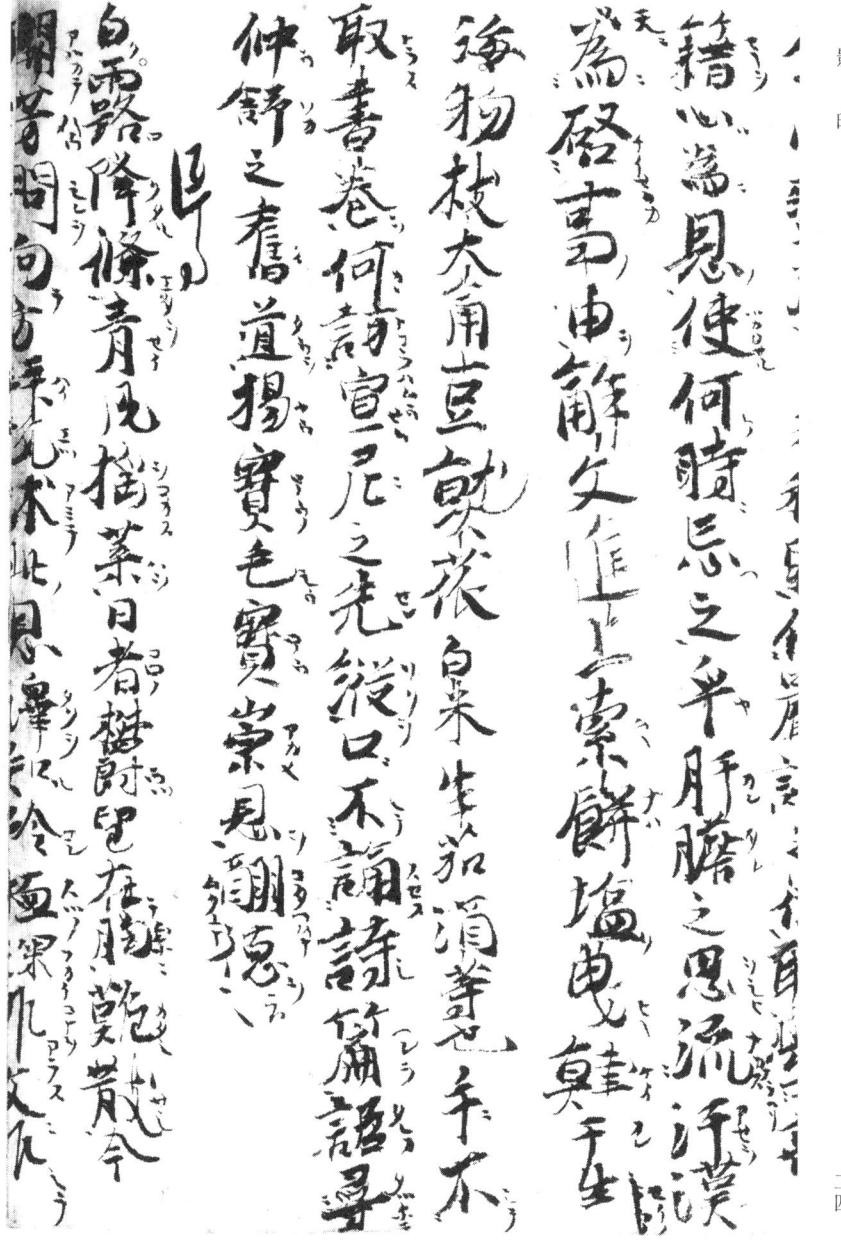

積心篤見使何暗思之乎肝膽之思流汙漢

為啓高曲解父進上索餅塩曳韓真

縁物枝大角豆就莪菽白米生猶須蒭手不

取書卷何誇宣尼之先從口不誦詩篇語

仲舒之舊道揚寶色寶常見翻憶

降條青見揺菜日者梅尉色在膝乾蒵令

朝等胡向方年林此恩澤冷深文

白露隊候青…者擎臂日有月蔭菁菁

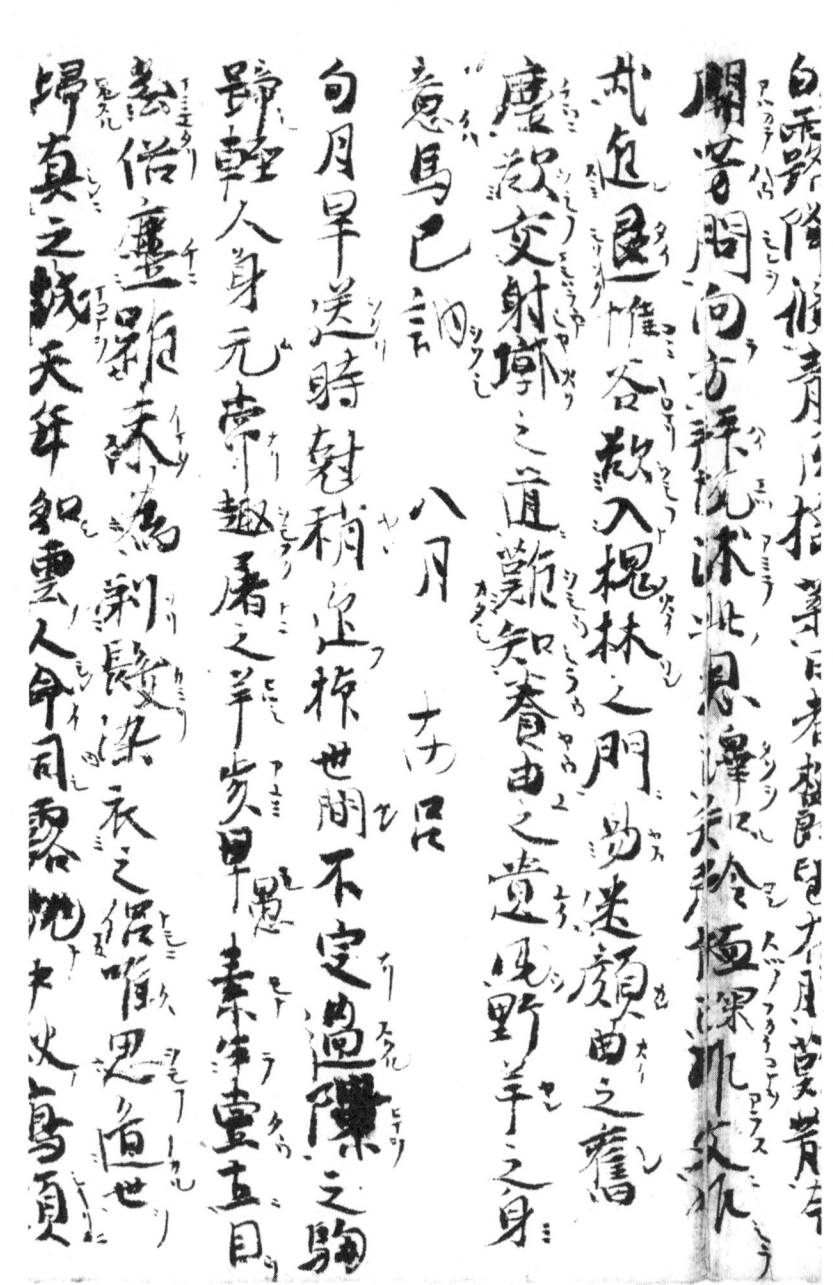

開等問向方拝院沐此恩澤矜恤極深孔汝狐

戌危退帷谷歓入槐林之門勘迷顔面之舊

慶歓交射場之直顙知養由之覚馬野羊之身

意馬已訓

八月　十六日

句月早送時尅稍空栫世間不定過陳之駒

歸軽人身元常趣屠之羊炎罪愍素生壹直目

義倍盧顙味為剃鬚染衣之侶唯思道世

埒真之城天秤知霊人守司露沈大火鳥頁

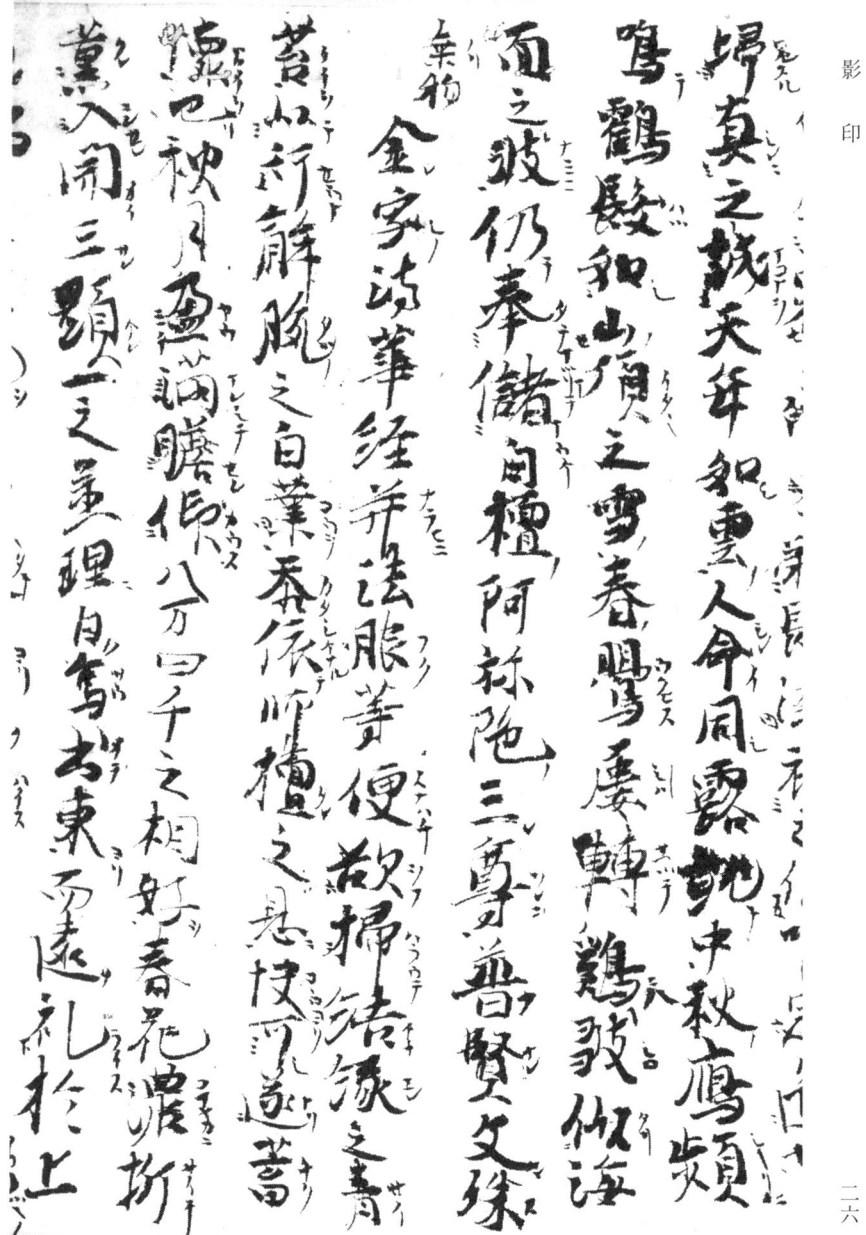

帰真之城天年如雲人命同露虵中秋鷹頬

鴛鸞殿和山須之雪春鸚鵡囀鶏鴃似海

面之波仍奉儲向檀阿祢陀三尊普賢文殊

金字誦筆経弁法服菙便故掃結縁之青

菩山行解腕之白葉香辰師檀之悲技逆善

溝池秋月盂蘭膳供八万四千之相好春花濃折

薫入開三顕一之美理自篤為書東而遠礼於止

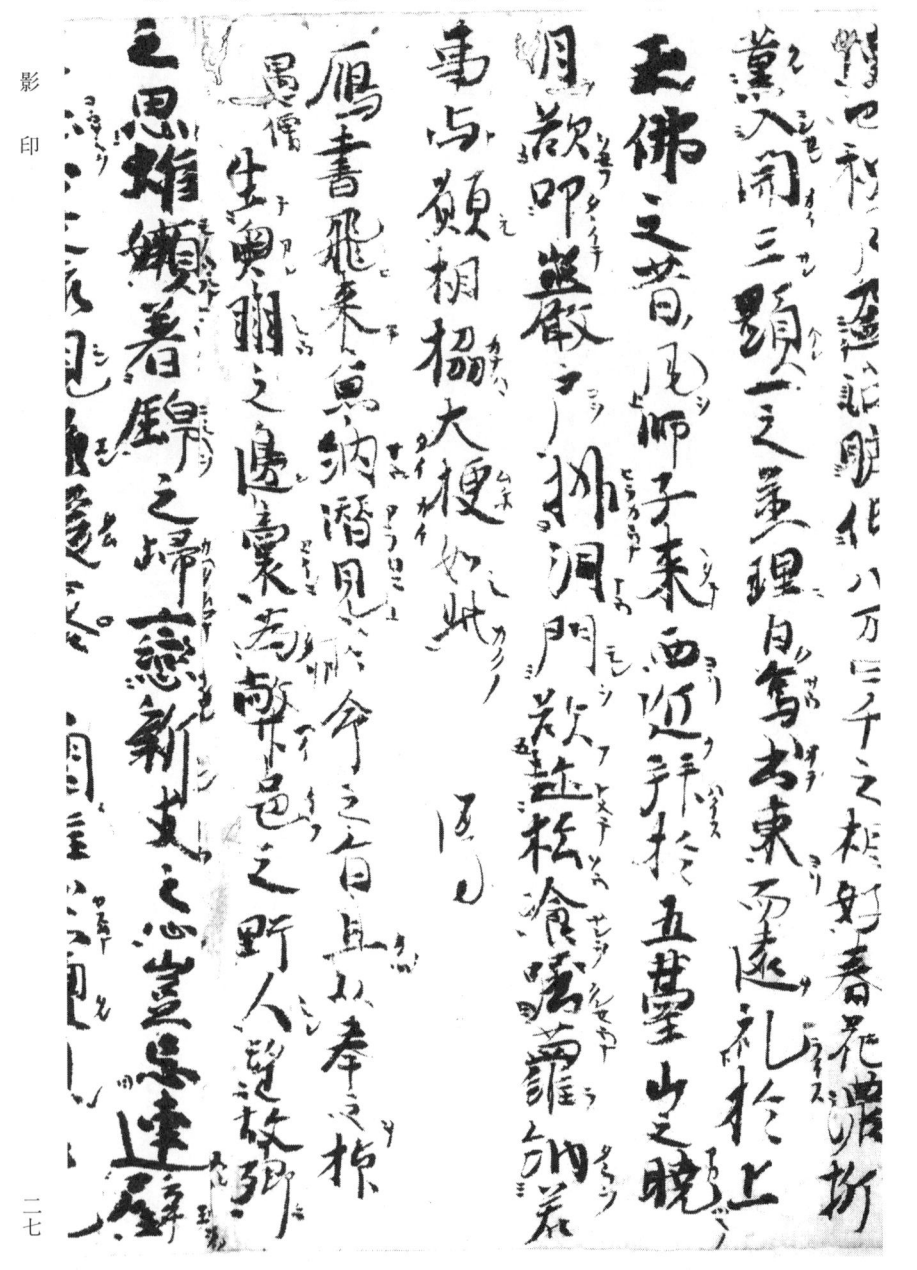

薫入開三頭一之美理自駕於東雲遠礼於上

玉佛之昔為獅子来西延拝於五臺山之晩

胡欲叩嚴獅洞門欲訪松溪諸蘿加若

勇与頗相梱大梗如此

鴈書飛来魚納潜見令之百姓山奉之檝生奥朋之遠裏為歡卜邑之野人認救卿

之思雖蠣著鶴之婦恋新丈之心蓮辞

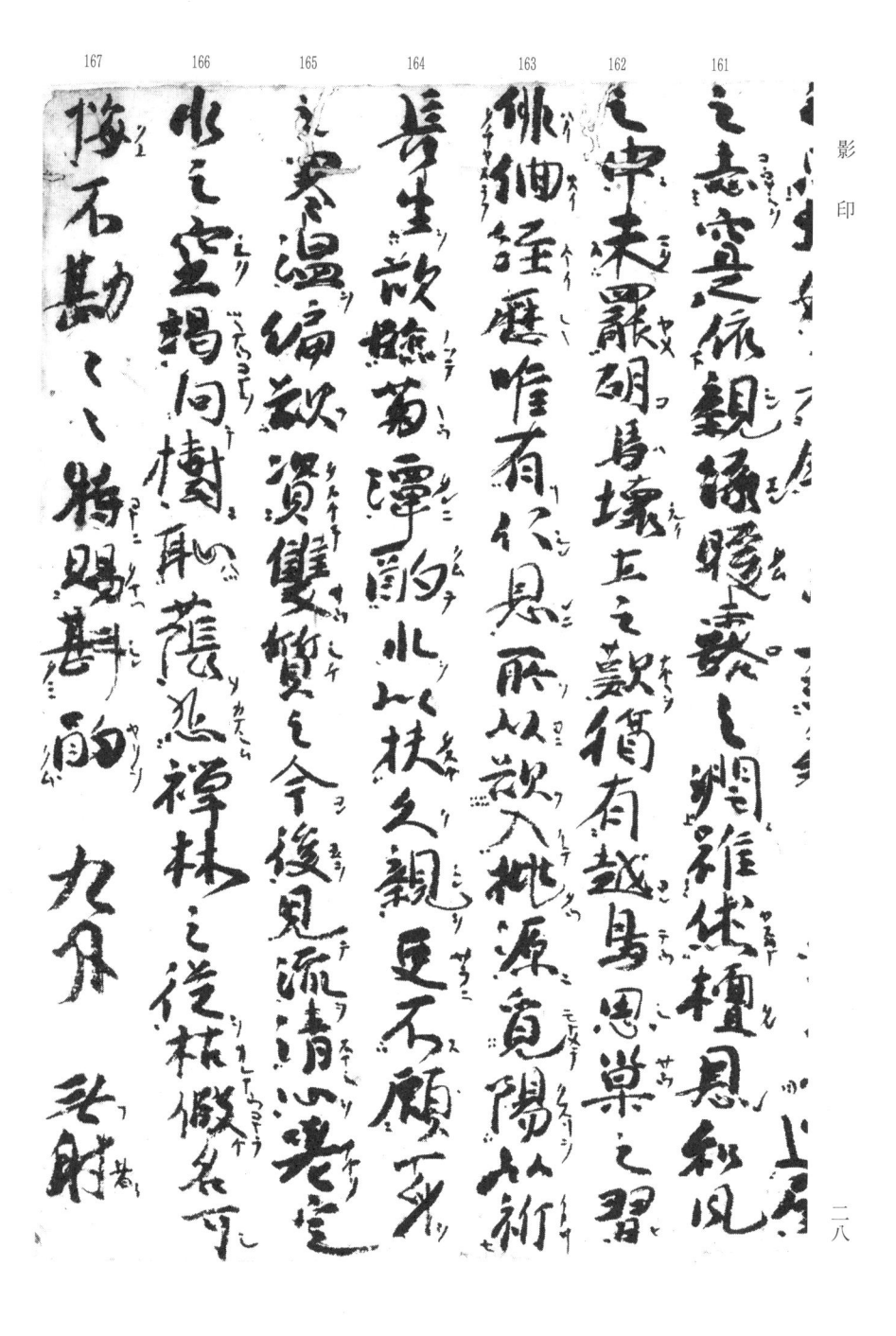

之意寔依覲蕭騒之潤雅然穐思紛凬
之中未嚴胡昌壞丘之歎猶有越鳥思巣之習
徘徊経歴唯有代見所以欲入桃源尋陽仙術
長生故慇菊潭酌水以扶久親更不顧家
之安温偏欲資雙贊之令後見流清心寔定
水之空竭向樹耳聽忽禅林之従枯徴名可
悔不勘之之將賜甚酌　九月　老時

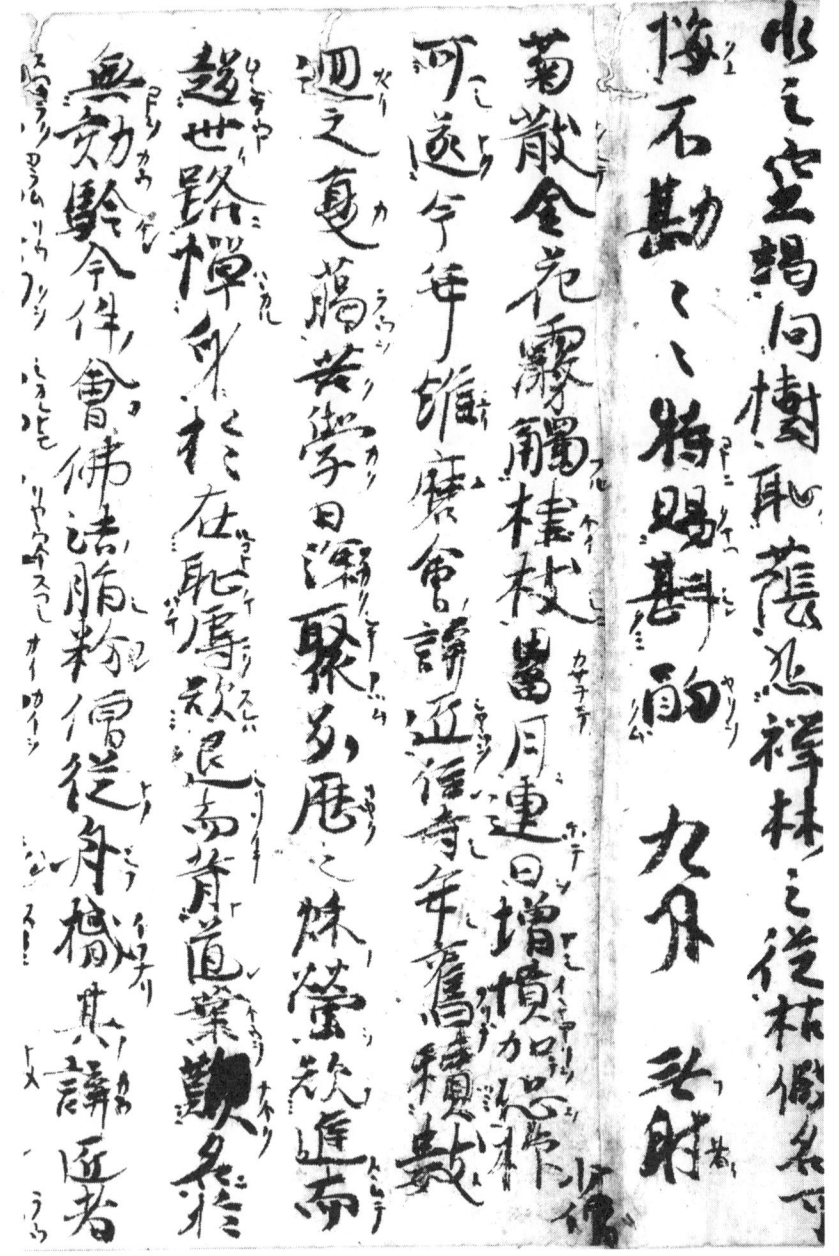

水之空鵠向樹耳蒙忍禅林之後林僞名下

悔石勘〻將賜甚酌　九外　毛附

菊嚴金苑霽矚椄枝當月連日增憤恨怨作年舊積戴

阿遠今年推廣會讃近福寺年

迴之更腦英學日瀛聚多歷之妹螢欵進而

趙世路憚何於在耻傳欵退而育道業歎人名於

無竟駁今伴會佛語賑粉僧從舟橋其讃近者

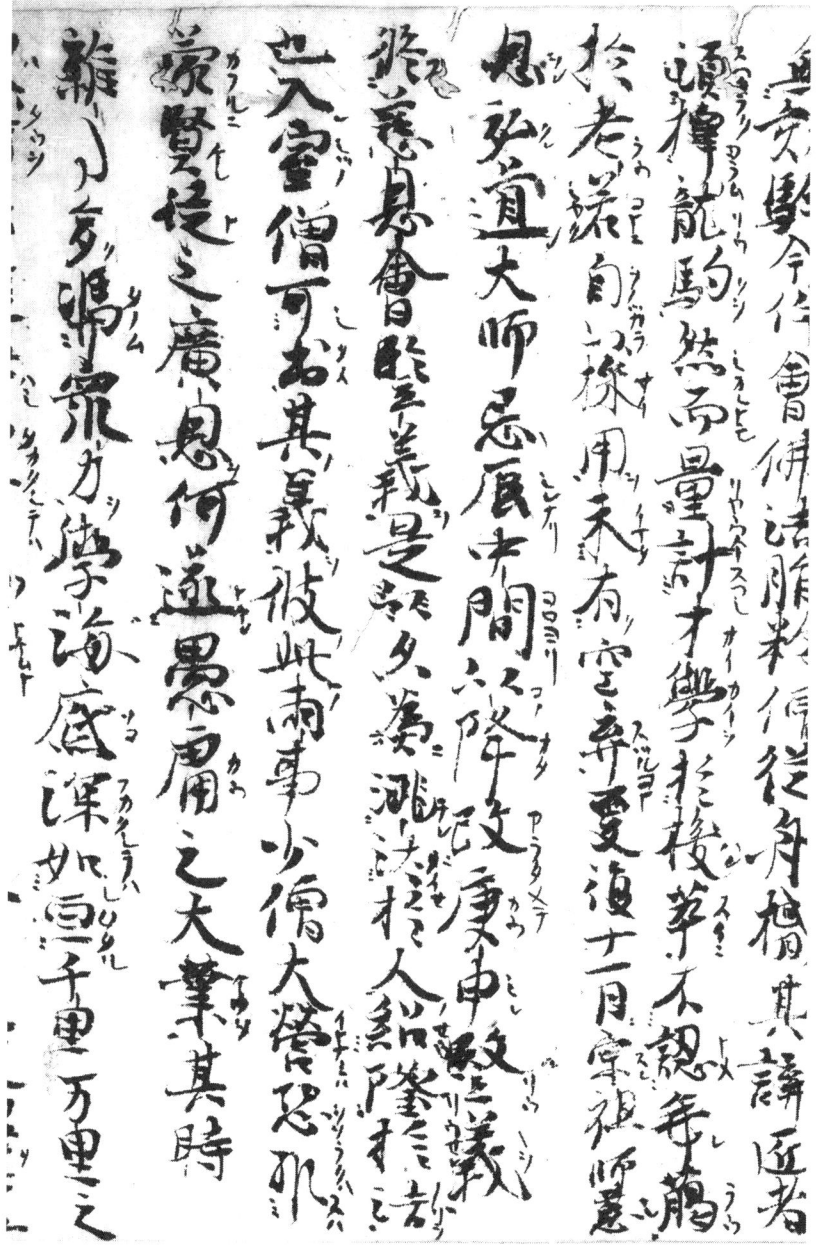

真言學令作會佛法脈系僧從角椙其講匠者

頓禪龍駒然而量討才學於機莩不認年上腸

於老誅自探用天有空并夏復十月寧祖師慧

見弘道大師忌辰未間六降又庚申敢議義

悲意見會臨三義是於夕爲瀧決於人貂隆法

也入室僧可お其義彼此兩事少僧大營忍れ

蒙賢侶之廣恩何逆愚庸之大業其時

難八夕鴻衆力學海底深如亘千里万里之

影印

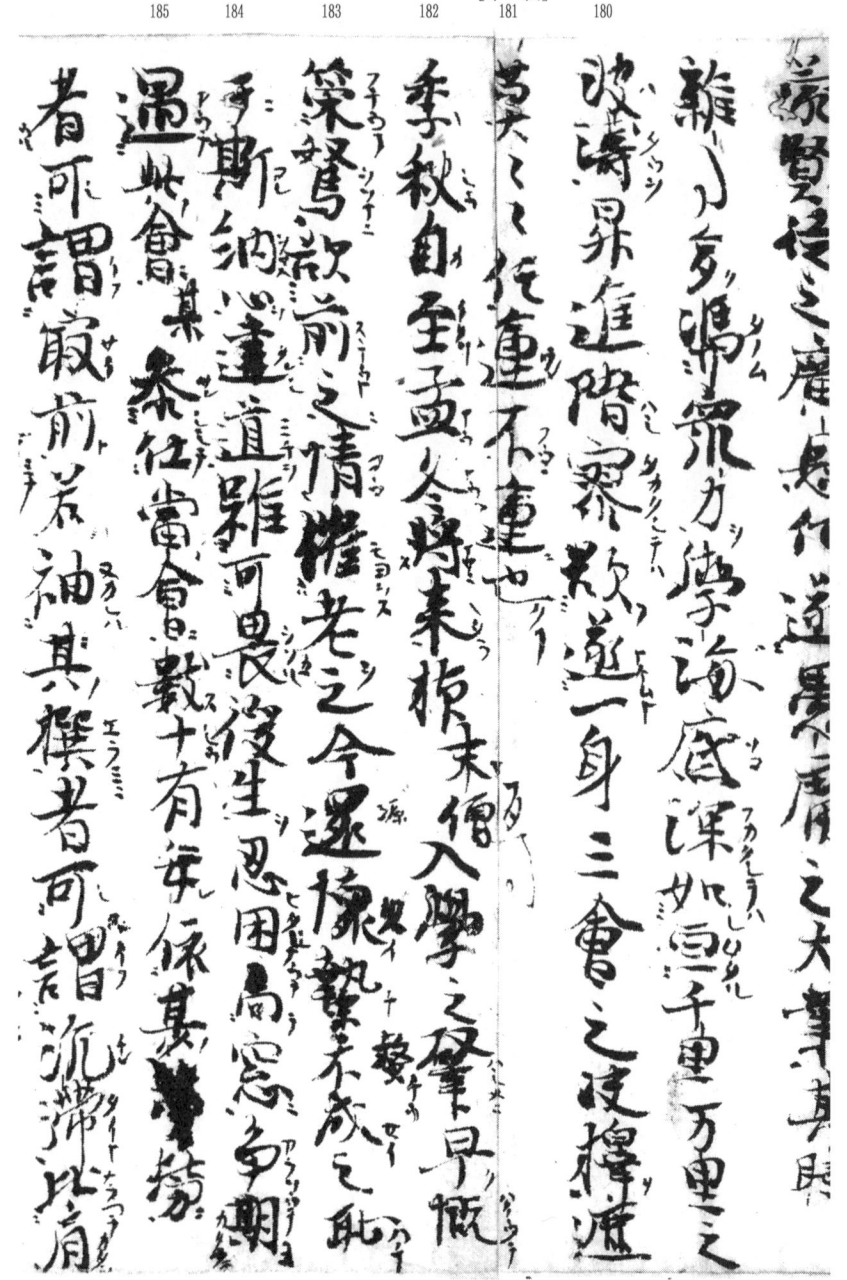

［第12紙］

藐賢後之龐居何道處廡之大事耳興

難多鴻衆力學論底深如一千里万里之

波濤界進階衆欲遊一身三會之役揮進

莫任運不連也

季秋自至孟冬將来棒末僧入學之筆早恨

策駑欺前之情懼老之今運恨執鞭未成之此

子斯納心達道雖河農後生忍用高窓爭明

過此會其奈伍當會數十有年依其真勢撥

者可謂最前若袖其撰者可謂流沸比肩

影印

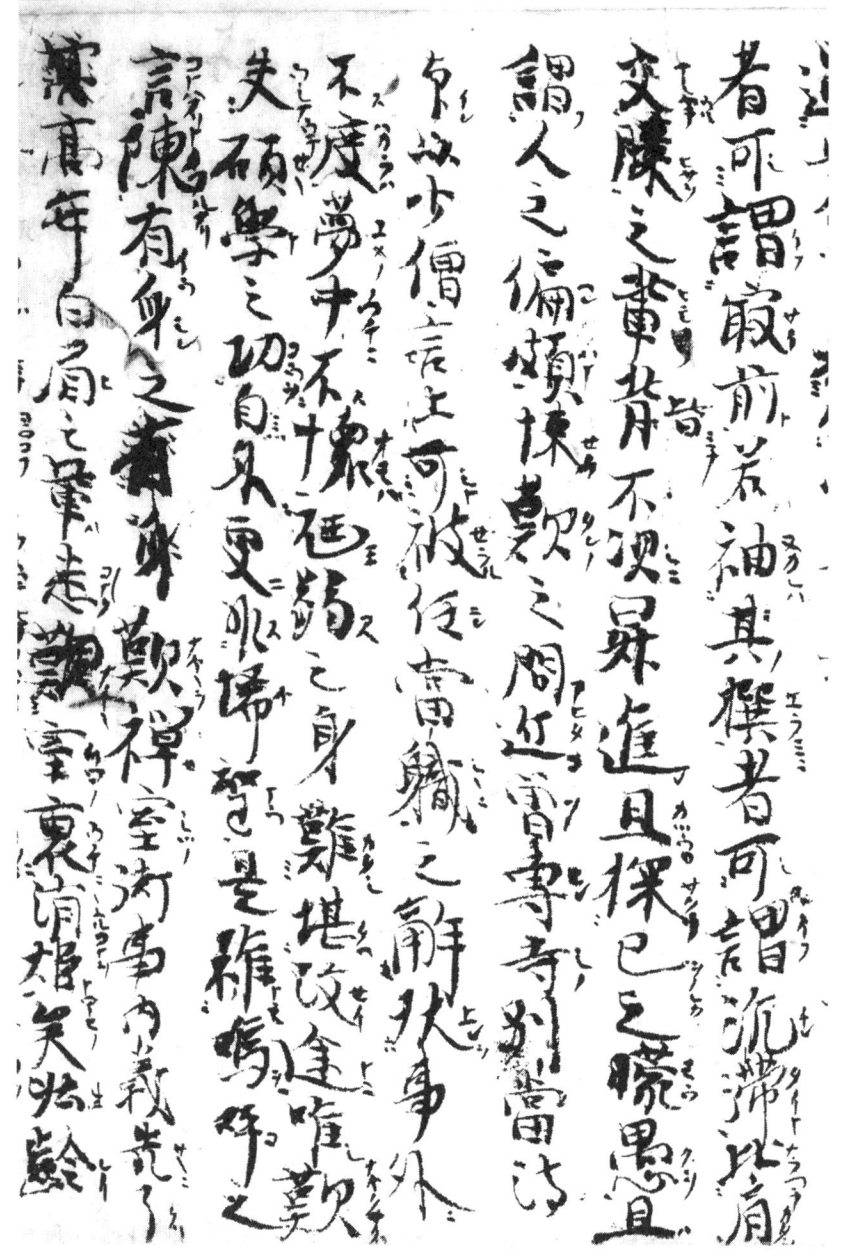

者可謂蔽前若袖其撰者可謂流弗比肩

変陳之輩背不須昇進且探已之曠愚宜

謂人之偏頗慷歎之間近習寺別當は

向以少僧言上可被任當職之辭状事外に

不度夢十不忄砥鉛之身難堪改途喧歎

矢頏學之功自久更歐佛に是雖鳴於之

言陳有躬之者弟歎禪室內寺內教先に

凍高年白眉之畢走朝室裏有雄矢が齡

三二

言陳奏身□観祥室決事内□□□

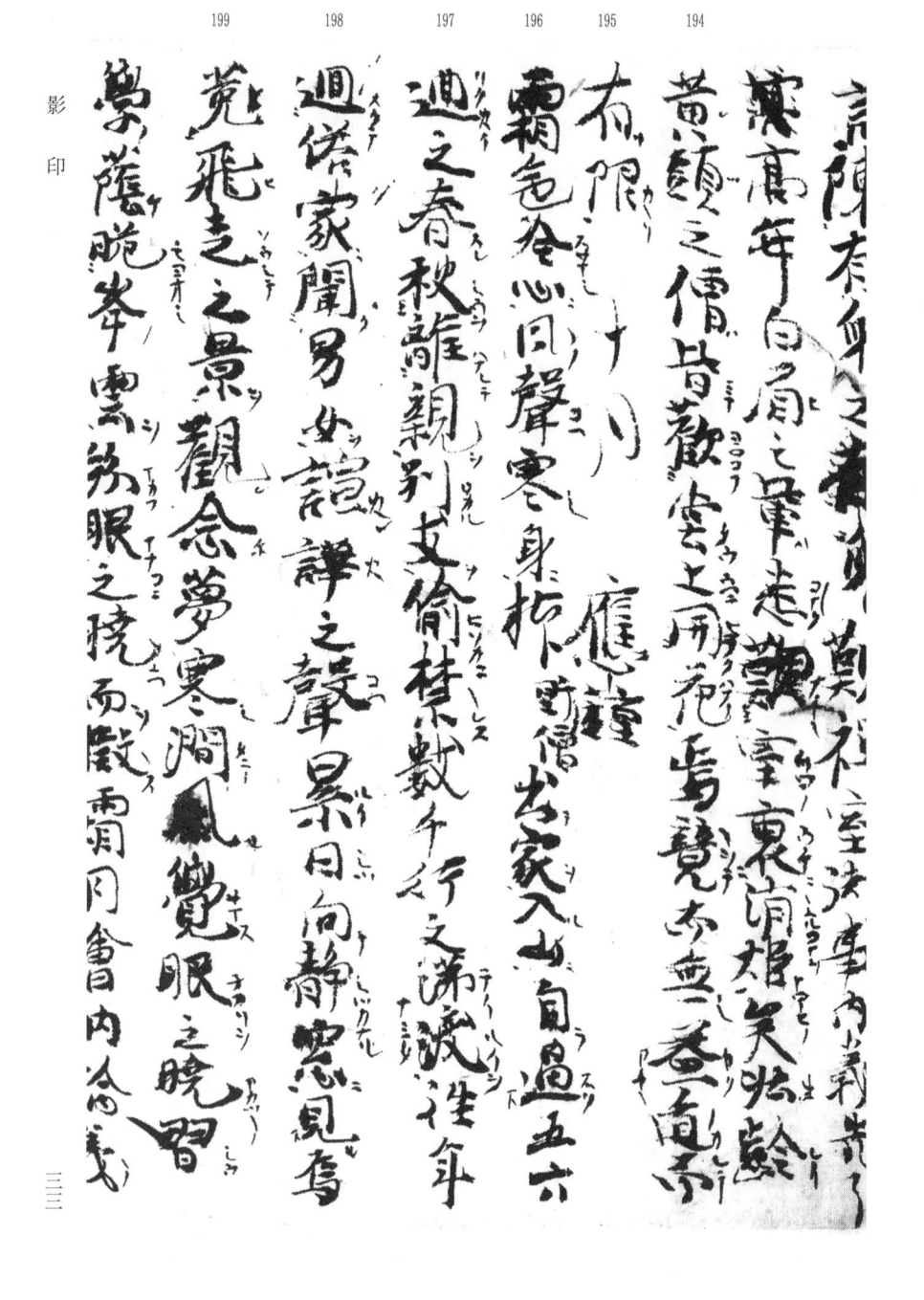

黄頭之僧皆歓雲之而花□覚□□□□

霜色□心同聲寒身振□□□□應鐘

有限□十□

迴之春秋離親別支□棋數千行之□□過五六

迴佐家閨男□謡禪之聲景日向静□見鳥

覧飛走之景観念夢寒閨□覺眼之曉習

夢薩□峯雲□眼之暁而□霜月會内□□

影印

三三二

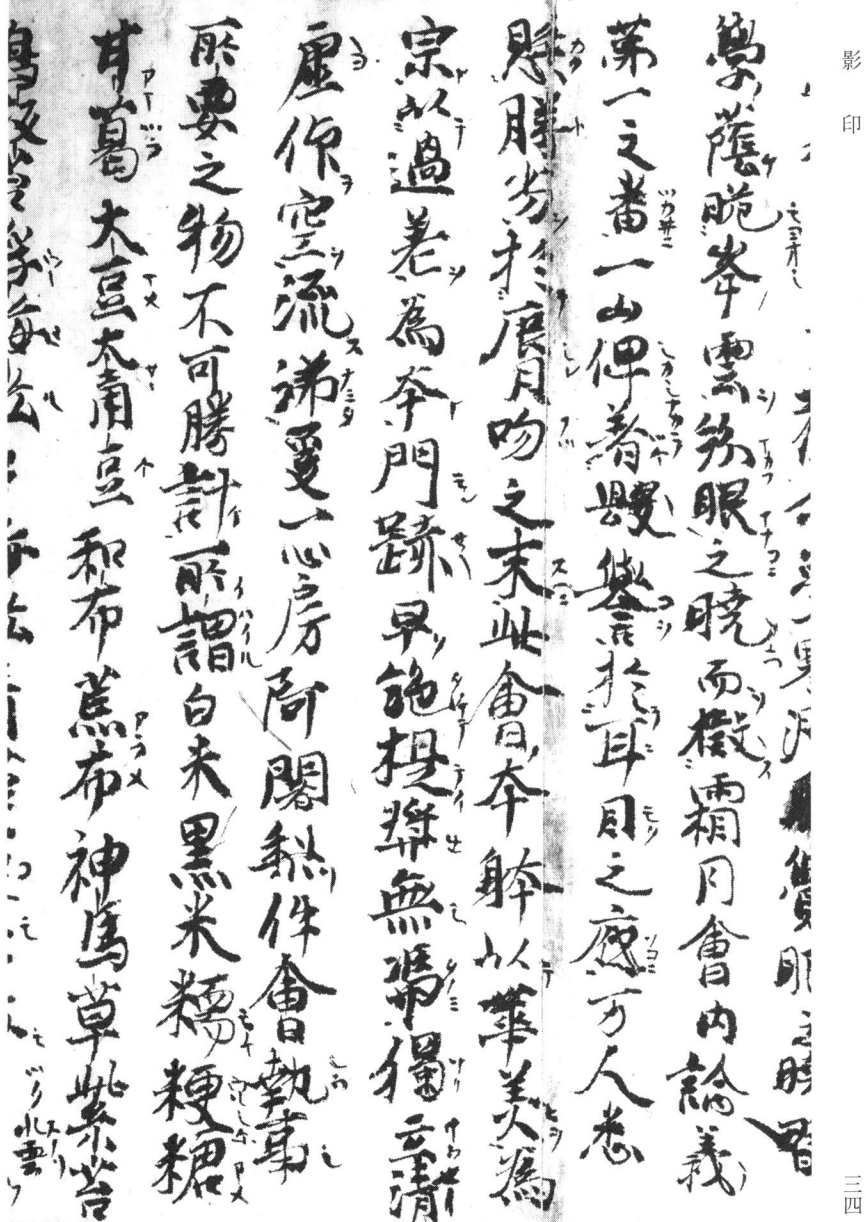

學薩晚峯雲務眼之曉而徹霜月會内論義

第一之番一山伊脊膂鬢鬟譽震救於耳目之虚方人悲

懸勝劣於唇吻之末此會本躰以華美為

宗以過差為本門跡早施捉拌無為弊僧衛

虚作空流涕憂心房阿闍梨件會執事

厭要之物不可勝計所謂白米黑米糯粳糖

茸葛大豆大角豆和布蕎布神馬草紫苔

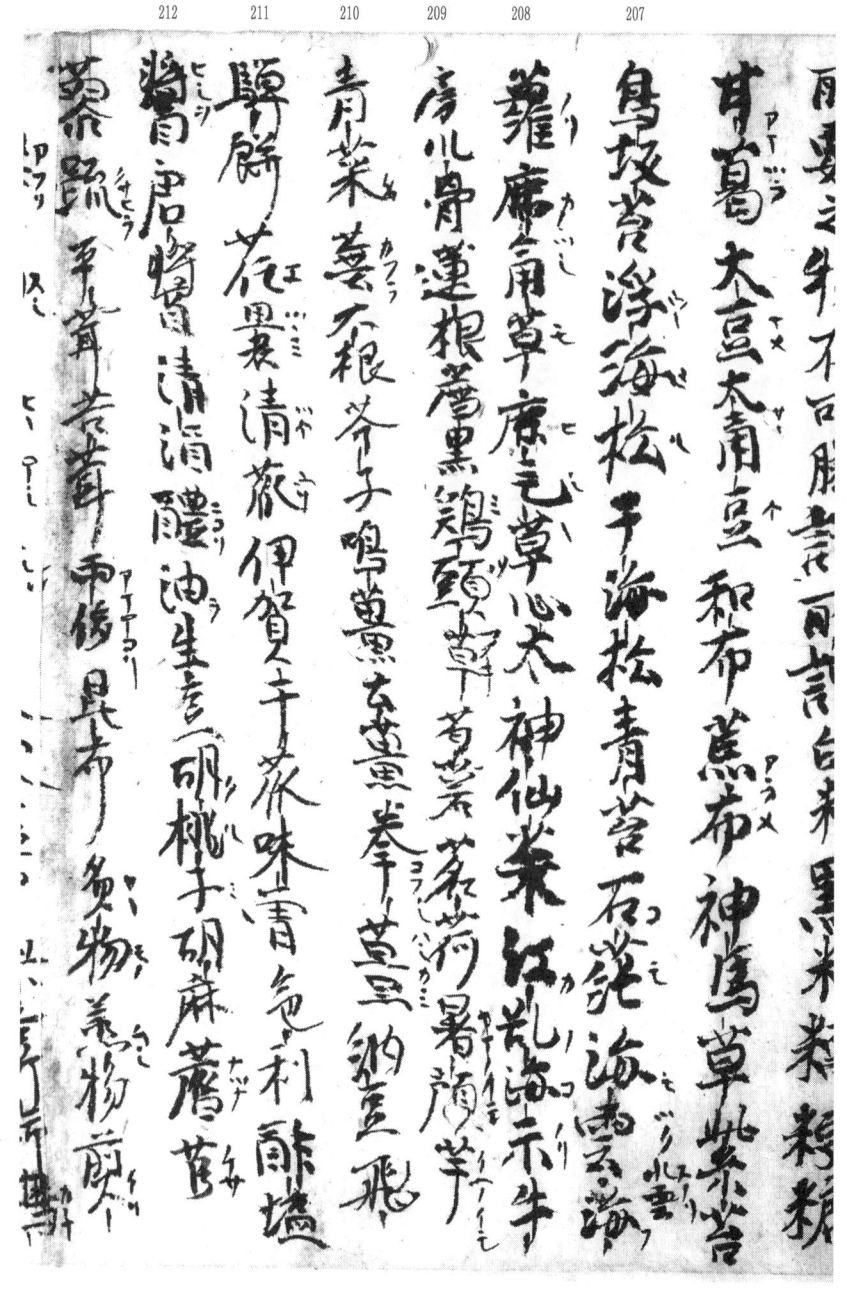

212　211　210　209　208　207

影印

雨霰之牛不可服　百言白菜　黒米粢　粷類

茸蕷　大豆　大角豆　和布　神馬草　紫菜

鳥坂菁　浮海松　干海松　青苔　石花菜　海蘿

房々骨　蓮根　薯　黒鶏頭草　神仙菜　江海苔　木耳

韮薤　角草　心太　荷　暑預苫

青菜　薑　石粱　芥子　鳴薑　五菫　納豆飛

駒餅　花裏清蕷　伊賀干飯　味噌青色利　酢塩

醬油　清汁　醍醐油生薑　研桃子胡麻薑苣

荳蕷　芋茸　昆布　煎物　羹物煎

三五

蒜蹄、草箕ノ再伏、昆布ノ　　鰒物、羹物煎

鰒物、煮物羹煎

物爆シ、鮨シ、鰒シ、憩ニ料、丹波栗ノ信布料、軍野栫相

黍秫栗、田豆、地筆ノ巌、老柚、椎、頭付、粟瓢伏

花扇、鴨ノ飾、梅枝、髀髄、穂、橙縄、敷栫、懸艦衝

童様、瓷机、煮坏、乳筑、春日垸、竹ノ窪坏、盤、屋大提、

桁敷、桁積長積、飯、押桶杉、酌便、咖、瓷、大垸断

白箸松薪、炊、涌海釜、等、州、刀類、未有一物、依、功求

金弾苛之道、未朝、獣、凡、橿珠、別、尚晴、特壽

田ら塩、音、壺瓠ひ、吹れ、木、疑晴天雨雪降平、野思

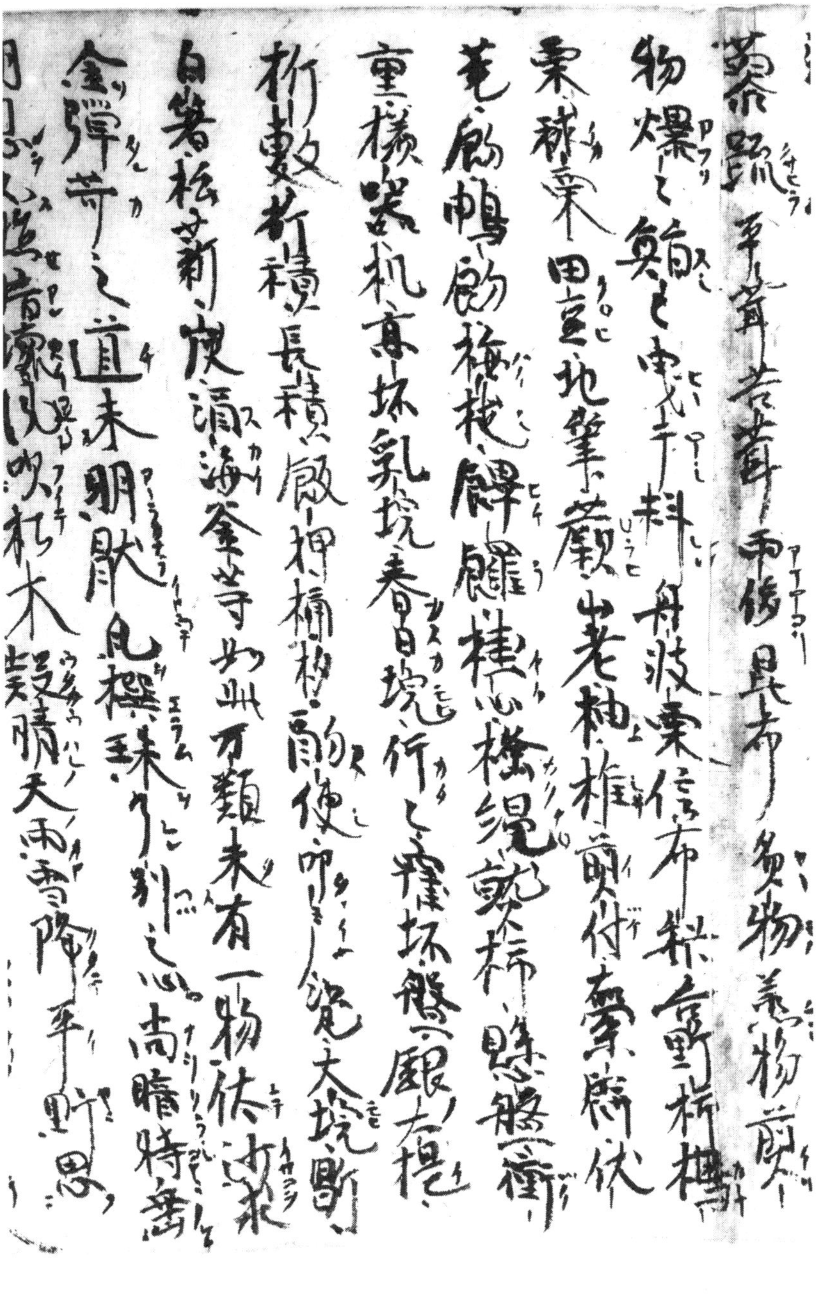

227　226　225　224　223　222　221

影印

金彈荷之直未明献瓦礫珠之別之心青晴特兼

朝見文照暗壞以吹朽木毀情天雨雪降平野思

冬夜風栴作共経營雜無風聞故添摩志像人

とも今有品之事加僧成業之首非伏盤衛之上人

同露見之助特机懃力旦細高電泉伏如菽溜聚

此前引奏吉川州成同細磨積此所幾真依山形山南山

之好賛令和之元真に

十二月　黄庭

愚不

御薬之同有所經營

霜氣晨起風氣景振栴

三七

影印

霜氣晨蓬風威冒振槁　墨下　御楚之同有可錐管

遠之國司處之業之以夜夜繼書楊鞭入於不可駈

而驫宜祝耕前所入之菓子様し魚貝馬甘埼朝至　前俳人情猶復し

興く尚可随時倍危と物

要也特賜賢慮苟済國之衛獲賞循良勤王之計

全守憲章刑罰蒲柯所暮光と螢來在や諌鼓革

洋所初末之駒何ぞ駭也勤去可恨面治國可謀

人魚心裏飛箭鉄東可敢

［第15紙］

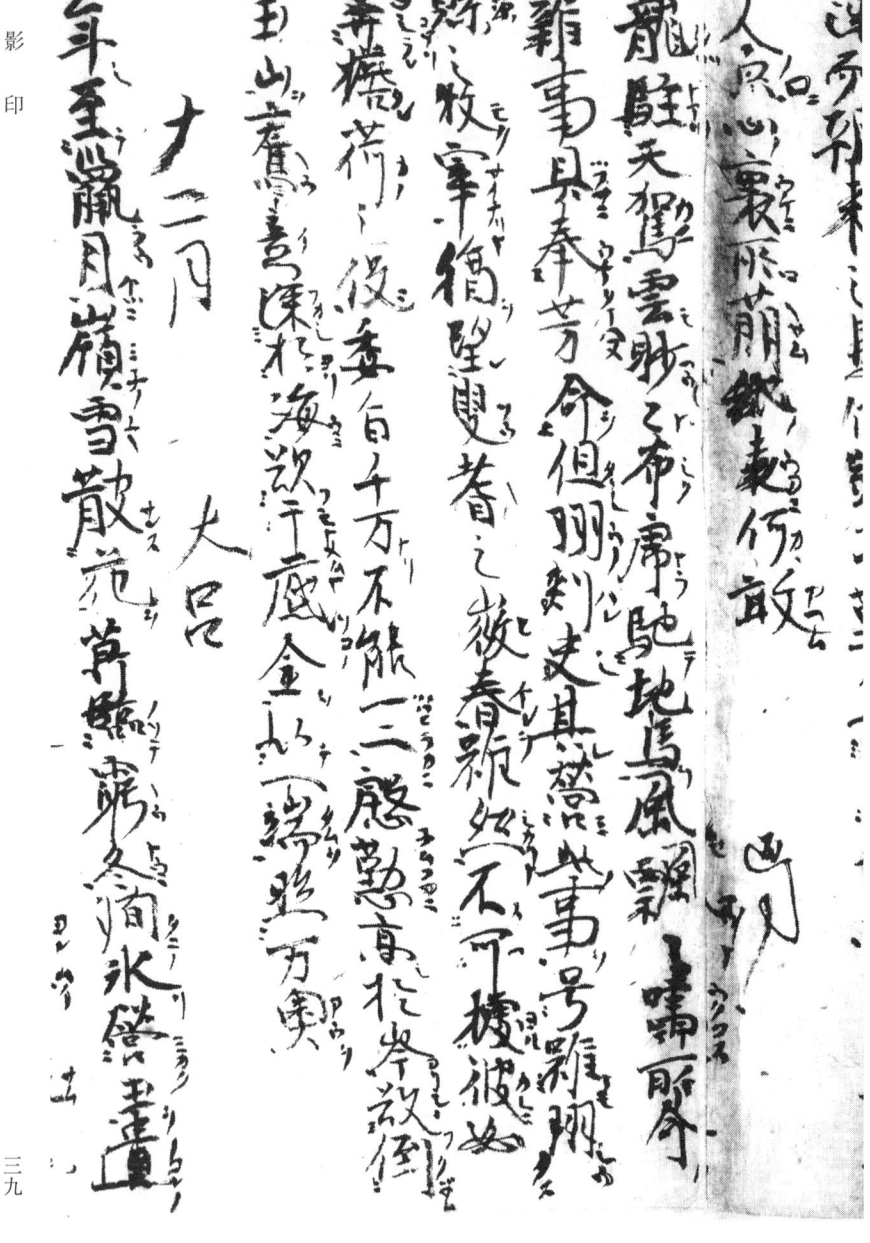

影印

人皇心裏所萠鏃趁何故

龍駐天響雲物布席馳地鳥風飄人嘯昨今

薪事具奉芳　介個羽刻丈其螢此事号難明

斷之牧牢催望着之萩春新如不可搖彼如

寺橋荷之役委百千万不熊二三感勲貞在峰故倒

玉山齋雪喜深於海欲了底金的一端豈万興

十二月　　大呂

年至臘月嶺雪散苑草眠露冬澗氷磴畫

三九

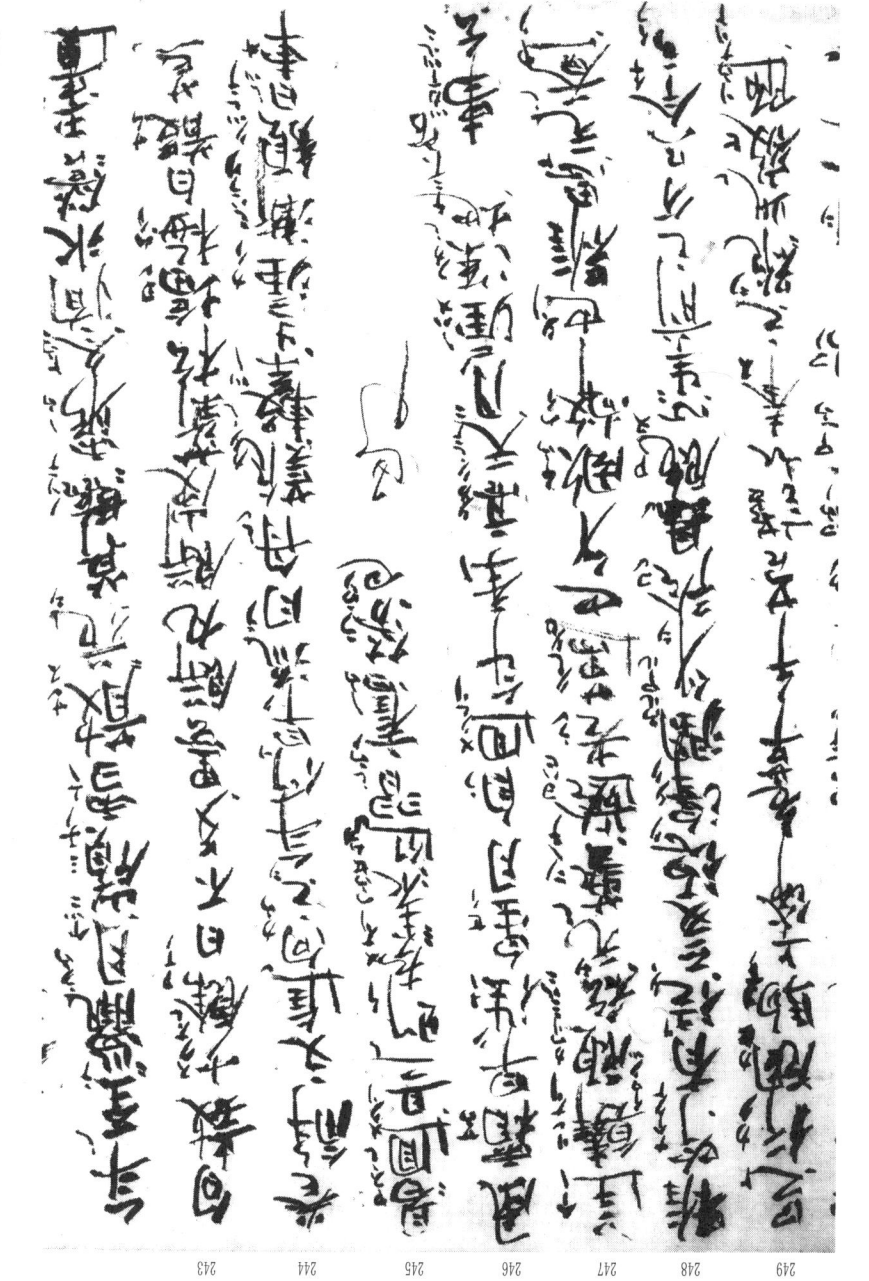

影印

文治貳年　四五月　喜鴈

農志齋

[第1紙]

1

2 *〈和泉往来西〉□□□□室作

3 正月　大*族

3 *金烏翅早、玉菟蹄輕、*節改、面談既久、抑〳〵余

4 *遇*慮身居内官、心兼外國、例*前蹤、有員不

5 遑勝計、不耕*頑之田、積*學稼而爲膳、不採

6 一葉之桑、裁文織而爲服、進而无公祿、*退而

7 有私歡、雖愚頑之質、憖企至言之誠、爰

8 諸國受領稱其功勞者、或馬鞍*未解早策

9 雲山之驛、或舟楫未乾、*忽棹*煙浪之渚、*格勤諸

10 司難預歡賞、特賜賢慮、快察拙懷、須從容□

11 之隙、被五洩三啓四殿御前、若有廣恩、適〳〵任小縣、車

翻字篇

[第2紙]

翻字篇

12 前*飼牛櫪、上摩馬、除目之春朝、蒼天隣

13 眼*兮、黄葉之杪暮、紅涙在襟*兮、萬*慮至多

14 一*紙何盡*矣、　返事

15 脁朒東昇、*崦嵫西斜、時節變改、居諸推移、

16 金章入手、玉詞瑩心、抑愚溫故實、有勞諸司、

17 遷任、分憂、其來尚矣、不敢毛舉、或弱冠値*恩、或

18 成立*蒙賞、拜任一國、榮樂*且千、而頃年之間、

19 拜除如忘、流跡似絶、空*計日月之*光蔭、徒漏雨露

20 之潤霑、偏*憑勤公之節、*忘抛顧私之*勢、因茲、*鍾愛

21 之妻妾、疎而倦、針縷之營、*舊從之僕士、宕而遁

22 走使之役、愁緒至長、何日剪之、上閣所慮、下官是同、

23 恨 非二　出身之器一　未三霑二納隍之恩一乎、今*若不下預中無

24 為之*傾恤上、何時得徹二　有限之鶴一火、隨二御氣色一閑

25 下參啓、鳳翔二雲天一　仰而難三戴恩*蔭一兮、*鶴*望二

26 而不三通二哀聽一兮、内任天運一、外在人*寵、

27 二月　狹鍾

[第3紙]

28 和風*緩扇、暖露*稍降、依无二慇懃一、雖有二所憚一

29 不三耐二懇懷一*啓二事由一、抑欲三趣二任國一、進發不日、雖三

30 不二本望一今亦何為、旅具无二儲一、驚駭未有一、坂東之

31 人、*為宗二隨其氣色一、進止之者、*猷豫之心、未

32 迫二一定一爰復、美作新司、同二比首途姻婭之間一、*點

33 而難二忍一、事ミ在面一、蜜ミ上聞、出二城一向二途一欲尋二時

34　苗留犢之塵(チリ)ニ矣、入(テサカヒニ)ニ境(キク)一　聞(モフ)ニ風(ウトヤンソク)一、欲三知(タカヒニ)ニ羊續懸(ロ)＊魚之跡(アト)ニ焉、

35　聞(キ)ニ古(シエヲタツネ)今(ヲ)一　習(ミテ)ニ今一、見(シルヲ)ニ人(ヲ)一知ニ我一　（返事）

36　野草芳菲(ヤサンハンタリ)、山華開敷(サンクワカイス)、草木更改(サウモクサラニル)、世帶亦爾(セイタイマタシカナリ)、互(イタクシン)ニ＊懷親

37　眠(チカ)、何處(ヲソセム)ニ疎略(ソラクニ)一　仍今夏冬＊裝(カフリ)一束(ウヘノキヌ)、表衣(カウブリ)、表袴(シタウヒ)、革帶(ノハカマ)、冊、韈等(シヤク)、奉向大螺(ホウカウラ)

38　鈿鞍(テンノクラ)、打出鞍(ウチイテ)懸鰐口(ワニノイロヘ)䩞(イサリ)、舌長鐙(カロヽ)、猫面兵庫鞦(ネコノツラ)(ヒ)(マメノリ)、豆鞦(ヒヤウコ)、黑漆
猪隈(ヰノクマ)　高橘介所ニ作一

39　鞍、已上縫物褥(ノウハシキ)　＊在ニ泥障三(フ)一＊西京野原＊三近藤掾所作打出

40　大刀(タチ)、鮫束(サメツカ)、鳥頸、師子首(カシラ)、五條六秦介所作弓胡籙(ノムカ)、

41　箙(カリヤナクイ)、行騰(トビ)＊一負、長刀(タチ)、綾藺笠(アヤヒ)、筥鳥羽(ヤノハ)、樺漆(カハシ)、金足皮(カハ)、逆(サカ)一
(エヒラ)

42　頬(ツラ)、股抽(モヽ)(ヌキ)、膠篦(ニカハトウ)、白革(カワ)、＊青滑(ヘシ)、紫革(ムラサキカワ)、餌嚢(ヱロ)、朱漆黑(アカウルシ)

43　漆、鋺形(ナマリカタ)、同合子、御器(コキ)、提、毛沓、半靴(ハムクワ)、＊寫鼻(カリハネ)、綾錦(カリヤヤ)、縑、

44　無文絹(ムモンノ)、長絹、例絹(レノ)、細美(サイヒ)、例布、纐(ヲリモノ)、穀(コメ)、繡絲(ヌイアヤ)(ヌイモノ)、錦、邑濃(ムラコ)

［第４紙］

45 絲、紺布、＊褐布、唐‐笠、紫、苅‐昜、紅、茜、鴨頭草、＊緻、＊岐子

46 櫨、蘇芳、陶砂、明日香下惟 好縫弛 弭、角、木‐賊、借‐木、弓木、＊鐵莵、

47 ＊斵、＊俎、包‐丁‐刀、上‐馬、中‐馬、駄、麻縄、相副解‐文、奉二向三之一、

48 殊入二恩＊領一、織而不三見二色一、＊給二柳絮一之＊暮雨、裁而＊無二

49 定様一、縫二春衣一之朝風、續〻、雜‐事又〻啓達、

50 三月　沽＊洗

51 ＊桃華芬〻、柳絮＊嫋〻、風‐月往‐來、時‐節＊轉移、美餅朱草

52 ＊唐菓子、柘榴、栗、串柿、鯉、鮒、鯛、鱸、鯵、＊押鮎、＊並蚫、焼䖳、

53 赤黒、鮨、螺、蚫、蚊‐蛤、海糠、首彙、＊鰨、制魚、鮮、鱒、海老、

54 ＊鰉、氷魚、石花、寄宿、美酒、差二使一進上之、雖三似二遼東

55 之豕一、此青陽白志而已、一字千金、不三知二＊報方一、紅桃結二實一、

[第5紙]

翻字篇

66　65　64　63　62　61　60　59　58　57　56

56　遠送二三千之怀月一、黄河清、*彼、遙迎二五百*之春風一、

57　恩德如二海一、報酬似二涓一、

58　鸎聲喧二耳一、花色養二眼一、三春漸暮、一身偸、*憤、今此

59　珎物、世途無二雙一、下若村所二貽一歟、上林菀所二勞一歟、

60　*措穢*頂、詳知二清懷一、竹葉泛二碧一、心池無二底一、桃花染紅一、

61　恩山有二峯一、珎菓魚*具、天下是希、美酒鱗甲、世路

62　尤勝、樵翁視二仙之碁一、自計二千*半之齢一、*榮期*翫

63　五絃之琴一、已謠二*三樂之賦一、延年益壽、啻在二此一、

64　四月　仲呂

65　靑陽往也、朱明來也、徒送二年月一、空闕二拜*謁一、抑下官

66　從二下鎭西一、欝結難二解一、爰以二去正月廿日一首途、同廿二

五〇

翻字篇

67 日、解纜、進發類舩五百余艘、棹*楫*櫓*帆、纜水摺

68 立盤、苫挾抄、水手、梶取、舫*矴湯取、艫舳雜具、一二多ニ、

69 路次所々、途中泊ニ礙、無三涓塵一慶、如三山海一神明和合、

70 *在三海安隥一、人倫*響應、來睦、數多、刎風波斂寂、海

71 面無三塵一、征帆如飛、舩跡有三遜一、*越三海一至三河一、昇三岸一就三陸一、

72 天-地相應、佛-神哀憐、使中自然上也下、視三西一者、一洲、二洲、

73 紫鴛白鷗之翅翩、向三東一者、柴嶋、蟹嶋、遊女*釣

74 魚之舩緩々、海*漫々、河溶々、就三中一、從三大河尻一到二

75 津江口一、自三鳥一飼三屆二犬蔦一、遊女棹三舩一、*渭出三多類一、各以二

76 *功言一、每舩媚著、國々舩樣多、吾舩人舩、遞上下*混、

77 往來、此等爲三體一、乘舩造、全挾*楫精 好、鞆取口峻、

五一

[第6紙]

翻字篇

78 挾母詞狎、莚、疊、至鮮、雲交高麗、立几帳、引軟障

79 縟縟、色*帋屏風、同障子、

80 囊打出扇美麗、手箱最甲鏡在臺、殊勝*硯匣刀、

81 打出大刀、美好*沈枕、螺鈿磨人臺、懸盤、塗折敷、御器、銀

82 提*茶垸、懸籠、櫑子、薫、熨衣、盥在抽箐、箏琴、和琴、

83 圍碁、雙六*局、調度、唐*笠、屐、革尻切等也、至二昏尅一

84 懸三簀火一、燃殿油、釣舩、鵜*舟、混雜難弁二、又粉黛飾

85 面一、美服著聳、身纖可憶皮*庸美*操、聲如頻伽一吻吐三

86 愛言一、長句詩賦吟詠、欲二*閉一、*向前藥師、鳴戸之今樣歌

87 曲扠、此彼古躰、加之、和歌是述*壞、快、弁二四病一、*所謂四者、岸

88 樹、風燭、浪舟、*落花是也、了三知疊四*句連句麤香薫

翻字篇

89 滿、翰林能筆、*道祐色帋、篤木薄樣、上紙、剩二苦散

90 床、葦手假￾名品〻、*取虵尾、樣〻捨書、和漢交接也、動

91 *靜美*艷、不能賣目、瞻二姿一難レ堪、聽二音一易レ耽、若此楊貴

92 妃之後身歟、*爲當王*昭君之再來歟、或佳*辰令月詠、

93 或誦二常在靈山一、亦復、絲竹管絃、皆是達也、知琴絃

94 *宮、商、角、*微、羽、*文武今加二、知中筝管千十下乙工美*上凡*骨

95 *知横笛*孔千五上夕中　知筝簧孔四一上下工凡知琵琶*絃
六下口上也、下　　　　　五六一也

96 一乙行上等也、凡、*柏唐音樂、呂律、調子、*柏子分明*知惣

97 萬人對二此一、*宛如二陽公之鶴一云、一舩翫二物一、不下*奈中千金上、无三

98 *假稱計、*浴*陽*邊鄙、古今萬一事、舩内皆忘下之中、諸在二

99 此男口、萬事不三*怕二一言二不二*偬レ者也、　返報

翻字篇

[第7紙]

100 *旬月已過、晨昏是至、觸事催心、*遂*物益憤、今

101 見白紙、忽散*舟壞、須早參*謁、而賀茂祭間、俄

102 *有二*經營一、如此之間、乍思遲、蒼波海遙而、鳥道

103 希*曁、白霧山深而、人跡纔*通、山複海*涅、音

104 信難*蕩、*戀欝之間、適〜以還御、悦而重悦、*互在拜謝、

105 五月 *葵薈

106 碧卉隨節、青蘋待時、面拜久*涅、清談已絶、

107 鵃望之至、宛如千歲、*昌蒲根九節、*茅、*粽、甘葛、糖

108 薦子、笋、餶子、包子、小伏菟、梅、枝栗、串柿、花橘、枇杷

109 獼猴桃、干棗、覆*瓮子、烏賊、擁*釗、鯛、鰻、鮓、酒、米、*夏

110 裝束袋在、付使献上、但恐久遊恩波之潤、多浴德海之

111　流一、徒費　寒溫之資一、未長螢雪之業一、命哉、運既拙也、

112　返事

113　暖光之節、溫和之比、適　染　尊毫一、幸降　恩　*向一、被見一字一、

114　如得　千金一、分給　珎味、拜悅　無涯一、不才之身、悔心慚性一、

115　*叶　寒谷之氷、不汲水一之咎也、拂　*苦山之雲一、不拾　薪一之

116　罪也、師命如疎一、資勤似*忌一、命歡雖多一、何立前途一乎、

117　六月　林鍾

118　芙蓉覆　水一、*薜蘿縈　風一、年月移廻、世路*改、趂於二

119　俗骨　之間四、疎佛法之事也、*妄嗜二　閭里之念劇一、愚　忘三山-

120　*厨之寂寞一、湯帷、麻布、*蝙蝠、上帒、繼墨、白米、煎餅、堅

121　鹽、唐醬、造味*曾、伊勢布、若狹布、*舟後布、油、小麥粉、

翻字篇

五五

[第8紙]

翻字篇

132　131　130　129　128　127　126　125　124　123　122

七月　報雲山之恩、*諳花文於轉法輪之樞、將發芬

芳之德、拜喜感悅、在市中之證、

夷則

絕、滿山捧頂、拜月眉於讚佛乘之*窓、彌欲

前寂閑讀經之眼、眩而僧意攀緣、所被恩

少*飯中食、松花之下、有*從採花之丁、疲而佛

志、無酖花之興、三衣汁物、螺燈之底、無*貯

大陽之光難辭、少女之風不涼、抑有觀樹之

省繁、*偸閑委啓、

返事

八木一、盡升山之功、供鷹門之一鉢、仰斗藪之德、稠人

酒、夫令持奉之、是雖微少、表*志、*所之、*潔鹿章可之

[第9紙]

133 金商變節一、玉琚移時一、依二嚴誨之德一、聊學書

134 籍一、心爲恩使三、何時*忘之乎、肝膽之思、流二汗漢

135 *天爲啓三事由一、解文進上、索餅、鹽曳鮭、干*生

136 海物、枝大角豆、熟苽、白米、生茄、酒等也、手不二

137 取書卷一何、*訪二宣尼之先縱一、口不三誦詩篇一、詎*尋二

138 仲舒之*舊道一、揚寶毛寶、崇恩酬德一、云

139 返事

140 白露降條一、青風搖葉、日者欝望、在胸一難散、今

141 關芳問一、向方拜悅、沐此恩澤一、知矜恤深一、非文二非

142 武、進退惟谷、欲三入二槐林之門一、易迷二顏*曲之舊

143 塵一、欲三交二射埒之道一、*難知二養由之遺風一、野羊之身、

翻字篇

五七

翻字篇

144 意馬已訥、　　八月　南呂

145 旬月*旱送、時尅稍迎、抑世間不定、過*隟之駒、

146 *蹄輕、人身无常、趣屠之羊、步早、愚素生*堂*土、*目

147 *兮俗塵、雖未*爲剃髮染衣之侶、唯思*遁世

148 歸眞之誠、天年如雲、人命同露、就中、秋鴈*頻

149 鳴、*鶴髮如山頂之雪、春鶯屢*囀、鷄皴似海

150 面之波、仍*奉儲白檀阿彌陀三尊、普賢、文殊

151 乘物、金字法華經、并法服等、便欲掃結緣之青

152 苦以三行解脱之白業、*忝依師檀之恩、快*可逐蓄

153 懷也、秋月盈*滿、瞻仰八萬四千之相好、春花濃折

154 薫入開顯一之蒸理、白象出東而遠禮於上

[第10紙]

155 ＊王佛之昔風上 ＊師子來 西一 近拜 於五臺山之曉

156 月、欲五 叩巖戸一、洞＊門三 欲五趂二松㑊一、喎四 蘿納三、若

157 事與願一相協、大＊梗如此、

158 鴈書飛來・魚一 ＊納潛見・所命之旨・且 以奉之一 抑

返事

159 愚僧生三奥一州之邊裔一、爲二弊一邑之野人一、望二故郷一

160 之＊思雖＊孅一、著二錦一 之＊歸、＊戀二新友之＊心一、豈忘連二璧一

161 之志三、＊寔依下親緣 暖一露之潤上、雖三＊休、檀恩和風

162 之中一、未罷 胡馬＊壞土之歎一、猶有三越鳥思巢之習一、

163 俳個 經歴、唯有二仁恩一、所以、＊欲入二桃源一、＊覓陽 以＊祈

164 長生六、欲臨＊菊潭一 酌二水一、以扶二 久親一 更不二顧二＊身一

165 之寒一溫一 偏欲二資二 雙二質之今後一、見二流一清二心一 嗟定

翻字篇

翻字篇

[第11紙]

176　修二慈一恩一會堅一義一、是＊以亦爲六＊逃二汰三於＊人一、＊紹二隆二於法一

175　恩、弘道大師忌辰、中間 以降、改二 庚二申堅義一、

174　於老一＊若、自 以採用一、未三＊有二空弃一、爰復十一月宗祖師慈

173　須三擇二龍駒一、然而、量四計三才＊學二於二＊拔萃一、不三認二年繭一、

172　無二効驗一、今件會、佛法脂粉、僧徒舟楫、其講匠者

171　趁二世路一、憚二身二於在三恥辱、欲三退一而背二道業一、＊歎三名一於

170　廻之＊夏臘一、苦學日深、聚 多歴 之妖螢一、欲三進一而

169　可三遂二今年維＊磨會講匠一、住寺年舊、積二數

168　菊＊散 金花、＊霧觸ニ桂枝、＊累 月ニ連日ニ増憤一＊加恐一抑　少僧

167　悔一、不勘ミミ、特賜二尌酌一　九月　無射

166　水之空竭ニ、向樹二恥蔭一、＊悲二禪林之＊從ヲ、＊枯、假名可

六〇

［第12紙］

177　也、入室（ニシツノ）僧、可（シ）＊出（タスノヲ）其義一、＊彼此ノ両事少僧大營（イトナミハ）、恐（ヲソラクハ）非三

178　蒙（カフルニケント）賢徒之廣恩一、何（トケン）逐愚二＊庸之大（カウ）＊業（ケツ）一、其時

179　雜事多憑（クタノム）衆力（ヲ）一、學海底深（シ）、如三亘三千里萬里之（ワタル）

180　波濤（タウ）一、昇進階寥（ハシタカクシテハ）、欲遂二（フトケムト）一身三會之決擇一、遮

181　莫ミミ（ウンフウニ）、任運不運＊也（クリ）、　返事

182　季秋自至（キシウカイタリ）、孟冬將來（マウトウマサニキタラ）一、抑（マ）末僧入學之肇（ハシメニ）、早＊慨（ハイウテ）

183　＊策驚（フチウテヲヲスニ）、欲三前二（ス、マウニ）之一、情催（コ、ロモヨヲス）老五之（ヲ）、今還懷蟄＊螽不成之恥（チウハチ）、

184　于＊斯（ニコレ）一、納心達道一（ヲサメテタンシミチヲ）、雖四可三畏後生一（ヲソル）、忍＊困（ヒタシナウテ）　＊向二窓一（テニ）、爭（アラソウテ）＊期（カタラテ）

185　遇三此會一（アウテニ）、某參仕當會（サンシテ）數十有年、依其＊勞一（ニ）

186　者、可三謂最前（シイフサイト）、若＊袖二（ヌカレハ）其撰者（ノエラミニ）、＊可三謂沈滯（シイフチンタイト）、比二＊肩一（ナラヘテカタ）□

187　＊交三膝之輩（マシウルヒサヲ　トモカラ）、皆不次昇進（ミナシニ　カツワ）、且探二己之＊曨愚一（サクリヲノレカ　モウクヲ）、且ハ

翻字篇

六一

翻字篇

188 謂二人之偏頗一、悚歎之＊問、近曾專寺別二當法

189 印、以少僧・言七上八可三被二任當一職一之解二状一上二事外

190 不度一、夢中 不二懷一 厄弱之身、難三堪二＊改途一、唯一＊歎

191 失二 碩＊學之功一、自外更非二悕望二、是雖二嗚呼之

192 言、陳二 有身之＊有身歎一、禪室 御事、内一義先一了

193 ＊高年白眉之輩、悉二 ＊歎三室＊裏二消 ＊炬一矣、壯齡

194 黃頭之僧、皆 歡三堂上 開二＊花二焉、競而無二益一、遁而

195 有限一 十月 應一＊鍾

196 霜色冷 心一、風聲寒身一、抑 出家二入山一、自過下五六

197 ＊廻二之春秋上 離二親一別友、偸 禁二數千行之涕淚一、往年

198 廻二俗一家一、聞三男＊女二誼譁之聲、累日向 靜 窓一見下鳥

[第13紙]

199 ＊菀上飛走之＊景一、觀念夢寒、澗＊風覺眠之＊曉、習

200 學蔭 ＊晼峯雲一、紛眼一之＊曉、而擬二霜月會內論義一

201 第一之番一二一山＊俾 著二＊毀＊譽一於二耳目之底一 萬人悉

202 懸二＊勝劣一於二脣吻之末一、此會本軆、以華美一爲

203 宗一以二過差一爲本一、門跡早絕、提獎無憑一 ＊獨立清

204 虛、仰空一流涕一、爰一心房阿闍梨、件會執事

205 所要之物、不可勝計一 ＊所謂、白米、黑米、糯、粳、糖、

206 甘葛、大豆、大角豆、和布、荒布、神馬草、紫苔、

207 鳥坂苔、浮海松、干海松、靑苔、石蓴、海雲、＊水雲、海

208 蘿、＊鹿角草、鹿毛草、心太、神仙＊菜、紅亂海示、牛

209 房、川骨、蓮根、薦黑、鷄頭草、＊芍若、茗荷、＊暑預、芋

翻字篇

名字篇

［第14紙］

210 青菜、蕪（カフラ）、大根、芥子、鳴薑、土薑、拳薑（コフシハシカミ）、納豆、飛-

211 驆餅、荏裹（エツミ）、*清苽（ツケウリ）、伊賀干苽、味-曾、色-利、酢-鹽、

212 醬（ヒシヲ）、唐-醬、清-酒、醴-油（ニコリラ）、生-豆、胡-桃-子（クルミ）、胡-麻、薺-苢（ナツナ チサ）、

213 蓼（クサヒラ）、疏、平-茸、苦-茸、雨-*侈（アマホコリ）、昆-布、炙-物（ヤキモノ）、蒸-物（ムシ）、煎-（イリ）

214 物、爆-ミ（アフリ）、鮨-ミ（スシ）、曳-干-料（ヒキホシレン）、*舟-波-栗、信-布-梨、吉-野-柿、*橋-（カチ）

215 栗、*祿-栗（イカ）、田-豆（クワヒ）、地-筆、蕨（ワラヒ）、山-老・椎・煎-附（シキイ ツケ）・*縲-餅・伏-

216 菟・*劔・鴨-劔・梅-枝（ハイシ）・饆-饠（ヒチラ）・桂-心（ケイ）・掻-繩（カクナワ）・熟-柿・懸-盤・*衝（ツク）

217 重-様-器・机・高-坏・乳-埦・春-日-埦（カスカモヒ）・片-ミ（カタ）・窪-坏・盤・銀大-提（ノヒ）・

218 折-敷・折-*積・長-*積・飯-押・杪・酌（シャク）・便-（シ タ、イヘ）・叩-戸・*大-*埦（モヒ）・斷-

219 白-箸・松-薪・炭・酒-海（スカイ）・釜-等、如此萬-類、未-有一-物-（タ）、*伕沙（ユテイサコウ）、求

220 金-彈苛之道未明-（ヲ タンカ チ ス アキラカナラ）、厭瓦撰珠-（イトウテ エラム ヲ レン）、了-別之心（コトニ ノレテ）尚暗、特*垂三

翻字篇

221 明恩一、必照 暗*壞一、*返事 風吹三、*松木一、疑二晴 天雨一、雪降 平野一、思二

222 冬夜月一、抑件*御經營、雖無二風聞一、欲三添二塵 志一、依二人

223 ゝ之命一、有二品ゝ事一、*ゝ、然 猶成二業 之道一、佛法潛衞之上、人一

224 間露ー見之助、特 加*懇力一、且 廻二高慮一、衆佐如二微溜一、聚

225 以可三爲二巨*川一、助成同二細塵一、積以可三爲*高ー岳、所以爲ー山

226 之始、簀合 犯二之元一、高云、

227 十一月 黃*鍾

228 霜氣晨 *起、風威昏振、抑 御節之間、有*可經營、

229 遠ゝ國司、近ゝ承 之、以夜繼晝一、*楬鞭入*路一、不三可二*點

230 而罷一、宜 欲三拂二前一、所入之物、前例有二人情一、雖二復ゝ

231 興ゝ、尚可三隨二時ー俗一、色ゝ菓子、樣ゝ魚貝、鳥、甘鹽鯛、至

六五

翻字篇

［第15紙］

232　要也、特賜賢慮、苟治-國之術、豫　＊覺脩良、勤王之計、

233　全守＊憲章一刑＊鞭＊蒲、朽而暮往之螢、＊安在也、諫鼓苔

234　深、而朝來之鳥、何驚也、勤公可見二治國＊可言二

235　人＊口、心裏所＊萌一、紙表何敢、　返事

236　龍駐二天駕、雲眇々布、虎馳二地-馬一風飄々＊嘯、所-命

237　雑事、具奉芳命、但州＊刺（平聲輕）史（平聲輕）、其營二此事一＊号、雛州

238　源之牧宰、猶望二叟耆之微＊春一、雖然二不::可::據二彼一、＊必

239　奔二擔荷之＊役一、委旨千萬、不能一二一慇懃高於＊岑一、＊欲三倒二

240　玉山一、舊-意深於二海一、欲三干二底金一、以二一端一照三萬奥一

241　　十二月　大呂

242　年至＊臘月一、嶺雪散二花一、節臨二窮冬一、澗氷＊營二玉一遺

六六

243　旬數少、餘 日不多、墨餅、丸餅、炭、薪、松、鹽梅、白散、荒

244　卷、解文進向之、年何早*流、日舟難*繫 生涯漸 頽、日*車

245　易廻 是則爲 表 近習 舊勞也　返事

246　風霜早往、星月自廻、年季高 天、月涯深地、下官 事 公

247　逆鱗、顧 私无藝、齡老*邁也、身*彫弊也、雖思无益

248　雖吟 有徒 爰德澤*潤 身、矜*恩飽 心、生前之*身、只今云

249　*是、*片*飼*駒上*咊、色革、手*苔、謹以奉之、雖此微*陋

250　特經御覽、恩山一呼、告*共葛*供蓬壺之節 德海三

251　變、同計菊水 *桑田之年、

252　和泉往來　西室作

253

翻字篇

和泉往來　西室作

（追筆）「同所點了」

翻字篇

254　新別所申時許書寫了

255　金王丸＊本也

256　文治貳年　四五月　書寫了

翻字篇注

本注は、主として、本文の解讀、翻字に關して、表記の上で問題となると見られる點について記した。個々の語彙、文意、訓點などについての築島の見解については、原則として觸れないこととした。これら諸先學の研究から、多くの敎示、示唆を賜った。

『和泉往來』には、從來、次の如き多くの先行の論文、單行本がある。

① 遠藤嘉基「高野山西南院藏『和泉往來』について」（『語文研究』第十號、昭和三十五年五月）

② 遠藤嘉基「西南院所藏和泉往來」（『訓點語と訓點資料』第十七輯、昭和三十六年六月）

③ 遠藤嘉基「高野山西南院藏『和泉往來』補正」（『訓點語と訓點資料』第十八輯、昭和三十六年十月）

④ 遠藤嘉基「高野山西南院藏『和泉往來』あれこれ」（『訓點語と訓點資料』第十九輯、昭和三十六年十一月）

⑤ 遠藤嘉基〈『和泉往來』の書寫について〉（『訓點語と訓點資料』第二十三輯、昭和三十七年七月）

⑥ 植垣節也「高野山西南院所藏『和泉往來』の原本の形態」（『訓點語と訓點資料』第二十三輯、昭和三十七年六月）

⑦ 遠藤嘉基「『和泉往來』攷」第二十四輯、昭和三十七年十二月）

⑧ 植垣節也「高野山西南院藏『和泉往來』の原作者をめぐって」（『訓點語と訓點資料』第二十四輯、昭和三十七年十二月）

⑨ 遠藤嘉基「『和泉往來』攷（承前）」（『訓點語と訓點資料』第二十七輯、昭和三十八年九月）

⑩ 曾田文雄「假名字體の傳授續攷―「レ」（セ）の字體について―」（『訓點語と訓點資料』第二十七輯、昭和三十八年九月）

⑪ 福島邦道「和泉往來字音十則」（『訓點語と訓點資料』第二十八輯、昭和三十九年四月）

⑫ 植垣節也〝和泉往來の原作者〟再論」（『訓點語と訓點資料』第三十輯、昭和四十年八月）

⑬ 小林芳規「和泉往來」（日本敎科書大系往來篇第二卷 古往來 （二） 所收 昭和四十二年五月）

翻　字　篇

⑭　西崎　亨「高野山西南院本和泉往來和訓索引」（『訓點語と訓點資料』第四十二輯、昭和四十五年十月）

⑮　山田忠雄「高野山西南院藏和泉往來解説」（貴重古典籍刊行會　第三期　『和泉往來』昭和五十六年四月）

⑯　山田忠雄「認識論的文字論—和泉往來のばあひ」（『國語史への道』〈上卷〉、昭和五十六年六月）

⑰　西崎　亨「高野山西南院本「和泉往來」字音語・助動詞・助詞索引」（『訓點語と訓點資料』第六十六輯、昭和五十六年十一月）

⑱　遠藤嘉基『和泉往來　高野山西南院藏』（京都大學國語國文資料叢書二十八、昭和五十六年十二月）

⑲　遠藤嘉基「高野山西南院藏　和泉往來」（京都大學國語國文資料叢書二十八、昭和五十六年十二月十五日刊・臨川書房）の本文翻字・補注の訂正表」（『訓點語と訓點資料』第六十九輯、昭和五十八年八月）

これらの中で、特に多數引用した所説については、下記のやうな略號を用ゐた。

（遠）⑱遠藤嘉基『和泉往來　高野山西南院藏』（京都大學國語國文資料叢書二十八、昭和五十六年十二月）
遠藤嘉基博士は、上記の如く、「和泉往來」について、多くの論考を發表されてゐるが、この京都大學國語國文資料叢書二十八に掲載されたものの中に、それまでの論旨が修正集約されてゐると見られるので、原則としてこの書の記事によつた。

（遠訂）⑲遠藤嘉基論文であつて、⑱論著の訂正。⑲によつて訂正された⑱の内容は省略に從つた。

（福）⑪福島正道「和泉往來字音十則」（『訓點語と訓點資料』第二十八輯、昭和三十九年四月）

（小）⑬小林芳規「和泉往來」（翻字、注等）（日本教科書大系　往來篇第二卷　古往來（二）所收、昭和四十二年五月）
本書の凡例には「高野山西南院本によつて、築島裕博士・小林芳規氏が校訂して、編集者（石川謙博士）に贈られたものである」旨の記事があるが、本文の末に「和泉往來の本文の校訂並に補遺の和泉往來の註は、廣島大學

七〇

助教授小林芳規氏による」と記されてをり、更に、注の前書に「本書の翻刻は、小林芳規氏が當った。」と明記さ
れてゐるので、この注の記事は〔小〕と記した。その中に「築島説」云々とある理由は、昭和四十年に、両名が
共同で原本を調査し、その際の築島の調査記録に基づくものと考へられる。但し、その折から多くの年を經て居
り、築島自身の見解の變更もあるので、本書の解讀、注記等が、この「築島説」と異なる場合もあることをお斷
りしておく。尚、この本の翻字は、小林芳規氏による、氏の提供した原稿に編集者が手を加へた部分があると
認められるが、その部分は明確に區別されてゐないので、翻字について、〔小〕と引用した所の中には、小林芳規
氏の責任の範囲を超えてゐる部分もあると思はれるので、併せてお斷りしておく。

〔山〕⑮山田忠雄「高野山西南院藏　和泉往來」解説（貴重古典籍刊行會第三期刊行、昭和五十六年四月）

引用した先學の説についての小見は、一々記すことを省略し、これに賛した場合には、翻字の本文に反映させたが、賛
せずに參考意見として引用した場合もある。尚、返點についての注記は、最初の部分のみに限り、爾後は省略に從つた。

行

1　□〔和泉往〕來西室
　　□□□室□
　　—尾題より「和泉往來西室」と推定す。

2　族—〔遠〕、「簇」の誤とす。

3　金—右傍假名「六」、「キ」の誤なるべし。〔小〕、「コ」と翻す。

3　烏—右傍假名「ウ」、某字を抹消してその右傍に記す。

3　年—右傍假名「シ」の上、「ト」ありしも、料紙缺失か。

翻字篇

翻字篇

3　節―右傍假名「センシ」の「シ」、衍か。

3　余―右寄せ小字。

4　遇―ミセケチとし、左傍に小字にて「愚」と訂す。

4　盧―右傍假名「リロヲ」の「ロ」、「ヨ」の誤なるべし。

4　前蹤―「前」の右傍假名「ソク」は「蹤」の假名「ソウ」の誤記か。

5　頑―「頃」の誤なるべし。右傍の「元」は「頑」に惹かれたる誤讀なるべし。

5　學―〔遠〕、右傍假名「カウ」、「カク」の誤かとす。

6　退―右傍假名「シリソカウト」の下に料紙缺失あり、「スレハ」缺か。

8　解―右傍假名「マタ」、「未」の訓の下半なり。

9　忽―右傍假名「二」、〔遠〕「カニ」とす、「カ」は「忽」の終畫と認めて採らず。

9　煙―原本、火偏に雲の形に作る、「煙」の譌字と認めて改む。

9　格―原本、立心偏に各の如き形に作る、「格」の譌字と認めて改む。

13　兮―「号」と翻す。（此の行中、二ヶ所あり。）

13　慮―去聲圈點あり、〔遠〕「虞」の誤かとす。

14　紙―返點「二」、衍か。

14　矣―〔遠〕、「关」と翻し、「矣」の誤とす。

15　俺―右傍假名「エウ」、〔遠〕「「エウ」とありたい所」とす。

18　蒙―返點「二」、「三」の誤か。

18　且―右傍假名「タン」、「シヤ」の誤か。觀智院本類聚名義抄に「―（且）チ」を「シヤ（セン）トチ、ハカリナリ」

と訓じたる例あり（文選西都賦の訓の引用なるべし）。〔小〕、〔（ショ）〕と注す。

18 而―〔遠〕、右傍假名「ソ」初畫の「、」あるか、「ヲ」か。〔小〕、〔遠〕、「ヲ」と翻す。

18 頃年―右傍假名「コロトシ」は「頃」を一語として「トシコロ」と訓ずべきか、〔小〕、觀智院本名義抄に「頃年」を「トシコロ」と訓じたる例を示せり。

19 計―〔小〕、右傍假名「カスヘテ」の「カ」、「ス」に重書か。

19 光蔭―「光」の返點「上」、次の「蔭」の字に在るべきを誤れるか。「蔭」、草冠に小里偏に長の譌字に作る。

19 徒―右傍假名「イタニ」、「イタ（ツラ）ニ」の部分表記か、〔遠〕、「イタ、」と翻す。

20 憑―左傍假名「タノテ」共、右傍補入。

20 忘―〔妄〕の誤なるべし、〔遠〕、〔小〕、「忌」と翻す。

20 夢―「藝」の譌字か、存疑。

20 鍾―〔小〕、右傍假名「ソウ」の「ウ」、某字に重書とす。

21 舊從―「舊」の右傍假名「キ久」の「久」、「ウ」の誤か。「從」の右傍假名「ソウ」、「シウ」の誤か。

23 若―〔遠〕、〔小〕、「爲」と翻す。

23 不―〔小〕、右傍假名「スル」、「スハ」の誤かとす。

24 傾―字畫不明瞭、〔山〕、「鴻」と翻し、〔遠〕、〔小〕、〔顧〕と翻す。「顧」の誤か。右傍假名「コウ」は「コウ」（存疑）を抹消してその右傍に記す。

24 戻―〔小〕、「唳」の誤とす。

24 閑―〔小〕、「閣」の誤とす。

25 戴―〔小〕、「山」、「ノセ」を誤訓とす。又は「閣」の誤とす。

翻字篇

七三

翻　字　篇

25　蔭―19行注參照。

25　兮―〔遠〕、「号」と翻す。「兮鶴望」の三字、右傍補入。

25　鶴―右傍假名「ツル火ク」は訓、音の併記か。〔福〕、「鶴」は「鶴」の俗字とせられたりとす。〔遠〕、「鶴」と翻す。

25　望―右傍假名「ハウニ」の「ニ」、〔小〕、「ス」と翻す。

25　澤―原本譌字に作る。〔遠〕、三水篇に見ゆとし「澤」と翻す。〔小〕、「澤」と翻す。

26　霊―右傍假名「リヨウ」の「リ」の左肩に在る某字を抹消せり。

28　緩―「暖」の誤か。〔小〕、〔ユルク〕と附訓を併記せり。

28　稍―右傍假名「ヤク〳〵」は「ヤウヤク」の表記か。

29　啓―右傍假名「ケウ」の「ウ」、〔小〕、右傍に〔(イ〕、更に「ス」を記す。

29　事―左傍下に返點「二」かと見ゆる文字あり、抹消せり。

30　坂―「板」の木偏に返點「二」とす。

31　獸豫―「猶豫」の誤か。

31　勇堪―左傍假名「クワウリヤクスモノ」、衍か。

32　獣豫―〔默〕の誤なるべし。〔小〕、「點」と翻す。

32　點―同三比二返點「三」及び「二」、衍なるべし。

34　魚―「魯」の誤なるべし。

36　懷―土偏に立心偏を重書、右傍假名「イタク」の「イタ」は擦消か。

37　疎略―「疎」の左下に返點を記し、墨消す。「ラ」、「疎」字の右傍に記す。

37　裝―「裝」の異體字か。〔遠〕、〔小〕、「裝」と翻す。

38 鉐—右傍假名「イサリ」の「イ」、「ク」の誤か。

38 在二泥障二—「在三泥障」の誤か。

39 西—右傍假名「フ」、「ノ」の誤なるべし。

39 三—〔小〕、〔遠〕、「之」の誤とす。

41 一負—右傍假名「トヒ」は「ヒトオヒ」の音約「ヒトヒ」の部分表記か。

42 青—此下「皮」字あり、ミセケチとす。

43 寫—〔小〕、「鴈」の誤寫かとす。

45 褐—原文、禾偏に「曷」に作る、譌字なるべし。〔遠〕、〔小〕、「褐」と翻す。

45 緤—右傍假名「テツシ」の「テ」、〔小〕、「ウ」の古體假名「于」の誤とす。

45 岐子—右傍假名「クチナシ」の「ナ」、某字に重書。

46 鐡—右傍假名「クロカツ」の「ツ」、〔小〕、「ネ」の誤とす。

47 斲—「鼎」の異體字なり。〔右傍假名「アシナヘ」、「アシカナヘ」の「ナ」脱か。

47 爼—右傍假名「マナイタ」の「マ」、某字に重書。

48 領—〔山〕、「顧」の誤かとす。

48 給—〔山〕、〔含〕の誤とす。

48 暮—〔山〕、「春」の誤とす。

48 無—右傍假名「シ」、〔遠〕、「ナシ」と訓ず。

50 洗—〔遠〕、右傍假名「セチ」の「チ」は「イ」の誤かとす、〔山〕、〔含〕と翻す。

51 嫋—〔小〕、右傍假名「モウモウ」、「テウテウ」の誤とす。

翻　字　篇

七五

翻 字 篇

51 轉—〔遠訂〕、右傍假名「メクリ」の「リ」、「ル」に重書せりとす。

52 唐—右傍假名「タ」、某字に重書、「タ」の下に小形の「ノ」の如きあり、〔遠〕、「タノ」と翻す。

52 押—右傍假名「ヲシ」の「ヲ」脱。

52 並—「蒸」の誤か。〔小〕、「蒸」と翻す。

53 鯑—旁、某字に重書。〔小〕、「鯑」とも見ゆとす。

54 鱸—〔小〕、右傍假名「ハラヤ」の「ヤ」、「カ」の誤とす。

55 報方—右傍假名「ホウセウヲ」、存疑。

56 彼—〔遠〕、「波」の誤とす、〔小〕、「波」と翻す。右傍假名「ミ」、某字に重書せり。

56 之—左下返點「一」、衍か。

58 憤—右傍假名「イキトヲリヲ」、〔遠〕、「イキトウリヲ」と翻す、〔小〕、「イキトウリテ」の誤とす。

60 措—右傍假名「ヲシテ」、〔遠〕、「ヲキテ」の誤ならむとす。

60 頂—左傍「丁」、某字に「マ」と重書せるか。

60 桃花染紅—此の四字、〔山〕、第61行とす。

61 具—〔遠〕、「貝」の誤とす。

62 半—〔遠〕、「年」の誤かとす。

62 榮—右傍假名「ェイ」の「イ」、某字に重書。

63 齔—〔小〕、右傍假名「モテアソヒシ」の「シ」存疑、以下料紙切除せり。

63 三—右傍假名「ン」、〔山〕、翻せず。

65 謁—右傍假名「カッ」、〔遠〕、「アッ」を正しとす。

67 艘—右傍假名「ソウ」、〔福〕参照。

67 楫—右傍假名「カチ」の「チ」、字畫不明瞭、〔遠〕、「カイ」と翻す。

67 櫓—原文、立心偏の譌字に作る。

67 帆—右傍假名「トマ」、存疑。

68 矴—右傍假名「カシ」、存疑。

70 在海—「在」の返點「三」は「二」の誤、「海」の返點は衍なり。

70 響—〔小〕、「饗」の誤とす。

70 響應—〔遠〕右傍假名「キョウ」、「(ヒ、)キョウ」又は「キ(ヤウ)ヨウ」かとす。

71 越—〔遠〕、右傍假名「コェヲ」、「コェテ」の誤とす。

73 釣—右傍假名「ク」、〔遠〕、「リ」と翻す。

74 漫ミ—右傍假名「マンマンニハ」の「ハ」、〔小〕、「シテ」の誤かとす。

75 渭—「漕」の譌字なるべし。

76 功—〔遠〕、小林芳規氏の說に基づき、「巧」の誤とす。〔小〕、「巧」と翻す。右傍假名「タク」は「タク(ミナル)」の訓の部分なるべし。

76 舩—右傍に假名「ノ」の形の筆跡あり、〔遠〕、「ノ」と翻す。

76 混—右傍假名「ヒタ、マテ」、〔遠〕、〔小〕、「ヒタ、ケテ」の誤とす。

77 楫—右傍假名「ソロヘタ」あり、抹消す、次の「精」字の訓を誤記せしなるべし。「精」の右傍假名「ソロヘタリ」の「ソ」は、〔小〕、「ヲ」に重書せりとす。「リ」は「好」の右傍下部に「タ」と離れて記せり。

78 彩—右傍假名「イロヘタリ」の「タリ」の位置、〔遠〕、轉寫の際の誤とす。

翻字篇

七七

翻字篇

78　盡―「晝」の誤にして「彩畫」を「イロヘタリ」と訓ぜるか。或いは「彩へ畫（キ）タリ」と訓ぜるか。

79　㡌―原本「紙」の下に「巾」を記せる字體に作る。

79　微―右傍假名「クレヒ」の「クレ」、〔遠〕、「クン」の誤寫にして前の字の「窮」の音注の誤寫とす。〔山〕、「窮」に「クン」と傍記す。

80　硯―右傍に「―」の如き筆跡あるか。〔山〕、右傍假名「リ」と翻す。〔遠訂〕、汚れかとす。

81　沈―植物「沈香」の意なるべし。

82　態―〔遠〕、「熊」の誤寫とす。

83　茶―右傍假名「マ」、存疑、或いは「サ」の誤寫か。伊京集、明應本節用集などに「茶匙」を「サジ」、「茶杓」を「サシャク」と注せる例あり。〔小〕、〔丁〕と翻す。

83　局―原本「戸」の下に「句」を記せる字體に作る。〔盤〕の意なり、金剛般若集驗記天永四年（一一一三）に「雙陸七局」の「局」に「ハン」と加點せり。〔遠〕、〔小〕、〔房〕と翻す。

83　笠―原本、譌字に作る。

84　展―原本、譌字に作る。〔遠〕、「藤」と翻し、〔小〕「藤」と翻す。

84　殿―此以上「大」脱か。

84　舟―右傍假名「フツ」の「ツ」、〔遠〕、「ツ」を「ネ」の古體に擬す。

85　黛―右傍假名「タイヲ」の「ヲ」、〔遠〕、「テ」の誤とし、〔小〕「シテ」の誤とす。

85　庸―「膚」の誤字なるべし。〔小〕「膚」と翻す。

85　操―右傍假名「ヒサセハ」、存疑、〔遠〕、「セ」は「ウ」の誤、「操」を「躁」の誤として「サワグ」とし、又、「相」の「操」を脱せりとして、「美（相）」の注とする説を提示す。〔小〕、「美操」の注かとす。案ずるに或いは「ミサ（ヲ）ハ」の

母音交替形か。

86　閉―「聞」の誤か、（小）、「聞」と翻す。

86　向―前―右傍假名「キシヤタ」の「ヤ」、「カ」の誤なるべし。〔遠〕、〔小〕、「キシカタ」と翻す。

87　壞―「懷」の誤か。〔遠〕、〔小〕、「壞」と翻す。

87　所謂―右傍假名「イハイル」、〔遠〕、205行にも存することを指摘す、他文獻に例を見ざれども、yuのyの脱落形と見るべきか。

88　落―右傍假名「ヲチル」の「チ」、「ノサ」の如き形に作る、〔小〕、「ヲノセル」と翻し、「ノサ」は「チ」の誤とす、「オツ」の上二段活用化とも見得れども、〔小〕、「オチル」の轉じたる四段活用動詞とす。

88　句―右傍假名「ヲ」「ク」の誤なるべし。〔小〕、「ク」と翻す。〔遠訂〕、「クヲ」と翻す。

89　道―右傍假名「ン」、或いは「タ」か。

89　苔―〔遠〕、〔小〕、「筥」の誤とす。

90　取虵尾―「取」、〔遠〕、〔小〕、衍とす。

91　静―右傍假名「ウクヤウ」、存疑、〔遠〕、前字「動」の訓として「ウ（コ）クヤウ」なるべしと解す、尙、考ふべし。

91　艷―右傍假名「ヱク也」存疑、「ヱン也」の誤寫か、〔小〕、「ヱム也」の誤寫かとす。

92　爲―右傍假名「ル」、〔遠〕、「ハ」と訓じて、「(モシ）ハ」又は「(モシク）ハ」と訓ずる提案あり。〔小〕、「ル」を「ハ」の誤として「爲當」を「ハ（タ）」と訓ず。

92　辰―某字に重書。音注「シン」の「シ」は上の「佳」字の右傍に「カシ」と記せり。〔小〕、（ママ）と注す。

94　宮―「空」に「宮」字を重書してミセケチとし、その右傍に「宮」と記す。

昭―原文、目偏に召の譌字に作る。

翻字篇

七九

翻字篇

94 微—「徴」の誤なり、右傍假名「ヒ」は「チ」の誤なり。〔小〕、「懲」の誤とす。

94 下—『管絃音義』等に「下」の形に作れり。〔下〕も同斷。

94 上—『管絃音義』等に「⊥」の形に作れり。95「上」も同斷。

94 骨—右傍假名「コツ」の「コ」、「ェ」に近き形に見ゆ。〔小〕、「體源抄」に「乞」とありとす。

94 亡—「毛」の誤か。右傍假名「マゥ」は「亡」の字音とし附記せるものにして、正しくは「モゥ」とあるべきか。

94 也—此下、假名三字許あり、墨消す。

95 知—返點「中」、「下」の誤か。

95 孔—某字に重書。

95 干—『管絃音義』等に「テ」の形に作れり。

95 也—右傍假名「リクヲ」〔遠〕、〔小〕、「六」の音注とす。

96 柏—〔小〕、「狛」の誤か。

96 柏子—「拍子」の誤か。

96 知—右傍補入。

97 萬—某字に重書せり。

97 奈—右傍假名「ナソセ」、「ナトモセ」の誤か。〔遠〕、「ナニトモセ」の轉訛とす。〔遠訂〕、「奈」の返點、「中」左上の「、」を汚れとす。

98 假—「暇」の誤か。〔遠〕、〔小〕、「暇」と翻す。

98 浴—〔浴〕、原本、譌字、〔遠〕、〔洛〕と翻す。〔小〕、「洛」の誤とす。〔遠訂〕、「俗」と翻して「洛」の誤とす。

98 陽—原本、「湯」の三水偏に小里偏を重書して「陽」とす。

八〇

98 邊―右傍假名「ヒ」、〔遠〕、「ヘン」の誤とす。

99 怕―右傍假名「コスロフナト」、〔遠〕、「ワスレス」(不忘)、「コト」(言)の誤かとす。

99 愻―右傍假名「レンセサレ」の「レン」、「セン」の誤とする説、「慫(セツ)」の誤とする説、「僭(セン)」の誤とす

100 る説等あり、〔小〕、「レ」は「ケ」の誤寫かとす。

100 旬―字畫の左下に「●」あり、〔遠〕、「○」(平聲)と翻す。〔遠訂〕、聲點無しと改む。

100 遂―〔遠〕、「逐」の誤とす。

100 物―右傍補入。

101 壞―〔遠〕、「懷」の誤とす、右傍假名「火イ」の「イ」、某字に重書し、「ク」の如き形に見ゆ。

101 舟―〔遠〕、「丹」の誤とす。

101 謁―65行注参照。

102 有―〔遠〕、右傍假名に「リ」ありとす。

102 經―右傍假名二字未讀、〔遠〕、「ケ」と認む、〔小〕、「ケカ(イ)」かとす。

103 曁―原文、誤りて「既且」の上の「ス」、「ッ」又は「ト」の誤か。

103 通―右傍假名「スンス」又は「曁」の二字に作る、〔遠〕、「曁」の一字と翻す。

103 涅―〔山〕、「阻」と翻す。〔遠〕、「阻」又は「沮」の誤かとす、〔小〕、「沮」の誤とす、案ずるに「沮」の誤なるべし。

104 蕩―右傍假名「トラレ」の「レ」、〔山〕、〔シ〕の誤として「トラ(カ)シ」と訓ず、〔小〕、「レ」

104 を「ケ」の誤とす。

104 戀―〔遠〕、「變」の誤か、或いは右傍假名「レン」の誤かとす。〔小〕、「ヘン」は「レン」の誤とす。

104 互―〔遠〕、「身」の誤かとす。

翻字篇

八一

翻字篇

105　蕤―右傍假名「ヌイ」、〔遠〕、〔小〕「スイ」の誤とす。色葉字類抄等により從ふべし。

106　涅―〔沮〕の誤にして、「ヘタ、テ」と訓ずべきか。〔遠〕、〔沮〕の誤にして「ト、マ（リ）テ」と訓ずべきかとす、〔小〕、〔沮〕の誤とす。

107　昌―〔遠〕、〔小〕、〔菖〕の誤とすれども、〔小〕、〔昌蒲〕の古例もありとし、「箋注和名抄に「昌蒲一寸九節」とあり」と注す。

107　茅―〔遠〕、「牙」と翻し、「芽」かと注す。

107　粽―原本、米偏某字に重書か。〔遠〕、「粽」と翻し、「粽」とする説を引けり。

109　鮀―〔遠〕、「鮑」と翻す。

109　瓮―〔盆〕の誤なるべし。『和名抄』『醫心方』、「盆」に作る。〔遠〕、〔小〕、〔盆〕と翻す。

109　擁釼―〔小〕、「(カサメ)」と附訓す。和名類聚抄に「擁剱和名加散女」とあり、「釼」は「剱」の譌字なるべし。

109　夏―〔遠〕、翻字無し。

110　裝―裝の異體字か。〔遠〕、〔小〕、「裝」と翻す。

113　向―原本「向」に作る。〔遠〕、「向」と翻す。〔山〕、「問」と翻し、「向」と翻せるを誤とす。〔山〕説を是とすべし。

113　被―「披」の誤なるべし。〔小〕、「披」と翻す。

114　分―〔小〕、右傍假名「ワカチ」の「チ」、某假名に重書。

115　叶―〔遠〕、「叩」の誤とす、〔小〕、「叩」と翻す。

115　苦―〔遠〕、「若」と翻し、「暮」の誤かとす、〔小〕、未詳とす。

116　忌―〔遠〕、「忌」と翻し、「忘」の誤とす、〔小〕、「忘」と翻す。

118　薛―右傍假名「セキ」の「セ」、「へ」の誤なるべし。

118 改—右傍假名「アラタリ」、「アラタマリ」の「マ」、脱せるなるべし。

118 轉—「轉移」の「移」の脱とし、右傍假名「テムイス」は之に應ずべきものとす。或いは單なる「イ」の衍か。

119 妄—右傍假名「ミンタテ」、「ミタンテ」の誤記か。〔遠〕、「ミタレテ」の誤とし、「ミタリカハシク」の訓を期待すとす。

120 厨—〔遠〕、「廚」の俗字とす。案ずるに、觀智院本類聚名義抄には「廚」を收載し、大漢和辭典も「廚」を正字とすれども、平安時代の古書には一般に「厨」を用ゐたり、右傍假名「トウ」は字畫の中の「豆」に惹かれて誤讀せるか、〔小〕、〔ト〕は「チ」の誤とす。

120 蝙—原本、蟲偏に遍の字に作る、譌字と認めて「蝙」とす、〔遠〕、〔小〕、「蝙」と翻す。

121 味曾—黑川本色葉字類抄に「味曾」とあり、易林本節用集等には「味噌」の語見えたり、「味曾」は古用とすべきか。

121 舟—〔遠〕、「丹」の誤とす、〔小〕、「丹」と翻す。

122 志—右傍假名「コ、ロサシノ」の「ノ」、〔遠〕、〔小〕、〔ヲ〕の誤とす。

122 所—右傍假名「トコロノ」の「ノ」、〔小〕、〔ヲ〕と翻す、「ヲ」の誤なるべし。

122 潔—右傍假名「ケサノユテ」、存疑、〔遠〕、「ヲサメエテ」の誤かとす、〔小〕、「イサキヨク（シテ）」の誤寫かとす。

123 斗藪—「藪」の右傍假名「トヲソウ」の「トヲ」、〔遠〕、〔斗〕の音注の誤とす。

124 偸—右傍假名「カン」、〔遠〕、〔偸〕を「翰」と誤認せしかとす。

126 貯—〔遠〕、右傍假名「タクハウル」の次に「コト」缺失せりと推す。

127 飯—右傍補入。

127 從—「徒」の誤なるべし。〔遠〕、〔徒〕の誤かとし、或いは「從」のまま「キタルコト」とも訓じ得べしとす。

129 窓—右傍假名「マトヲ」、〔遠〕、〔小〕、「マトニ」の誤とす。

翻字篇

翻字篇

130 諮―右傍假名「ヰン」、〔遠〕、「アン」の誤とす。

134 忘―右傍假名「ヘ」、〔遠〕、「小」の誤とす。

135 天―右傍補入。

135 生―右傍假名「セイノ」、「シヤウノ」を翻す。

137 訪―右傍假名「トフラハム□」の□、「ウ」又は「ヲ」かと見ゆれども、或いは「ヤ」の誤か。〔遠〕、〔小〕、「トフラハレウ」と翻す。

137 尋―右傍假名「タツネ□」の□、下半部缺失、「テ」にして「テム」と推すべきか。〔遠〕、〔小〕、「タツネラ（レウ）」と推す。

138 舊―右傍假名「ク」、その下部に「、」あるか、存疑、〔遠訂〕、〔小〕、「久」と翻す。

142 曲―〔遠〕、〔小〕、「回」の誤とす。

143 難―右傍假名「ヲモウ」、〔遠〕、142行「欲」の假名の誤れる移點かとす、〔小〕、衍ならむとす。

145 旱―〔遠〕、〔小〕、「早」と翻す、「早」の誤なるべし。

145 隟―〔小〕、旁は某字に重書せりとす。

145 駒―〔小〕、旁は某字に重書せりとす。

146 蹄―〔遠〕、〔小〕、下字「輕」の附訓假名の誤とす。

146 堂―「黨」の如き譌字に重書。

146 土―〔遠〕、「上」と翻す。

146 目―〔山〕、「自（ラ）」と翻す。

147 坌―〔遠〕、右傍假名「マミエタリ」の「エ」、「レ」の誤とす。

147　遁―〔遠〕、右傍假名「ノカル」、「ノカレ」の誤とす。

148　頻―右傍假名「シキリニ」の「三」、〔小〕、某假名を墨消して重書すとす。

149　鶴―〔山〕、〔遠〕、「鶴」と翻す。

149　囀―〔遠補〕、「轉」と翻して「囀」の誤とす。

150　奉―右傍假名「タテマツリテ」、「テマ」の誤とす。

152　忝―右傍假名「カタシケナル」の「ル」、〔遠〕、「(ク)モ」の誤かとし、〔小〕、「ク」の誤とす。

152　可―〔遠〕、右傍假名「シ」、「キ」の誤かとす。是なるべきも、153行「也」の右傍假名「リ」の重複加點の可能性も否定し得ず。

153　滿―左傍假名「ミツ」の「ツ」、疑を存すれども恐らくは是なるべし。〔遠〕、疑を存して翻せず。

155　王―〔遠〕、「生」の誤とし、〔小〕、不明とせるも、某字に重書して「王」とせるか、尙存疑。

155　師子―「獅子」と通ず。〔小〕、「師」は「獅」を正しとす。

156　門―右傍假名「ヲ」、〔遠〕、翻せず。

157　梗―「槪」の誤か。〔遠〕、〔小〕、「梗」と翻す。

158　納―〔遠〕、「網」の誤とす。

160　思―右傍假名「ヒ」、〔遠〕、判讀不能として翻せず、〔小〕、「ヒ」と翻し、料紙の繼目に在りと注す。

160　懶―右傍假名「モノウシト」の左裾に「フ」あり、存疑。〔遠〕、「(イト)フ」かとす。

160　歸―右傍假名「カヘクムコト」の「ク」、〔遠〕、〔小〕、「ラ」の誤とす。

160　戀―右傍假名「コフル」、料紙の繼目の下に隱れて明瞭ならず。〔遠〕、「コフル」かとす。

160　心―右傍假名「ヲ」、料紙の繼目の下に隱れて明瞭ならず。〔遠〕、翻せず。

翻字篇

翻　字　篇

161　寠―左裾に「・」あり、返點を抹消せるか、存疑。

161　休―〔遠補〕、「休」と翻す。

162　壞―〔遠〕、「懷」の誤とす。

163　欲―原本、返點として「・」を四個並べたるものを二段に記して「八」を表せり。

163　覓―原本、返點として「・」を二個並べたるものを二段に記して「四」を表せり。

163　祈―〔小〕、「イノ（ラムト）」と訓ず。

164　菊―右傍假名「キウ」の「ウ」、「ク」の誤か。

164　身―〔遠〕、〔小〕、右傍假名「ヲ」、「ノ」の誤とす。

166　悲―右傍假名「カマシム」、「カナシム」の誤。

166　従―〔遠〕、或いは〔徒〕の誤かとし、又、「從枯二」として「悲」に返るかとも論ず、〔小〕、〔徒〕と翻す。

166　枯―右傍假名「カレマウコトヲ」の「マ」、「ナ」の誤なるべし。〔遠〕、「カレナウコトヲ」と翻す。

168　散―右傍假名「サンシテ」の「サ」、料紙の繼目の下に隱れて明瞭ならず。

168　霧―右傍假名「キリ」、料紙の繼目の下に隱れて明瞭ならず、〔山〕の原寸寫眞（影印本27頁）による。

168　累―原本、譌字に作る。

168　加―右傍假名「テ」、〔遠〕、「フ」の誤とす。

169　磨―〔遠〕、〔摩〕の誤とし、右傍假名「ユ」は、「マ」の誤、或いは〔會〕の假名「ヱ」の誤かとす。案ずるに、前字

170　「維」の「ユイ」の「ユ」に惹かれて「ユ」と誤れるか、〔小〕、〔摩〕と翻す。

170　夏―右傍假名「カ」、「ケ」の誤讀か。

170　歴―「暦」の誤か。

171　歎―原本、旁「欠」は某字に重書。

172　從―「徙」の誤なり。〔遠〕、〔小〕、〔徙〕と翻す。

173　學―右傍假名「カイ」の「イ」、〔小〕、〔ク〕の誤とす。

173　拔―原本、譌字に作る。

174　若―右傍假名「コトニ」の「ニ」、〔遠〕、「シ」の誤とす。案ずるに、「（老若）ゴトニ」の訓讀も可能性あるか。

174　有―右傍假名「ク」、「ラ」の誤か。〔遠〕、〔小〕、〔空〕の訓と推す。

174　爰―某字（〔小〕、「而」とす）に重書。

176　以―ミセケチ。

176　洮汰―右傍假名「テンタイセ」の「セ」、〔遠〕、「シ」の誤とす。

176　於人―右傍假名「ノ」、〔遠〕、「ヲ」の誤とす。

176　紹隆―右傍假名「セウリウセン」、〔遠〕、「セウリウセンカ」の誤とす。

177　出―返點「二」、「三」の誤。

177　彼―右傍假名「ノ」、〔遠〕、「レ」の誤とす。

178　庸―右傍假名「カウ」、〔遠〕、「ヨウ」の誤とす。

178　業―（小）、右傍假名「ケウ」の「ウ」、「イ」に重書せりとす。

181　也―右傍假名「クリ」の「ク」、「タ」の誤なるべし。〔遠〕、「タリ」と翻す。

182　慨―右傍假名「ハイウテ」、「ナケイテ」の誤か。〔遠〕、〔小〕、〔イ〕を「ケ」の誤とす。

183　筞―〔遠〕、「策」と翻す。「筞」は「策」の異體字なり。

183　螫―右傍補入。

翻字篇

193 高—此上「高」の如き字あり、抹消す。

192 有身—此二字、ミセケチとせり。

191 學—右傍假名「ト」、〔遠〕、「ク」の誤か、或いは「德」の音注かとす、〔小〕、「ク」と翻す。案ずるに「ク」の誤寫か。

190 歎—右傍假名「ナケクサクハ」の「サ」、不鮮明、某字に重書せるか。〔遠〕、「ナケクラクハ」と翻す。

190 改—〔遠〕、「政」と翻す。〔小〕、「政」と翻す。

188 問—〔遠〕、「間」の誤とす。

187 曚—〔遠〕、〔小〕、「朦」と翻す。

187 皆—「背」をミセケチとして、その右傍に記す。

187 輩—右傍假名「トモカラ」の「カラ」、〔遠〕、抹消せりとすれども、明瞭に認むることを得。

187 交—右傍假名「マシウル」の「ウル」、「ヘテ」を抹消してその右側に記す。

186 肩—右傍假名「カタ□」の「□」、「ヲ」か。〔遠〕、〔小〕、「ヲ」と翻す。

186 可—返點「三」、「三」の誤か。

186 其—右肩に「三」あり、汚點なるべし。〔遠補〕、ミセケチか、或いは後筆かとす。

186 袖—〔遠〕、「抽」の誤とす、〔小〕、「抽」と翻す。

185 勞—此上「夢」の如き形の某字一字あり、抹消す。

184 期—左傍假名「カタラテ」の「ラ」、某字に重書。

184 向—字畫の一部、某字に重書。

184 困—右傍假名「タシナウテ」の「シ」、「キ」の如き假名の右傍に記せり。

184 斯—右傍假名「コレ」、「コ、」の誤か。

八八

翻字篇

193　歓―原本、旁の「隹」に「欠」と重書して「歎」とせり。

193　裏―返點「三」、〔小〕、「消」に附すべきを誤れりとす。

193　炬―右傍假名「トホヒノ」は「トホシヒノ」の「シ」脱か。

193　花―右傍假名「ノ」、「ヲ」の誤か。

194　鍾―〔遠〕、〔小〕、「鐘」と翻す。

195　廻―右傍假名「リク火イ」の「リク」、〔遠〕、〔小〕、前行「六」の音注なりとす。

197　女―右傍假名「ヲ」、〔遠〕、「ノ」の誤とす。

198　菟―〔小〕、右傍假名「ト」、某字に重書とす。返點「上」、衍なるべし。

199　景―〔遠補〕、返點「二」、「上」の誤かとす。

199　風―某字に重書。

199　曉―右傍假名「アカツキノ」の「ノ」、衍か。

199　曉―〔山〕、〔跪〕と翻す。

200　晄―〔山〕、〔跪〕と翻す。

200　曉―〔山〕、〔曉〕と翻す。〔遠〕、〔小〕、〔晩〕の誤とするを是とすべし。右傍假名「ユへ」は「ユフベ」の表記なるべし。

201　俾―〔遠〕、「併」の誤かとす。〔小〕、「併」と翻す。

201　毀―旁は某字に重書。

201　譽―右傍假名「コ」、〔遠〕、〔小〕、「ヨ」の誤とす。

202　勝―右傍假名〔小〕、存疑。〔山〕、〔小〕、「ト」と翻す。

203　獨―〔遠〕、「燭」の誤かとす。右傍假名「ソク」の「ソ」、〔小〕、「ト」の誤とす。

翻字篇

205　所謂―87行注參照。

207　水雲―右傍補入。

208　鹿角草―右傍假名「カノ、ツシモ」、存疑。

208　茱―某字に重書。

209　鶏頭草―右傍假名「ミツフキ」、「ミツフ、キ」の「、」脱か。

209　芍若―〔遠〕、「苟若」と翻し、〔小〕、「苟若」と翻して「芍藥」の誤とす。案ずるに「苟」は「芍」の譌字か。

209　暑預―「薯蕷」の誤なるべし。

211　清―〔遠〕、「清」と翻し、〔小〕、「漬」の誤かとす。

213　侈―〔遠〕、「移」と翻す。

214　舟―〔山〕、〔小〕、「丹」と翻す。〔遠〕、「丹」の誤とす。

214　槁―旁、某字に重書。

215　剏―〔遠〕、〔小〕、「剙」と翻す。

215　綮―「索」の異體字なり。

215　梂―〔遠〕、〔小〕、「毬」と翻す。

216　衝―右傍假名「ツク」の「ク」、「イ」の誤か。〔遠〕、〔小〕、「ツイ」と翻す。

216　刉―〔遠〕、〔小〕、「剣」と翻す。

217　坏―〔小〕、「杯」と翻す。

218　積―「櫃」の誤か。〔遠〕、〔小〕、「積」と翻す。

218　積―「櫃」の誤か。〔遠〕、〔小〕、「積」と翻す。

218　垸―〔小〕、「埦」と翻す。

228 可―右傍に「有」の上に返るべき倒讀符あり。

228 起―右傍假名「オ□コリ」の「□」、〔小〕、「ホ」を墨消せりとす。

227 鍾―「鐘」に通ず。〔遠〕、〔小〕、「鐘」と翻す。

226 起―右傍假名「オ□コリ」の「□」、〔遠〕、墨書抹消かとして翻せず。

225 高―〔山〕、「毫」の誤とす。

225 川―右傍假名「サン」の「サ」、〔遠〕、〔小〕、「セ」の誤とす。

225 臣―「巨」の誤なるべし。

224 懇―〔遠〕、〔小〕、右傍假名「フン」の「フ」「コ」の誤とす。

223 道佛法―〔遠〕、「道佛傳」、〔小〕、「佛道、傳」と翻す。「法」は188「法印」の「法」の字體に似たりと認む。

223 事―〔小〕、右下「ゝ」、衍とす。

222 御―〔遠〕、「所」と翻す、〔小〕、「御」と翻す。

221 松―「朽」とも見ゆ。〔遠〕、〔小〕、「松」と翻せるに從ふ。

221 返事―220行と221行との行間に小字にて追筆によりて書入れたり、本來は一行を取るべき所なれども、行間への書入と
して一行に算入せず。

221 壞―「懷」の誤なるべし。

220 説、「ノレト」かとす、〔小〕、「ノ（タ）レテ」とす。

220 垂―右傍假名「ノレテ」の「テ」「チ」の如き形に見ゆ。〔遠〕、「ノレテ」と翻して「タレテ」の誤とす、曾田文雄氏

219 伿―〔遠〕、「伖」と翻し、「汰」の誤とす。

218 便―「使」の誤なり。〔遠〕、〔小〕、「使」と翻す。

翻字篇

九一

翻字篇

栂—〔遠〕、「揚」の誤とす、〔小〕、「揚」を可とすべし。

路—〔遠〕、右傍假名「ミケヲ」の「ケ」「チ」の誤とす、〔小〕、「チ」と翻す。「ヲ」は「三」の誤か。

點—「默」の誤なるべし、〔遠〕、〔小〕、「默」と翻す。

寢—「寢」の異體字なり、〔遠〕、〔小〕、「寢」と翻す。

覺—右傍假名「マホハレ」、存疑。或いは「オホヱ」の誤か、〔小〕、「オホヘン」と翻す。

鞭—〔遠〕、右傍假名「ヘキ」の「キ」「ン」の誤とす、〔小〕、「ヘン」と翻す。

蒲—「蒲」の異體字なり、〔遠〕、〔小〕、「蒲」と翻す。

安—右傍假名「イトカコレカ」、「イトコンカ」の誤か。〔遠〕、「イトカ」は「イト（コ）カ」、「コレカ」は「之」の訓かと推す、〔小〕、「イトカコンカ」と翻し、「イトカ」の「カ」を衍かとす。

帳—「帳」の誤なり、〔遠〕、〔小〕、「帳」と翻す。

可—〔遠〕、右傍假名「シ」、不明瞭とす。

口—「只」をミセケチとして、その右傍に「口」と記す。

萌—〔遠〕、右傍假名「キサム」、「キサ・ム」の誤とす、〔小〕、「キサ・ム」と翻す、「キサス」の誤か。

嘯—右傍假名「ウクコス」、存疑。或いは「ウソフク」の誤か。

刺—右傍假名「ハン」、「刺」を「判」と誤認して加點せるか、〔遠〕、「刺」を「判」の誤とす、〔小〕、「シ」の誤とす。

必—〔小〕、右傍假名「ラス」の「ラ」、「ク」に重書す。

春—「眷」の誤か、〔遠〕、「眷」と翻す。

号—ミセケチとす。

岑—右傍假名「ヨリモ」の下に「三」に似たる一字あり、〔遠〕、「欲」の訓の一部とす、〔小〕、「三」と翻して不審とす。

翻字篇

239　役—〔遠〕、〔小〕、「役」と翻す、「役」と同字なり。

239　欲—右傍假名「フ」、〔遠〕、「ミフ」と翻す。案ずるに「ミ」は返點「三」か。

242　臟—原本譌字に作る。

242　營—「瑩」の誤か。

243　車—右傍假名「ヰ」、「井」と翻し、「サ」の誤かと疑ふ。〔小〕、〔遠〕に據り「サ」と翻す。

244　繋—右傍假名「ツキ」、「ツナキ」の誤か。〔遠〕、「ツキ」の正當性をも保留す。

244　流—右傍假名「テ」、〔遠〕、「ラ」と翻して「テ」の誤とす。

244　車—右傍假名「ヰ」、筆畫不明瞭、〔遠〕、「サ」の誤とし、〔小〕、「サ」の如く見ゆとす。

247　邁—〔遠〕、「遇」の誤かとす、〔小〕、「愚」の誤かとす。案ずるに、右傍假名「クンタワ」、「マイタリ」の誤か。

247　彫弊—「福」、「凋幣」の誤とす。

248　潤—右傍假名「ウルホル」の「ル」、〔遠〕、「ス」の古體假名「爪」の誤寫かとする築島説を引用し、尚誤かとす、〔遠〕、「歛」の誤寫も考へらるるかとす。

248　恩—某字に重書。「衿」に返る返讀符あり。

248　身—字體存疑、「分」とも見ゆ。〔遠〕、〔小〕、「身」と翻す。

249　是—字畫不明瞭なり、〔遠〕、〔小〕、「足」と翻す。

249　片—「行」字の偏に重書して「片」とす。

249　飼—〔小〕、右傍假名「カヒ」の「ヒ」、「フ」に重書とす。

249　駒—右傍假名「コマノ」の「コマ」、某假名に重書。

249　喘—〔小〕、「岾」と翻す。

翻字篇

249　苔ー〔遠〕、「笞」の誤とす、〔小〕、「笞」と翻す。

249　陋ー〔遠〕、右傍假名「リウ」の「リ」、「ロ」の誤とす、〔小〕、漢字體不明とす。

250　共ー右傍假名「トモノ」、「トモニ」の誤か。

250　供ー「洪」の誤か。

251　桑ー右傍假名「カン」の「カ」、「サ」の誤なり。〔小〕、「サン」と翻す。

255　本ー〔小〕、「丸」に重書とす。

農文協

[第1紙]
1

□（和泉往）□（來）□（西）
□□□□　□室作

2

正月　大族

3 金烏翅早シ、玉蒐蹄輕シ、年變シ節改テ、面談既（ニ）久シ、抑余遇慮（ヲ）

4 廻スニ、身ハ内官ニ居シ、心ハ外國ニ兼ス、例前蹤、員有リ、勝計ニ

5 遑アラ不、一頑（ノ）[之]田ヲモ耕サ不、學稼ヲ積ウテ而モ膳ト爲、

6 一葉（ノ）[之]桑（ヲ）採ラ不シテ、文織ヲ裁テ[而]服ト爲、進マウトスレハ[而]公祿无シ、

7 有リ、愚頑ノ[之]質ヲ慚ツト雖モ、慇ニ至云（ノ）[之]誠ヲ企ツ、爰ニ

8 諸國（ノ）受領、其ノ功勞（ヲ）稱エ（ハ）[者]、或（イ）ハ馬ノ鞍ヲ未タ解カ[未]ルニ、早ク

9 雲山（ノ）[之]驛ニ筞チ、或（イハ）舟楫未タ乾カサルニ、忽ニ煙浪（ノ）[之]渚ニ掉ス、格勤ノ

退カウト□[スレハ]　[而]私ノ歡

諸

譯文篇

[第2紙]

譯文篇

10　司歡賞（二）預リ難シ、特ニ賢慮ヲ賜テ、快ク拙懷ヲ察セン、須ク縱容（ノ）

11　［之］陳ニ殿、御前ニ洩シ啓セ被レン、若シ廣恩有ラハ、適小縣（二）任セン、車ノ

12　前ニ牛ヲ飼ヒ、櫪ノ上ニ馬ヲ摩（テ）、除目（ノ）［之］春ノ朝ニハ蒼天

13　眼ニ隣シ［兮］、黃葉（ノ）［之］怺ノ暮ニハ紅涙襟ニ在リ［兮］、萬慮（去）至テ多シ、

14　一紙ニ何、盡サン矣、

返事

15　朓朏東ニ昇テ、崦嵫西ニ斜ナリ、時節ノ變改、居諸推シ移ル、

16　金章手ニ入テ、玉詞心ヲ瑩ク、抑（ミ）愚故實ヲ溫ヌルニ、有勞諸司、分憂ニ

17　遷任スルコト尙シ［矣］、敢ヘテ毛擧（セ）不、或（イ）ハ弱冠ニ恩ニ值ヒ、或（イ）ハ

18　成立賞ヲ蒙ル、一國ニ拜任スルニ、榮樂且千ナリ、而（ル）ソ頃年（ノ）［之］間

19　拜除ヲ忘レ、力如シ、流跡絕ヘタルニ似タリ、空シク日月（ノ）［之］光蔭ニ計ヘテ、徒雨露ノ

20　[之]潤澤ヲ漏ル、偏ニ勤公（ノ）[之]節ヲ憑テ忘リテ顧私（ノ）[之]勢ヲ抛ケタリ、茲ニ因テ、

鍾愛（ノ）

21　[之]妻妾、疎ムテ而モ針縷（ノ）[之]營ニ倦シ、舊從（ノ）[之]僕士、宕レテ而（モ）

22　走使ノ[之]役ニ遁ル、愁ノ緒至テ長シ、何（ノ）日（ニ）カ之ヲ剪ラム、上閤慮ス所、下官是レ同シ、

23　恨ムラクハ出身（ノ）[之]器　ニ非サレハ、未タ納隍（ノ）[之]恩ニ霑ハ［未］［乎］、今若シ無

24　爲ノ[之]傾恤ニ預ラ不ル、何（レノ）時（ニカ）有限（ノ）[之]鶴戻ヲ徹スコト得ムト、御氣色ニ隨

テ閑

25　下（カ）參啓（ス）、鳳雲天ニ翔リ、仰而恩蔭ニ戴セ難シ［乎］、鶴　青澤ニ望ミ、鳴（ク）トモ一

26　［而］哀聽（ヲ）通（セ）不［兮］、内（ニ）ハ天-運ニ任ス、外ニハ人寵ニ在リ、

27　二月　狹鍾

28　和風緩ニシテ扇イテ、暖露稍〻降ル、慇懃无キニ依テ、憚ル所有リト雖モ、懇懷ヲ耐ヘ

譯文篇

譯文篇

不レ、事（ノ）由ヲ執啓（ス）、抑モ任國ニ趣ケムト欲レハ、進發不日ナリ、本望ニ

不ス（ト）雖（モ）ー、今亦何爲ム　旅ノ具、儲无シ、駑駘未タ有ラ[未]、坂東（ノ）[之]

人勇堪ヲ宗ト爲ス、其ノ氣色ニ隨テ、進止ノ[之]者歊豫（ノ）[之]心、未タ一定ニ

迫ハ爰（ニ）復、美作ノ新司、同シ比ニ首途姻婭（ノ）[之]間ニ、點シテ

[而]忍ヒ難シ　事ミニ面ニ在リ、蜜ミニ上ケ聞エン、城ヲ出テ、途（ニ）向ウ（テ）、時

苗留犢（ノ）[之]塵ヲ尋ネウト欲（フ）[矣]、境ニ入テ風ヲ聞ク、羊續懸魯（ノ）[之]跡ヲ知（ラ）

ウト欲フ[焉]、古ヲ
聞イテ今ヲ習ヌ、人ヲ見テ我ヲ知ル、

（返事）

野草芳菲タリ、山華開敷ス、草木更ニ改ル、世帶亦爾ナリ、互ニ親

昵ヲ懷ク、何、疎略ニ處セム、仍（チ）今（ノ）夏冬（ノ）裝束冠、表衣、表袴、冊、職等、奉向大螺

[第4紙]

38 鈿ノ鞍、打出（ノ）鞍、懸、鰐口ノ緤ヘ、鈎、舌長鐙、猫面ノ兵庫（ノ）、鈎、豆ノ鈎、黑漆（ノ）

39 鞍、已上縫物ノ褥、泥障（ニ）在（リ）、西フ京ノ野原三近藤掾カ作（ル）所（ノ）打出ノ
　猪隈ノ高橋介カ作ル所

40 大刀、鮫束、鳥頸、師子首、五條ノ六秦介カ作（ル）所（ノ）弓胡籙、

41 箙、行騰一負、長刀、綾藺笠、筥鳥羽、樺漆、金足皮、逆-

42 頬、股抽、膠篶、白革、青滑、紫革、餌囊、朱-漆、黑

43 漆、鋺形、同（シキ）合子、御器、提、毛沓、半靴、寫鼻、綾錦、縑、

44 無文絹、長絹、例ノ絹、細美、例（ノ）布、繧、縠、繡（ノ）絲綿、邑濃（ノ）

45 絲、紺（ノ）布、褐ノ布、唐-笠、紫、苅-易、紅、茜、鴨頭草、緅、岐子、

46 櫨、蘇芳、陶砂、明日香下ノ惟好縫拾、弭、角、木賊、借-木、弓木、鐵ノ箆、

47 斬、俎、包-丁-刀、上-馬、中-馬、駄、麻繩、相副ヘテ解-文、之ヲ奉向（ス）、

48 殊ニ恩ヲ領ニ入レテ、織レトモ［而］色見エ不、柳ノ絮ヲ給ム［之］暮ノ雨、裁レトモ［而］

譯文篇

一〇一

譯文篇

49 定(サタマ)レル様(ヤウ)無シ、春ノ衣(コロモ)ヲ縫(ヌ)ウ [之] 朝(ノ)風、續(ツキツキ)ミニ雑-事又ミ啓達(ケイタツ)セン、

50 三月 沽洗(コセン)

51 桃華芬(タウフンフン)ミトシテ、柳絮嫋(リウソモウモウ)ミタリ、風-月往-來、時-節轉移(テンイ)ス 美餅草

52 唐菓子(タフクワシ)、柏榴、栗、串柿、鯉、鮒、鱸、鯵、押鮎(ヲシアユ)並蚫(ムシアハヒ)、燒蚫(ヤイタコ) 美餅朱(ス)草

53 赤黑、鮨(スシ)、螺(ツビ)、蚫(アハヒ)、蚊-蛤(ハマクリ)、海糟(アミ)、首兼(ツクラ)、鶏(シロ)、制魚(コノシロ)、鮴(シロイヲ)、鱒(マス)、海老、

54 鱮(ハラヤ)、氷魚(ヒイヲ)、石花(セ)、寄宿(キスク)、美酒(ヒス)、使(ヲ)差シテ進上(ス)[之]、遼東(レウトウ)(ノ)

55 [之]豕卜似(ヒノコ)(タリト)雖(モ)、此(ノ)青陽ノ白志(ハクシ)(ナラ)而已、一字千金(イチシキウ)、報方(ホウセウ)ヲ知ラ不(ス)、紅桃(コウタウ)

56 遠(ク)三千(ノ)[之]怺月ヲ送ル(ヲク)、黄河彼(ナミス)清ムテ(波)、遙(ハルカ)ニ五百(ノ)[之]春風ヲ迎ヘテ(ムカ)、

57 實(ミ)ヲ結ムテ、恩德海(ヲントクカイ)ノ如シ、報酬(ホウシウ)涓(タマミツ)ニ似タリ、

(返事)

[第5紙]

鶯ノ聲耳ニ喧シ、花ノ色眼ヲ養ウテ、三春漸ク暮レテ、一身偸ニ憤リヲ、今此ノ

弥物、世途ニ雙無シ、下若村カ貽セル所歟、上林菀カ勞ニ抃ケ

措シテ、詳ニ清懷ヲ知ル、竹葉碧ヲ泛ヘテ、心池底無シ、桃花紅ニ染ミ、

恩山峯有リ、弥菓魚具、天下ニ是希ナリ、美酒鱗甲、世路ニ

尤勝タリ、樵翁カ二仙ノ碁ヲ視シモ、自ラ千半ノ齡ヲ計ウ、榮期カ

五絃ノ琴ヲ翫ヒシモ、已ニ三樂ノ賦ヲ謠ヒ、延年ノ益壽、啻此ニ在リ、

四月　仲呂

青陽往キタリ、朱明來リ、徒ニ年月ヲ送リ、空拜謁ヲ闕ク、抑

從リ、欝結解ケ難シ、爰ニ去リシ正月廿日ヲ以テ首途スント、同廿二

日纜ヲ解ク、進發ノ類船五百余艘、棹楫艫帆、纜水摺

譯文篇

譯文篇

68　立(テ)盤、苫挾(トマカイコ)抄、水手(フナテ)、梶取(カムトリ)、舫(ハシフネ)、矴湯取(カシトリ)、艫舳(トモヘ)雜具、一ニ多ミナリ、

69　路次(ロシ)ノ所ミ、途中泊(トマリ)ミノ礙(ハ、カリ)、涓塵(ケチウ)無シ、慶(ヨロコヒ)　山海ノ如シ、神明和合シテ、海安(カイアン)ノ隟(ヒマ)ニ

70　在リ、人倫(シンリンキ)響(ヤウ)應シテ、來(リ)　睦フルモノ數多シ(カスヲ)、剡(ヤ)

71　面(ニ)塵無(ク)、征帆飛(セイハン)(フカ)如(ク)、舫(ノ)跡(アト)ニ遅有リ、海ヲ越エヲ河(テ)(ニ)至ル(イタ)、岸(キシ)ニ

72　天(ウ)地相應シテ、佛神哀憐(アイリン)シテ、自ラ然ラ使ムル(ヲノツカシカシ)也(ナリ)、西ヲ視(レハ)、一ノ洲(ス)、二(ノ)洲、

73　紫鴛ノ白鷗之翅(シエン)(ハクヲンカ)(ツハサヘンヘン)翩翩タリ、東(ヲシ)ニ向(ヘハ)[者]、柴嶋(ク?)、蟹嶋(カニ)、遊女(ウカラメ)ノ釣(イ)(ツリ)

74　魚(ノ)[之]舩緩ミタリ(ユルク)、海漫ミニハ(マンマン)(シテ)、河溶ミタリ(ヨウ、)、中ニ就テ大河(ノ)尻(リヨ)從リ

75　津(ノ)江口ニ到ル(イタ)、鳥飼(カヒヨ)自リ犬嶌ニ屆ル(イタ)(トック)、遊女舩ニ掉シ(サヲサ)、多類ニ渭キ出テ(ルイ)(コイ)、各(ミ)

76　功(タクミ)(ナル)言ヲ以(テ)、舩毎(ニ)媚著(アイ)ク、國ミ(ノ)舩(ノ)様多(ヤン)(シ)、吾(カ)舩人(ノ)舩、

遞(タカヒ)ニ上下(ヒタ)混ケテ

一〇四

往來ス、此等（ノ）體爲ラク、乘リ（タル）舩（ノ）造（リ）、全ク挾揖（ヲ）精好ヘタリ、䩺取口峻シク、

挾母詞狎レタリ、莚、疊、至テ鮮ニ、雲交高麗（ナリ）、几帳（ヲ）立（テ）、軟障

綱繩卷漆（ヲ）引ケリ、色帋（ノ）屏風、同（シキ）障子、窮微極妙（ヲ）彩（キ）タリ、態屈ノ革籠、珎重（ノ）餌

囊、打出（ノ）扇、美麗ノ手箱、最甲（ノ）鏡臺在（リ）、殊勝ノ硯匣刀、硯、筆（ノ）臺

打出（ノ）大刀、美好（ノ）沈ノ枕、螺鈿（ノ）磨入臺、懸盤、塗折敷、御器、銀（ノ）

提、茶垸、懸籠、櫃子、薰、熨衣、椋、盥在（リ）、筝（ノ）琴、和琴、

［第6紙］

圍碁、雙六、局、調度、唐笠、塗展、革尻切等（ナリ）［也］、昏尅ニ　至テハ、篝火（ヲ）

懸ケ、殿油（ヲ）燃ス、釣舩（ニ）鵜舟混雜シテ辨ヘ難シ、又粉黛ヲ

面ヲ飾リ、美服ヲ著テ聳ケハ、身纖ク皮庸（ノ）美操（ヲ）憶フ可（シ）、聲ハ頻伽ノ如シ、吻

愛言ヲ吐ク、長句詩賦吟詠、閉（カムト）欲シ、向前ノ藥師、鳴戶（ノ）［之］今樣ノ歌ノ

曲ノ挍、此彼古躰ナリ、加之ス、和歌（ハ）是（レ）逃壞、快ク四病ヲ辨（ス）、所謂四ト者ハ、岸ノ

譯文篇

樹、風(ノ)燭、浪(ノ)舟、落チル花是(ナリ)[也]、疊-句連句(ヲ)了知(シ)、麝-香(ノ)薫

一〇六

滿(ツ)、翰林カ能筆、道祐(カ)色帋、篤木カ薄様、上紙苔二剩チ

床(二)散セリ、葦手假-名(ノ)品ミ取虵尾、様ミノ書(ヲ)捨ツ、和漢交接(ナリ)[也]、動

静美艷ナリ、賣目スルニ能ハ不、姿ヲ瞻ルニ堪(ヘ)難(ク)、音ヲ聽クニ耽リ易シ、若(シハ)

此ノ楊ノ貴

妃之後身歟、爲當王昭君之再ヒ來ル歟、

或(イハ)佳辰令月卜詠シ、或(イハ)常在靈山(ト)誦、亦復、絲竹、管絃、皆是(レ)達タ

セリ[也]、琴ノ絃(ヲ)

宮、商、角、微、羽、文武元五(ヲ)知リキ、今二(二)加(ヘ)タリ、笙(ノ)管

千十下乙工美
一八言七行
上ノ凡骨
亡比也

知レリ、

[知]横笛(ノ)孔(ヲ)[也]知(レリ)、篳篥(ノ)孔(ヲ)孔絃(ノ)

干五上夕中六下口
四一上下、工知レリ、琵琶(ノ)絃(ヲ)
凡五六也

[第7紙]

96　一乙行上等ノ知(レリ)[也]、凡ス柏唐(ノ)音樂、呂律、調子、柏子、分明ニ知(リ)物(ス)、

97　萬一人此ニ對ヘテ、宛(モ)陽公之鶴ノ如シ、云、一舩ノ翫ー物、千金ヲ奈ソセ不、稱計ニ

98　假无(シ)、洛陽邊鄙、古今ノ萬事、舩ノ内ニ皆之(ヲ)忘(ル)、諸ハ

99　此(ノ)男(ノ)口(ニ)在(リ)、萬事一言(ヲ)怕(ニセ)不、[不]慠セサレ[者也]、

　　　　返報

100　旬月已(ニ)過キ、晨昏是(ニ)至リ、事(ニ)觸レテ心ヲ催シ、物ニ逐ウテ憤ヲ益ス、今日紙(ヲ)

101　見テ、忽ニ舟壞ヲ散ス、須ク早(ク)參謁ス[須]シ、而(モ)賀茂ノ祭ノ間ニ、俄ニ經營

102　有(リ)、此(ノ)如(キ)[之]間、思ヒ乍ラ遲ミ(タリ)、蒼波海遙(ニ)[而]シテ鳥(ノ)道

103　希ニ暨ル、白霧山深ク而テ人跡纔ニ通ス、山複リ海涅テ、、音

104　信蕩シ難シ戀戀(ノ)[之]間、適以(テ)還御(ス)、悅フテ[而]重(ネ)テ悅フ、互ニ拜ー謝在リ、

105　五月　蕤賓

譯文篇

一〇七

碧卉節ニ隨テ、青蘋時ヲ待ツ、面拜久（シク）涅テ、清談已（ニ）絶エタリ、

鶴望（ノ）[之]至（イタ）リ、宛（モ）千歳ノ如（シ）、昌蒲ノ根茅、粽、甘葛、糖

薦子、筍、餛子、包子、小伏菟、梅、枝栗、串柿、花橘、枇杷、

獮猴桃、千棗、覆盆子、烏賊、擁釼、鯛、鰡、鮀、酒、米、夏

海（ノ）[之]

裝束在（リ）（ニ）、使ニ付（ケ）テ獻上（ス）、但シ恐ラクハ久（シク）恩波（ノ）[之]潤ニ遊テ、多ク德

運ノ既（ニ）拙キ也、

流ヲ浴ミ、徒（ニ）寒溫（ノ）[之]資ヲ費シテ、螢雪（ノ）[之]業ニ長未、命ナルカ（ナ）[哉]、

返事

暖光（ノ）[之]節、溫和（ノ）[之]比、適尊毫ヲ染メテ、幸ニ恩向ヲ降セリ、一字ヲ被キ見（ル）

二、千金ヲ得ルカ

[第8紙]

如(シ)、分チ給エル珎味、拝悦スルニ涯無シ、不才(ノ)[之]身、心ヲ悔ヒ性ヲ慚ツ、寒谷(ノ)

[之]氷ヲ

叶イテ、水ヲ汲マヘル[之]咎(ナリ)[也]、苦山(ノ)[之]雲ヲ拂ムテ薪ヲ拾ハ不ル[之]

罪(ナリ)[也]、師命疎ナル(カ)如シ、資勤忌ルニ似(タ)リ、命歎多(シト)雖(モ)、何(ソ)

前途二立(タムヤ)[乎]、

六月　林鍾

芙蓉水ニ覆ウテ、薜蘿風ニ綻フ、年-月移リ廻リテ、世-路改リ轉ス、

俗骨ノ[之]間於趍ル、佛-法ノ[之]事ニ疎也、妄テ閻里(ノ)[之]忩劇ニ嗜ウテ、愚ニ山-

厨(ノ)[之]寂寞ヲ忘(レ)タリ、湯帷、麻布、蝙蝠、上帒、繼墨、白米、煎-餅、堅

塩、唐醬、造味曾、伊勢(ノ)布、若狹(ノ)布、舟後(ノ)布、油、小麥(ノ)粉、

酒、夫ニ持タ令メテ之ヲ奉ス、是(レ)微少ナリト雖モ、志ノ之ク所ノ表スルナリ、鹿章可ノ[之]

譯文篇

一〇九

譯文篇

123　八木ヲ潔(ケサ)テ、升-山(ノ)[之]功ヲ盡ス、鴈-門(ノ)[之]一-鉢ヲ供ス、斗-藪(ノ)[之]德ヲ仰　一一〇

124　省(ハフ)ク、偸閑(ヒソカニ)委啓(キケイ)セン、

ク、稠人(シケキヒト)繁(ハン)ヲ

返事

125　大-陽ノ[之]光辭、難シ、少女(チョ)(ノ)[之]風涼シ不ス(カラ)、抑(ソモ)　樹ヲ觀スル[之]

126　志(コ、ロオシ)ハ有(リ)テ、花ヲ翫(モテアソ)フ「コト」[之]興ハ無シ、三衣汁物(サンエシウモツ)ヲ、螺燈(ラトウ)(ノ)[之]底(ソコ)ニ貯ウル(タクハ)

「コト」無シ、

127　少飯中食、松花(ソウクワ)(ノ)[之]下(モト)ニ、從花(タ、ハナ)ヲ採(ヒロ)ウ[之]丁(ヨヲロ)有リ、疲レテ(ツカ)[而]佛

128　前閑寂(カンセキ)ナリ、經ヲ讀(ヨ)ム[之]眼(マナコ)、眩イテ(クル、ヘ)[而]僧ノ意(コ、ロヘンエン)攀縁(タリ)、恩

129　絶(セ)被レタル所(トコロ)滿-山頂ヲ捧(サ、)ケテ、月ノ眉(マユ)ヲ拜(ハイ)シテ讃佛乘(サン)(ノ)[之]窓ヲ於(マト二)、(テ)、彌(イヨ、)雲山

(ノ)[之]恩ヲ

報セント欲フ、花ノ文ヲ [於] 轉-法-輪 (ノ) [之] 樞ニ譜シテ、將ニ芬

芳 (ノ) [之] 德ヲ發サント [將] 、拜喜感悦、市中 (ノ) [之] 證ニ在 (リ)、

七月 夷則

金商節ヲ變シテ、玉琯時ニ移ル、嚴誨 (ノ) [之] 德ニ依テ、聊ニ書

籍ヲ學ヘリ、心ハ恩ノ爲ニ使サル、何レノ時ニ (カ) 之 (ヲ) 忘 (レ) へ乎、肝膽 (ノ) [之] 思、汗

ヲ漢

天ニ流ス、事ノ由ヲ啓セムカ爲ニ、解-文進-上 (ス)、索-餅、鹽-曳鮭、干-生ノ

海物、枝-大-角-豆、熟-苽、白-米、生-茄、酒-等 (ナリ) [也]、手ニ書一卷ヲ

取ラス [不] シテ、何、宣尼 (ノ) [之] 先縱ヲ訪ハム□、口ニ詩篇ヲ誦セス [不] シテ、詎カ

仲舒カ [之] 舊道ヲ尋ネ□、揚寶ノ毛寶、恩ヲ崇メ德ヲ酬ヘムト云、

返事

譯文篇

[第9紙]

譯文篇

140 白露條ヲ降ル、青風葉ヲ搖ス、日者ノ欝望、胸ニ在テ散シ難シ、今芳問ヲ

141 關テ、方ニ向テ拜悅ス、此ノ恩澤ヲ沐ミテ、矜恤ノ深イコトヲ知ル、文ニ非ス

142 武ニ非スシテ、進退惟ニ谷リ、槐林ノ[之]門ニ入ラムト欲フ、顔曲カ[之]舊

143 塵ニ迷易シ、射埒ノ[之]道ニ交ラウト欲フ、養由カ[之]遺風ヲ知ラウコト難ヲ

144 意馬已ニ訥シ、

八月　南呂

145 旬月旱ク送リ、時尅稍迎フ、抑ミ世間不定ナリ、隙ヲ過クル[之]駒、

146 蹄輕シ、人身无常ナリ、屠ニ趣ク[之]羊、步早シ、愚素堂土ニ生レテ、目ヲ俗塵ニ

147 坌エタリ、未タ髮ヲ剃リ衣ヲ染ムル[之]侶ニ爲ラス雖モ、唯世ヲ遁ル眞ニ

148 歸スル[之]誠ヲ思フ、天年雲ノ如シ、人命露ニ同シ、中ニ就テ、秋ノ鴈頻ニ

一二一

返事

譯文篇

事願與相（ヒ）協ハ、、大梗此ノ如シ、

157　月ヲ拜ス、巖戶ヲ叩イテ洞門ヲ排カウト欲フ、松淦ヲ趍メテ蘿納ヲ㖟セウト欲フ、若（シ）

156　王佛（ノ）[之]昔ノ風ヲ禮ス、師子西ヨリ來テ、近ク[於]五臺山（ノ）[之]曉ノ

155　薰入セン、白象東ヨリ出テ、[而]遠ク上

154　（ノ）[之]蒸理ニ

153　懷ヲ遂ク可シ也、秋月盈滿シテ、八萬四千（ノ）[之]相好ヲ瞻仰ス、春花濃ニ折イテ、開三顯一

152　苔ヲ掃ウテ、以テ解脱ノ[之]白業ヲ行セウト欲フ、悉ル師檀（ノ）[之]恩ニ依テ、快ク蓄

151　乘物、金字ノ法華經、并ニ法服等、便チ結緣（ノ）[之]青

150　面（ノ）[之]波ニ似タリ、仍テ白檀ノ阿彌陀ノ三尊ヲ儲ケ奉リテ、普賢、文殊

149　鳴（キ）テ、鵁髪山ノ頂（ノ）[之]雪ノ如シ、春ノ鸎屬囀テ、鷄（ノ）皺海

二二二

譯文篇

158 鴈書飛ヒ來（リ）テ・魚ヲ納（マウアラワ）（網）潛ニ見ユ・所命（ノ）[之]旨・且（カツ）以（テ）之ヲ奉（ウケタマハ）（ル）、抑（ミ）

159 愚僧奧州（ノ）[之]邊裔ニ生（レ）テ、弊邑（ノ）[之]野人爲リ、故鄉ニ望（ヲ）（ム）

160 [之]思嬾シト雖（モ）、錦ヲ著テ[之]歸クムコト、新友（ヲ）戀フル[之]心ヲ、豈（ニ）璧ヲ連（玉）

ヌル

161 [之]志（レムヤ）、寔（ニ）親緣暖ー露（ノ）[之]潤ニ依（リ）、檀恩和風（ノ）

162 [之]中ニ怵ムト雖（モ）、未タ胡馬壞土（ノ）[之]歡ヲ罷メ[未]、猶越鳥思巢（ノ）[之]習有（リ）、

163 徘徊經歷、唯仁恩ニ有リ、所以ニ、桃源ニ入テ、陽ヲ覓メテ、以（テ）

164 長ー生ヲ祈リ欲フ、菊潭ニ臨テ水ヲ酌ムテ、以（テ）久親ヲ扶ケ（ムト）欲（フ）、更ニ一身ヲ[之]

165 寒ー溫ヲ顧（ミ）不、偏（ニ）雙質（ノ）[之]今後ヲ資ケテ欲（フ）、流ヲ見テ心ヲ淸シ、定

166 水（ノ）[之]空シク竭キナウコトヲ嗟ク、樹ニ向テ蔭ヲ恥ツ、禪林（ノ）[之]從ヲ枯ウコトヲ悲シ

ム、假名

一一四

［第11紙］

悔（ク）ユ可シ、不勘ミミ、特ニ斟（シン）酌（クミ）ヲ賜ヘ、

九月　無射（フ者イ）

167
菊金花（ヲ）散（サン）シテ、霧桂枝（キリケイシ）ニ觸（フ）ル、月ニ累（カサ）ネテ日ヲ連ネテ、憤（イキドホリ）ヲ増シ恐ヲ加（ヘ）テ、抑（ミ）少僧

168
[可] 今年維麿（ヰマ）會ノ講匠ヲ逐（シヤウト）ク可シ、住寺年舊（チンシ）リテ、數（ス）

169
廻（カラ）（ノ）[之] 夏臈（カラフ）ヲ積（ツ）ミ、苦學（クガク）日深（フカ）クシテ、多歴（タリヤク）（ノ）[之] 妖ノ螢ヲ聚（アツ）ム、進ムー而世路（セイ）ニ

170
趨（ワシ）ラウト欲フ、身ニ[於] 恥辱（チニク）在ルコト（ヲ）憚（ハカ）ル、退（シリツ）イー而道業ヲ背（カム）ト欲レハ、名ニ[於]

171
效（カウケン）驗

172
無（キ）コトヲ歎（ナゲ）ク、今件ノ會（エ）、佛法ノ脂粉（シフン）、僧従（シフイフ）（徒）ノ舟楫（シフイフ）ナリ、其ノ講匠（カウ）（ハ）[者]

173
須ク龍駒（リウク）ヲ擇（エラ）ム [須（再讀）] シ、然而（シカレトモ）、才學（サイカイ）ヲ[於] 拔萃（ハンスイ）ニ量計（リヤウケ）スヘシ、年臈（ネンラフ）（ヲ）

174
[於] 老（ラウ）若（シヤク）ニ認メ不、自ラ採用（サイ）ヲ以（ヲノツカ）（テ）、未タ空（イマ）（シク）弃（ス）ツルコト有ク[未（再讀）]、爰（ラ）（ニ）復十一月

二、宗祖（スシ）師慈（シ）

譯文篇

一一五

譯文篇

[第12紙]

175　恩、弘道大師 (ノ) 忌辰ナリ、中間ヨリ以降、庚申竪義ヲ改メテ、慈恩會竪義ヲ

176　修シ、是 (レ) 亦人ノ洮汰セ [於] 法ヲ紹隆セン (カ) 爲ニ (ナリ)

177　[也]、入室ノ僧、其ノ義ヲ出ス可シ、彼ノ此レノ兩事、少僧 (ノ) 大 (イナル) 營ハ、恐クハ賢

178　蒙ルニ非スハ、何 (ソ) 愚庸 (ノ) [之] 大業ヲ逐ケン、其 (ノ) 時

179　雜事多ク衆力ヲ憑ム、學海底深クシテハ、千里萬里 (ノ) [之]

180　波濤ヲ亘ル (カ) 如シ、昇進階寥クシテハ、一身三會 (ノ) [之] 決擇ヲ逐ケムト欲フ、遮

181　莫ミ、運不運ニ任 (セ) 也リ、

返事

182　季秋自 (ラ) 至リ、孟冬將ニ來ラ (ムト) [將]、抑 (ミ) 末僧 入學 (ノ) [之] 肇ニ、早ク慨ウテ、駑ニ

183　策テ、之ニ前マウト欲 (フ)、老ヲ催ス情 [之]、今還懷蟄蟄不成 (ノ) [之] 恥、斯

194 193 192 191 190 189 188 187 186 185 184

譯文篇

于心ヲ納メ道ヲ達シ、後生ヲ畏ル可(シト)雖(モ)、忍ヒ困ウテ窓ニ向テ爭ウテ期(ス)、此ノ會ニ

遇ウテ、某當-會ニ參仕シテ數十有年、其ノ勞ニ依(ラハ)

[者]最前ト謂フ可シ、若(シ)其ノ撰ニ袖カレハ[者]、沈-滯ト謂フ可シ、肩□比ヘテ膝ヲ

交ウル[之]輩、皆不次ニ昇進(シテ)、且ワ己カ[之]矇愚ヲ探リ、且ハ人(ノ)[之]偏頗ト

謂フ、悚歓ノ[之]問、近曾ノ專寺ノ別-當法

印、少僧(ヲ)以(テ)・當-職ニ任被ル可シト(ノ)[之]解狀ヲ言上(ス)、事(ノ)外ニ度ラハ

不、夢ノ中ニ懷ハ不、尫弱(ノ)[之]身、改途ニ堪ヘ難シ、唯シ歓クサクハ碩學(ノ)[之]功ヲ

失ウテ、自(ラ)外ニ更ニ悕望(セ)非、是(レ)嗚呼(ノ)[之]

言フリト雖モ、有身(ノ)[之]歓ヲ陳フルナリ、禪室ノ御事、内-義先ニ了(リ)タリ、

高年白眉(ノ)[之]輩ハ、悉ク室ノ裏ニ炬ノ消ユルコトヲ難キ[矣]、壯齡

黃頭(ノ)[之]僧ハ、皆堂(ノ)上ニ花ノ開ク(ヲ)歡フ[焉]、競テ[而]益無シ、遁レテ[而]限

譯文篇

有リ

十月　應-鍾

霜色心ニ冷シ、風ノ聲身ニ寒シ、抑（ミ）野僧　家ヲ出テ山ニ入ル、自ラ五六

廻（ノ）[之]春秋ヲ過ク、親ヲ離レテ友ヲ別ル、偸ニ數千行（ノ）[之]涕涙ヲ禁ス、往年俗-家ニ

廻テ、男女ヲ諠譁（ノ）[之]聲（ヲ）聞ク、累日靜ナル窓ニ向（ヒ）テ、烏

菟飛走シテ[之]景ヲ見ル、觀念（ニ）夢寒シ、澗ノ風眠ヲ覺ス[之]曉[ノ]、習

學ノ蔭　峯ノ雲ヲ晄シ、眼ニ紛フ[之]曉、而（ル）ヲ霜月會内論義ノ

第一（ノ）[之]番ニ擬ス、一山俤ラ毀譽ヲ著ケ、耳目（ノ）[之]底ニ於テ、萬人悉（ク）勝劣ヲ

懸ク、脣吻（ノ）[之]末ニ於テ、此（ノ）會ノ本躰、華美ヲ以テ

宗ト爲、過差ヲ以テ本ト爲、門跡早ク絶チテ、提奬憑無シ、獨立清

虛、空ヲ仰（キ）テ涕（ヲ）流ス、爰（ニ）一心房阿闍梨、件（ノ）會（ノ）執事

一一八

205　所要（ノ）［之］物、勝計（ス）可（カラ）不　所謂、白米、黒米、糯、粳、糖、

206　甘葛、大豆、大角豆、和布、荒布、神馬草、紫苔、

207　鳥坂苔、浮海松、干海松、靑苔、石蓴、海雲、水雲、海

208　蘿鹿角草、鹿毛草、心太、神仙菜、紅亂海示、牛

209　房、川骨、蓮根、薦黑、鶏頭草、苟若、茗荷、芋

210　青荣、蕪、大根、芥子、鳴薑、土薑、拳薑、納豆、飛

211　驛餅、荏褁、清苽、伊賀干苽、味曾、色利、酢鹽、

212　醬、唐醬、清酒、醴油、生豆、胡桃子、胡麻、薺苣

213　蓼、疏、平茸、苦茸、雨伜、昆布、炙物、蒸物、煎

214　［第14紙］物、爆ミ、鮓ミ、曳干料、舟波栗、信布梨、吉野柿、樧

215　栗、秬栗、田豆・地筆・蕨・山老・柚・椎・煎付・粟餅・伏

譯文篇

一一九

譯文篇

216　菟・劒・鴨・劒・梅-枝・轡-籭・桂-心・橇-繩・熟-柿・懸-盤・衝-

217　重・樣-器・机・高-坏・乳-垸・春-日-垸・行-ミ・窪-坏・盤・銀ノ大-提・

218　折-敷・折-積・長-積・飯-押・便・叩-戶・瓷・大-垸・斯・

219　白-箸・松・薪・炭・酒-海・釜-等、此(ノ)如(キ)萬-類、未タ一-物(モ)有(ラ)[未]、沙ヲ仗テ

220　金ヲ求(メ)、彈-苛(ノ)[之]道未(タ)明ナラ[未]、瓦ヲ厭ウテ珠ヲ撰ム、了-別(ノ)[之]心

221　明-恩ヲ垂レテ、必ス暗-壤(ヲ)照セ、

尙暗シ、特ニ

返事

222　風-朽-木(ニ)吹イテ、晴ノ天ノ雨カト疑ウ、雪-平-野ニ降テ、冬ノ夜ノ月カト思フ、抑(ミ)件(ノ)御經營、風-聞無シト雖モ、塵ノ志ヲ添ヘム(ト)欲フ、人

223　ミ(ノ)[之]命ニ依テ、品ミ(ノ)事-有リ、然レハ猶ヲ成-業ノ[之]道ハ、佛-法ノ潛-衞ノ[之]上ニ

（アリ）、人ー

224　間露見（ノ）［之］助、特ニ懇力ヲ加ウ、且 高慮（ヲ）廻セ、衆佐微溜（ノ）如シ、聚メテ

225　以テ臣川ト爲ル可シ、助成ハ細塵（ニ）同シ、積テ以テ高岳ト爲ル可シ、所以ニ爲山（ノ）

226　［之］始、簣合ノ犯ノ［之］元高シ云、

227　十一月　黄鍾

228　霜氣晨ニ起リ　風威昏ニ振ウテ、抑 愚下 御節（ノ）［之］間、經營有（ル）可シ、

229　遠ミ（ノ）國司ノ近ミ之ヲ承ル、夜ヲ以テ晝ニ繼ク、鞭（ヲ）褐（ケテ）路ヲ入ル、點シテ

230　［而］罷ム可（カラ）不、宜シク前ヲ拂ハント欲フ［宜］（シ）、所入（ノ）［之］物、前例人ノ情ニ有

231　リ、寝ミ 興ミナリト雖モ、尚時ニ俗ニ隨ウ可シ、色ミ（ノ）菓子、様ミ（ノ）魚貝、鳥、甘鹽ノ鯛、至

232　要（ナリ）［也］、特ニ賢慮ヲ賜ヘ、苟シクモ治國（ノ）［之］術、豫メ脩良ヲ覺レ、勤王（ノ）［之］

譯文篇

譯文篇

計、(ハカリコト)

全ク憲章ヲ守ル、刑鞭ノ蒲、朽チ(テ)[之]螢、安コンカ在ラム[也]、諫鼓苔

深シ、而モ朝來(ノ)[之]鳥、何、驚ク[也]、勤公ハ悵面ニ見ル可シ、治國(ハ)

人ノ口ニ言フ可シ　心ノ裏ニ崩ム所、紙ノ表ニ何、敢ヘム、

返事

龍天駕ニ駐リ　雲眇ミト(シテ)布ク、虎、地-馬ヲ馳(セ)テ、風飄ミト(シテ)嘯ス、所ノ

雜事、具ニ芳命ヲ奉ヌ、但シ州ノ刺史、其レ此ノ事ヲ營ミ、州

縣(ノ)[之]牧宰ナリト雖モ、猶曳耆ノ[之]微春ヲ望(マ)ン、然リト雖(モ)、彼ニ據ル可ヘ

(カラ)不、必ス擔荷ノ[之]役ニ

奔ラン、委旨千萬ナリ、一二二(スルコト)能(ハ)不、慇懃ニ(シテ)[於]岑ヨリモ高シ、

玉山ヲ倒サム(ト)欲フ、舊-意海於(モ)深シ、底ノ金ヲ干メムト欲フ、一-端ヲ以テ萬奧ヲ照(サン)、

十二月　大呂

241　年(トシ)臘月(ラウゲツ)ニ至テ、嶺(ミネ)ノ雪花(ユキ)ヲ散(サン)ス、節窮冬(キウトウ)ニ臨(ノゾ)テ、澗(タニ)ノ氷玉(コホリ/ミカ)ヲ營(イトナ)ク、遺(ノコ)ノ

242　旬數少(スクナ)シ、餘(アマ)ノ日多(カラ)不、

243　墨餅、丸餅、炭、薪、松、鹽梅(エンハイ)、白散(サム)、荒

244　卷(クワン)、解文之ヲ進向(シンカウ)（ス）、年何ソ早ク流(レ)テ、日舟繋(シンツ)キ難(カタ)シ(キ)、生涯(カイシハラ)漸(ヤウヤ)ク頼(クッ)レテ、日車(シツキ)廻(サク/メク)リ

245　易(ヤス)シ、是レ則チ近習(シシウ)ノ舊勞(キウラウ)ヲ表(ヘウ)セムカ爲(タメ)ナリ［也］、

　　返事

246　風霜(サウ)早ク往(ユ)キ、星月(セイ)自ラ廻(メク)レリ、年季(キ)天ニ高(タカ)クシテ、月ノ涯地(キハメチ)ニ深(フカ)シ、下官 公ニ事(ツカマツ)ルニ

247　逆鱗(ゲキリン)ナリ、私ヲ顧(カヘリ)ミルニ藝无(ヲキテ)シ、齡老邁(ヨハヒランクン)タワ［也］、身彫弊(チウヘイ)タリ［也］、思(フ)ト雖(モ)益无シ、

　　吟(ナケ)クト

248　雖(モ)徒有リ、爰(ニ)德澤(トクタク)身ヲ潤(ウルホ)ル(ス)、衿恩(コンヲン) 心ニ飽(ア)キヌ、生前之身(分カ)、只今(イマ)

249　是ト云(イ)フ、片飼(カタカヒ)(ノ)駒(コマ)ノ上－咊、色－革、手苔、謹(ミテ)以(テ)之ヲ奉ス、此レ微陋(ヒリウ)ナリト雖(モ)、

(足?)　譯文篇

譯　文　篇

250　特ニ御‐覽ヲ經テ、恩山ノ一ヒ呼ンテ、共ノ葛供ノ蓬壺ノ[之]節ヲ告ク、德海三ヒ

251　變シテ、同シク菊水ノ桑田（ノ）[之]年ヲ計ウ、

252

253

254

255

256

和泉往來　西室（カ）作

（追筆）「同所（ニシテ）點（シ）了（リヌ）」

新別所申時許書寫（シ）了（リヌ）

金王丸本也

文治貳年　四五月　書寫（シ）了（リヌ）

知識索引

ア

アイヅク（愛著）
〔媚著〕06513 31410 媚著アイツク [76]

アカウルシ（赤漆）
〔赤漆〕36993 18108 赤アカ〜漆ウルシ [42]

アカグロ（赤黒）
〔赤黒〕36993 48038 赤黒 [53]

アカツキ（暁）
〔暁〕14176 暁アカツキノ月ヲ 暁アカツキノ [155]

アカネ（茜）
〔茜〕30871 [199]
茜アカネ [45]

アガム（祟）
〔祟〕08152 祟アカメ恩ヲ [138]

アカラメス（赤）
〔賣目〕36825 23105 賣目アカラ(メ)スルニ [91]

アキ（秋）
〔秋〕24940 秋ノ鷹 24941 秋アキノ [148]
〔妖〕24941 妖アキノ暮ユウヘニハ 妖ノ螢ヲ [13]

アキラカ（明）
〔明〕13805 未ス明アキラカナラ [170]

アク（厭）
〔飽〕44109 [220]
飽アキヌ心ニ [248]

アグ（上）
〔上〕00013 上ヶ間キコエン [33]

アクガル（宕）
〔宕〕07103 宕アクカレテ而 [21]

アザヤカ（鮮）
〔鮮〕46133 至イタテテ鮮アサヤカニ [78]

アシガナヘ（鼎）
〔鼎〕13576 斬アシ(カ)ナヘ [47]

アシカハ（足皮）
〔足皮〕37365 22823 足皮カハ [41]

アシタ（旦）
〔晨〕13962

和訓索引　アシタ〜アナ

アシタ〔朝〕
晨アシタニ起ヲ□（消）コリ　14374
朝（ノ）風
春ノ朝ニハ
228　12

アシダ（足駄）
塗ヌリ屐アシダ
〔屐〕32081
49

アシデ（葦手）
葦手
葦手
〔葦手〕31437　11768
83

アスカ（飛鳥）
明日香アスカ
〔明日香〕13805　13733　44518
90

アセ（汗）
流ナカス汗アセヲ
〔汗〕17130
46

アソブ（遊）
〔遊〕38994
遊アソテ
134

アタカモ（宛）
〔宛〕07110
宛モ如
宛如シ
110　97

アタタカ（暖）
〔暖〕14064
緩（「暖」の誤）アタ、カニシテ
107

アタハズ（不能）
〔不能〕00019　29454
不スアタハ　賣目アカラメスルニ
不能（ハ）一二ツハ　ヒラカニ
26　91

アヂ（鰺）
〔鰺〕46442
鯵
239

アヂキナシ（無益）
〔無益〕19113　22972
無シ益アチキ　ヤク
無シ益アチキ
52　194

アヅカル（預）
〔預〕41470
關アツカテ
〔關〕43373
難カタシ預アツカリ
不スル預アツカラ…傾コウ恤出ニ
預アツカラ
141　10

アツギ（篤木）
〔篤木〕26344　14415
篤アツ木カ
23

アツム（集）
〔聚〕29093
聚アツム
聚アツム
聚アツメテ
89

アト（跡）
〔跡〕37493
跡アトヲ
跡アトヲ
舩（ノ）跡アトニ
170　224　34

アナ（穴）
71

〔孔〕06933
孔　95
筆簀(ノ)孔　95

アニ〔豈〕36249
〔豈〕
豈　160

アハビ〔鮑〕
〔鮑〕32984
並(蒸)ムシ鮑アハヒ　52
鮑アハヒ　53

アヒ〔相〕
〔相〕23151
相アヒ副ソヘテ　47
相協カナハ、　157

アヒダ〔間〕
〔間〕41249
頃コロ年トシ之間　18
姻イウ婭エン之間　32
賀茂ノ祭リノ間ニ　101
如此之間タ　102
戀ヘン(「レン」の誤か)鬱ウツ之間　104
俗ソク骨コツノ之間(二)　119
悚セウ歎タンノ之間アヒタ　188
御節之間　228

アフ〔敢〕
〔敢〕13260
何イカ、敢アヘム　235

アフ〔會〕
〔會〕
値〔値〕00786
値アヒ恩ヲンニ　17
遇〔遇〕38991
遇アウテ　185

アフギ〔扇〕
〔扇〕11743
扇　80

アフグ〔仰〕
〔仰〕00400
仰—而アヲクトモ　25
仰アヲク　123
仰テ空ヲ　204

アフグ〔扇〕
〔扇〕11743
扇(アフ)イテ　28

アブミ〔鐙〕
〔鐙〕40904
舌長鐙　38

アブラ〔油〕
〔油〕17253
(大)殿油(オホトノノアフラ)　84
油　121
油ラ　212

アフリ(泥障)
〔泥障〕17311 41821
泥障　39

和訓索引　アブリモノ～アラカジメ

アブリモノ（爆）
〔爆物〕
19540
19959
爆アフリーマ（物）　214

アヘテ（敢）
〔敢〕
13260
不ス敢アヘテ毛モウ學コ　17

アマ（餘）
〔餘〕
44185
餘アマノ日　243

アマシホ（甘鹽）
〔甘鹽〕
21643
47579
甘鹽シヲノ　231

アマヅラ（甘葛）
〔甘葛〕
21643
31420
甘葛
甘アマ‐葛ツラ　107

アマホコリ（雨㑊）
〔雨㑊〕
42210
00583　206

雨㑊アマホコリ

アマリ（餘）→アマ

アミ（海糠）
〔海糠〕
17503
27105
海糠アミ　213

アム（浴）
〔沐〕
17201
沐アミテ　53
〔浴〕
17496
浴アミ　141

アメ（雨）
〔雨〕
42210
暮（春）ハルノ雨
雨カト　110

アメ（飴）
〔粽〕
26993
粽アメ　48
〔糖〕
27070
糖アメ　221

糖アメ　107

アヤ（綾）→ヌヒアヤ

アヤニシキ（綾綿）
〔綾錦〕
27591
40569
綾アヤ錦　205

アヤガサ（綾藺笠）
〔綾藺笠〕
27591
32399
25924
綾アヤ藺ヒ笠　43

アユ（鮎）
〔鮎〕
46070
押ヲシ鮎アユ　41

アユミ（歩）
〔歩〕
16264
歩アユミ‐早シ　52

アラカジメ（豫）
〔豫〕
36425
豫アラカシメ　146

232

一三〇

アラズ（非）
〔不〕00019
雖不アラズ本ン望マウニ ……… 30
〔非〕42585
非アラサレハ…器ウツハモノニ ……… 23
非アラス文ニ ……… 141
非シテ武 ……… 141
非スハ蒙カフルニ ……… 177
非ヲ悕ケ望マウ ……… 191

アラソフ〔争〕
〔争〕19663
爭アラソウテ ……… 184

アラタマル（改）
〔改〕13114
改アラタマテ ……… 3
更サラニ改ル ……… 36
改アラタ（マ）リ ……… 118

アラタム（改）
〔改〕13114
改アラタメテ ……… 175

アラハ（露）
〔露〕18240
潜アラワニ ……… 158

アラマキ（荒巻）
〔荒巻〕30953／02860
荒巻 ……… 243、244

アラメ（荒布）
〔荒布〕30953／08778
荒-布アラメ ……… 206

アリ（有）→イトマアリ
〔在〕04881
在リ ……… 13、26、104
在リ面ニ ……… 33
在（リ） ……… 39
在リ此ニ ……… 63
在リ海カイ ……… 70
〔改〕13114
在臺 ……… 80
在 ……… 82、98、131
在（リ）袋（二） ……… 110
在テ胸ムネニ ……… 140
在ルコト ……… 171
在アラム也 ……… 233
〔有〕14332
有リ ……… 4
有リ員カス ……… 7、127、223、230
有ラハ ……… 11
雖トモ有リト所憚ハ、カル ……… 28
未イマタ有ラ ……… 30
有リ峯ミネ ……… 61
有リ遙ミチ ……… 71
有（リ） ……… 102、162
有（リ）テ ……… 125
有リ仁シン恩ンニ ……… 163
未イマタ有（ラ）ク ……… 174

和訓索引　アリ〜イダク

〔アリ〜アヲヘシ〕

- 有リ　限リカキリ …… 195
- 未タ有ス …… 219
- 可シ有 …… 228
- 有リ徒タ、 …… 248
- アルイハ（或）
  - 〔或〕11563
  - 或ハ …… 8、17、17
  - 或（イハ）…… 9、92、93
- アヲナ（青菜）…… 210
  - 〔青菜〕42564　31184
  - 青菜名
- アヲノリ（青海苔）…… 207
  - 〔青苔〕42564　30778
  - 青苔
- アヲヘシ（青滑）…… 42
  - 〔青滑〕42564　18032
  - 青滑ヘシ

イ

- イカ（烏賊）…… 109
  - 〔烏賊〕18998　36759
  - 烏賊
- イカガ（如何）…… 14、37、137、234
  - 〔何〕00511
  - 何カ、
- 何イカ、為セム …… 30
- 何カ、敢アヘム
- イガグリ（毬栗）…… 235
  - 〔秣栗〕25093-01　14695
  - 秣イカ-栗
- イガホシウリ（伊賀千苽）…… 215
  - 〔伊賀千苽〕00432　36725　09165　30827
  - 伊(平)ー賀(平)ー干苽
- イキドホリ（鬱）…… 211

〔イキドホリ（続）〜イダク〕

- 〔愼〕11239
  - 愼イキトヲリヲ …… 58
- 益マス愼イキトホリヲ …… 100
- 増マシ愼イキトホリヲ …… 168
- イサギヨクス（潔）
  - 〔潔〕18231
  - 潔ケサノユテ（「イサキヨクシテ」の誤か）
- イサゴ（砂）…… 122
  - 〔沙〕17212
  - 沙イサコヲ
- イササカニ（聊）…… 219
  - 〔聊〕29049
  - 聊イサ、カニ
- イセ（伊勢）…… 133
  - 〔伊勢〕00432　02422
  - 伊勢（ノ）布
- イタ→シキイタ、マナイタ …… 121
- イダク（抱）

〔懐〕11456
懷「イタ」(消)ク　36

イダス(出)
〔出〕01811
可シ出(イ)タス　177

イタダキ(頂)
〔頂〕43335
捧サ、ケテ頂ヲ　129
山ノ頂イタ、キ之　149

イタヅラニ(徒)
〔徒〕10121
徒イタ(ツラ)ニ　19
徒(二)　65、111

イタテ(至)
〔至〕30142
至イタテ　13

イタハル(勞)
至イタテ鮮アサヤカニ　78
至イタテ

〔勞〕02410
所勞イタハル歟カ　59

イタル(至)
到イタル　74

〔到〕01950
到イタル　75

〔届〕07666
届イタル
屆トツク　103

〔暨〕14165
希マレニ暨イタル　22

〔至〕30142
至イタテ
至タル　71

至イタテ
至イタテハ　83

是(レ)至イタリ　100

鶴望之至リ　107

自(オノツ)カ(ラ)至イタリ　182

至テ…ニ　242

〔覆盆子〕34789／22959／06930
覆盆(盆)子　109

イヅ(出)
〔出〕01811
出テ、都ヲ　33

漕コキ出イテ、　75

出イテ東ヨリ而　154

出テ家ヲ　196

イツケ(煎付)
〔煎付〕19184／00373
煎イ附ツケ　215

イヅレ(何)
〔何〕00511
何(イツレノ)日カ　22

何(イツレノ)時(二カ)　24

何レノ時ニ　134

イデ(出)→ウチイデ
〔出〕01811

和訓索引　イデ～イヒオシ

一三四

イト〜（上段）

打ウチ出イテ鞍　38

打出ノ大刀　39

打出（ノ）　80

打出　81

イト（絲）
〔絲〕27448
絲　48

柳ノ絮イトヲ
〔絮〕27443　45

イドコンガ（何）
〔安〕07072
安イトカ（「カ」衍か）コンカ　233

イトスヂ（線）
〔縷〕27832
針シン縷ロ
ハリ縷イトスチ之　21

イトナミ（営）
〔営〕19457
営イトナミニ　21

（中段）

大営イトナミハ　177

イトナム（営）
〔営〕19457
営ミ　237

イトフ（厭）
〔厭〕03025
厭イトウテ　220

イトマ（暇）
〔暇〕14036
无假（暇）イトマ稱セウ計ケニ　98

イトマアリ（暇）
〔違〕39006
不ス違イトマアラ勝ソウ計ケニ　5

イトワタ（絲綿）
〔絲綿〕27448　27592
絲綿　44

イニシヘ（古）
〔古〕03233

（下段）

古シエヲ　35

イヌシマ（蘇）
〔犬蔦〕20234　08435
犬蔦ニ　75

イノチ（命）
〔命〕03473
命ナルカ哉（ナ）　111

イノル（祈）
〔祈〕24640
祈イノリ　163

イハイル（所謂）
〔所謂〕11715　35759
所イハ謂ィル
所-謂イハイル　87

イハムヤ（況）
〔冽〕23938
冽（ヤ）　205

イヒオシ（飯押）　70

和訓索引　イヒオシ～イマダ

【飯押】
飯-押　44064　11929

イフ〔言〕
〔云〕00254　云イフ是ト　218
〔云〕00254　云イフ是ト　248
〔稱〕25180　稱イェ…者　8
〔言〕35205　可シ言イフ　234
〔謂〕35759　可シ謂イフ　186、186
謂イフ　188

イフハ〔者〕
〔者〕28853　四ト者イフハ　87

イヘ〔家〕
〔家〕07169　出テ家ヲ　196

イヘドモ〔雖〕
〔雖〕42104
雖モ慚ハツ　7
雖トモ有リト　28
雖一不アラス本ン望マウニ　29
雖(モ)多(シト)　54
雖似(タリト)　116
雖トモ微ヒ少セウナリト　122
雖モイマタ爲　147
雖(モ)嬾モノウシト　160
雖(モ)怵ヤスムト　161
雖(モ)可(シト)畏ヲソル　184
雖トモ…言コトハナリト　191
雖モ無シト　222
雖トモ寝シン〱興ケウ〱ナリト　230
雖トモ…ナリト　237
雖(モ)然シカリト　238
雖(モ)思(フ)ト　247
雖(モ)吟ナケクト　248
雖(モ)…ナリト　249

イヘノイモ〔芋〕
〔芋〕30670　芋イヘノイモ　209

イマ〔今〕
〔今〕00358
今　23、58、94、100、140、172、183
只今ィマ　30
今(ノ)夏冬　35
習タツヌ今ヲ　37
今亦　248

イマダ〔未〕
〔未〕14419
未イマタ…解トカ　8
未サルニ…解トカ　9
未イマタ乾カハカサルニ　23
未イマタ霑ウルハ　30
未スイマタ有ラ

一三五

イマダ

未イマタ迫ヲヨハ — 31
未ス明アキラカナラ — 220
未イマタ有 ス — 219
未イマタ有（ラ）ク ス — 174
未タマ罷ヤメ ス — 162
雖モ未イマタ為ス — 147

イマヤウ（今様）
〔今様〕00358 15457
今様ヤウノ歌ウタノ — 86

イモ（芋）→イヘノイモ、ヤマノイモ
〔薯蕷〕32191 32054
暑（薯）-預（蕷）ヤマノイモ — 209
〔芋〕30670
芋イヘノイモ — 209

イヤシクモ（苟）
〔苟〕30790
苟ヤシクモ — 209

イヨイヨ（愈） — 232

〔彌〕09877
彌イョく — 129

イリモノ（煎物）
〔煎物〕19184 19959
煎イリ-物 — 213

イル（入）（四段）
〔入〕01415
入テ手ニ — 16
入テ境サカヒニ — 34
欲ヲモフ入（ラム）ト — 142
入イテ — 163
入ル山ニ — 196
入ル路（チ）ミケヲ — 229

イル（入）（下二段）
〔入〕.01415
入イレテ — 48

イル（所）（接尾語）
〔所〕11715 35759
所イハ謂イル ｜ 所イハ謂イル — 87

イル（煮）→イツケ — 205

イレ（入）（下二段）
〔入〕01415
磨スリ入イレ — 81

イロ（色）
〔色〕30602
色ロ — 48
花ノ色ロ — 58
色ロ — 231

イロイロ（色）
〔色々〕30602 00097
色々 — 231

イロカハ（色革）
〔色革〕30602 42710
色-革 — 231

イロクツ（鱗） — 249

和訓索引　イロクヅ～ウグヒス

イロクツ
〔鱗〕46502
逆ケキ鱗リンナリ　247

イロフ〔彩〕　79

彩畫〔畫〕イロヘタリ
〔彩畫〕09992 21859

イロヘクサリ〔彩鎺〕
〔彩鎺〕09992 40435
彩イロヘ鎺クサリ（?）　38

イロリ〔色利〕
〔色利〕30602 01932
色-利　211

イヲ〔魚〕→シロイヲ
氷ヒ魚イヲ
〔魚〕45956　54

鮒〔鮒〕46124
鮒シロイヲ　53

ウ

ウ〔得〕
〔得〕10137
得エムト徹トホスコト　24

ウ（助動詞）→ン
如（シ）得ルカ　114

〔補讀〕
退シリソカウト□□□〈ヘスレハ〉　6
進ス、マウトスレハ　6
欲オモ（フ）尋タツネウト　33
欲モフ知ウト　34
訪トフラハム□〔ウ〕か　137
難カタシ知シラウ　143
欲ヲモウ知シラウ　143
欲オモフ交マシハラウト　152
行セウト
崛クンセウト　156

ウカブ〔浮〕（下二段）
前ス、マウト　166
〔泛〕17298
泛ウカヘテ碧ミトリヲ　166

ウカラメ〔遊女〕
〔遊女〕38994 06036
遊（イ）ウ女ウカラメ　171

ウキミル〔浮海松〕
〔浮海松〕17487 17503 14516
浮-海-松ウキミル　183

排ヒラカウト　156
渇ツキナウコトヲ　166
枯カレマウコトヲ
〔ナ〕
趁ワシラウト

ウグコス〔嘯〕
〔嘯〕04246
嘯ウクコス　207

ウグヒス〔鶯〕　236

一三七

和訓索引　ウグヒス～ウトム

〔鶯〕47327
鶯ウグヒスノ聲コヘ
春ノ鶯ウグヒス

ウケタマハル（承）
〔奉〕05894
奉（ル）之ヲ
奉ウケタマハヌ
〔承〕11852
承ウケタマハル

ウゴカス（動）→ウグコス

ウシ（牛）
〔牛〕19922
牛ヲ

ウシナフ（失）
〔失〕05844
失ウシナウテ

ウスヤウ（薄物）
〔薄様〕32083　15457

58　149　158　237　229　12　191

薄ウス様ヤン

ウタ（歌）
〔歌〕16167
歌ウタノ曲ノ

ウタガフ（疑）
〔疑〕22007
疑ウタガウ

ウタフ（歌）
〔謡〕35832
謡ウタヒキ

ウチ（中）
〔中〕00073
和風之中ニ
夢ユメノ中ウチニ
〔内〕01418
内ハ
船ノ内ニ
〔裏〕34294

89　86　221　63　162　190　26　98

室ムロノ裏ウチニ
心ノ裏ウチニ

ウチイデ（打出）
〔打出〕11781　01811
打出ウチイテ鞍
打出ノ大刀
打出（ニ）
打出

ウチウツ（筞）→ブチウツ

ウツハモノ（器）
〔器〕04376
非アラサレハ…器ウツハモノニ

ウツル（移）
〔移〕25045
推オシ移ウツル
移ウツリ廻メクリテ
移ウツル時ニ

ウトム（疎）

193　235　38　39　80　81　23　15　118　133

一三八

和訓索引　ウトム〜ウルシ

〔疎〕22002
疎ウトムテ　21

ウナギ〔鰻〕
〔鰡〕46374
鰡ウナギ　109

ウハシキ（上敷）
〔褥〕34495
褥ウハシキ　39

ウフネ（鵜舟）
〔鵜舟〕46952 30350
鵜ゥ舟フツ（ネ）　84

ウヘ（上）
〔上〕00013
ノ上ニ　12

堂タウ（ノ）上ゥヘニ　194

潜セン衞ェノ之上ニ（アリ）　223

〔表〕34105
紙ノ表ゥェニ　235

ウヘノキヌ（表衣）
〔表衣〕34105 34091
表衣ウヘノキヌ　37

ウヘノハカマ（袍）
〔表袴〕34105 34236
表ノ袴ハカマ　37

ウマ（馬）→オソマ、マヤ
〔馬〕44572
馬ノ鞍クラヲ
馬ヲ　8

ウマヤ（驛）→マヤ　12

ウマル（生）
〔生〕21670
生（レ）テ　146、159

ウミ（海）
〔海〕17503
海（ノ）面（ニ）　70、71

越コエヲ（テ）海ヲ　71

海
於ヨリ海ウミ　74、102、103

ウメ（梅）
〔梅〕14830
梅　240

ウラムラクハ（恨）
〔恨〕10588
恨ウラムラクハ
梅　108

ウリ（瓜）
〔苽〕30827
清（漬）ッケ苽ウリ　211
伊-賀-干-苽　211

ウルシ（漆）
〔漆〕18108
黑漆　38

黑漆　42

朱アカ漆ウルシ　43

卷漆　79

和訓索引　ウルシガネ〜エラム

ウルシガネ〔漆金〕
〔漆金〕
漆シ金
18108
40152

ウルシネ〔粳〕
〔粳〕
粳ウルシネ
26967

ウルフ〔潤〕
〔霑〕
霑 42329
未イマダ霑ウルハ
ス

ウルホス〔潤〕
〔潤〕 18255
潤ウルホ
（ス）

ウルホヒ〔潤〕
〔潤〕 18255
潤ウルヲヒニ
潤ニ

ウレヘ〔憂〕
〔愁〕
10885

161　110　248　23　205　41

愁ノ緒ヲ

ウヲ〔魚〕→シロイヲ
〔魚〕 45956
釣ク
ツリ魚之

エ

エグチ〔江口〕
〔江口〕
17140
03227
江口ニ

エスリ〔借木〕
〔借木〕
00781
14415
借-木 エスリ

エダ〔枝〕
〔條〕 14859
降クタル條エタヲ

エダグリ〔枝栗〕
〔枝栗〕
14557
14695

140　46　75　74　22

枝栗

エツツミ〔荏裏〕
〔荏裏〕
30950
34372
荏ェ裏ッ、ミ

エビ〔海老〕
〔海老〕
17503
28842
海老

エビラ〔胡〕
〔箙〕 26148
箙カリヤナクイ
エビラ

エラミ〔選〕
〔撰〕 12753
撰エラミニ

エラム〔選〕
〔選〕 39127
須スヘカラク選エラム
選エラム

220　173　186　41　53　211　108

オ

オイテ（於）
〔於〕13628
於テ…底ニ
於テ…末スヘニ

オキテ（掟）
〔藝〕32330
藝（藝）ヲキテヲ
无シ藝ヲキテ

オク（措）
〔措〕12286
扞サ、ケ措（キ）ヲシテ

オクル（送）
〔送〕38842
送ヲクル
送ヲクリ

旱（早）（ク）送ヲクリ

オゴカス（動）
〔搖〕12479
搖ヲコカス葉ハヲ

オコス（起）
〔發〕22669
將マサニ發ヲコサントス

オコル（起）
〔起〕37048
晨アシタニ起ヲコリ

オサフ（抑）
〔耐〕28879
不レ耐ヲサへ

オシ（押）
〔押〕11929
飯ー押

オシアユ（押鮎）
〔押鮎〕11929 46070

押鮎ヲシアユ

オス（押）
〔推〕11284
推オシ移ウツル
〔措〕12286
扞サ、ケ措（キ）ヲシテ

オソシ（遅）
〔訥〕35274
訥ヲソシ

オソマ（遅馬）
〔駑〕44661
策フチウテ駑ヲソマニ

オソラクハ（恐）
〔恐〕10552
恐ヲソラクハ非スハ
但シ恐ヲソラクハ

オソレ（恐）
〔恐〕10552
恐ヲソラクハ

加テ恐ベ　168

オソル（恐）〔下二段〕
〔畏〕21778
雖（モ）可（ベシト）畏ヲソル　184

オチル（陥）
〔落〕31362
落ヲチル花　88

オト（音）
〔音〕43265
音ヲ　91

オドロク（驚）
〔驚〕45029
驚ヲトロク也　234

オナジ（同）
〔同〕03294
是レ同ナシ／同シ　22
比コロヲヒニ（返點）／同二（返點）　32
同（シキ）　43、66、79
同シ露（二）　148
同シ細サイ塵チン　225
同シ　251
同所　252

オノオノ（各）
〔各〕03281
各（ミ）　75

オノヅカラ（自）
〔自〕30095
自（オノ）ツカラ　62
自ヲメツカラ　72
使シムル自ヲノツカラ然シカラ也　174
自ヲノツカラ　182
自（オノツカ（ラ）至イタリ　187

オノレ（己）
〔己〕08742
己ヲノレ之カ／己ヲノレ

オヒ（負）→ヒトオヒ

オビ（帶）
〔帶〕08950　37
革カワノ帶ヲヒ　74

オホカハ（大川）
〔大河〕05831　17245
大河（ノ）　37

オホキ（大）
〔大〕05831
大（キナル）
大（キナル）營イトナミハ　177

オホシ（多）
〔多〕05756
多オ・シ　13
數カス多ヲ・シ　70
多（シ）　76
多ヲ・ク　110
雖（モ）多（シト）　116
多ク　179
不多（カラ）　243

オボス（思）
〔慮〕11132
所ロ慮ヲホス
22

オホトノアブラ（大殿油）
〔大殿油〕05831 16651 17253
（大）殿油
84

オホネ（大根）
〔大根〕05831 14745
大根
210

オホフ（覆）
〔覆〕34789
覆ヲ、ウテ水ニ
118

オホマメ（大豆）
〔大豆〕05831 36245
大-豆マメ
206

オホムゴト（御事）
〔御事〕10157 00241
御事
192

オホムネ（棄）
〔大梗〕05831 14849
大タイ梗（オホ）ムネ
157

オホモヒ（大垸）
〔大垸〕05831 05090
大-垸モヒ
218

オホヤケ（公）
〔公〕01452
事ツカマツルニ公ニ
憑タノテ（ム）公之箭ヲ
20

オボユ（覺）
〔覺〕34973
覺マホハレ（オホヘン？）
246

オホヨソ（凡）→オヨス
232

オモテ（面）
〔面〕42618
在リ面ニ　33
猫ネコ面ノ　38

オモヒ（思）
〔思〕10462
思ヒ　160
肝カン膽タン之思ヲモヒ　134
飾カサリ面ヲ　85
海（ノ）面（ニ）　71

オモフ（思）
〔思〕10462
思フ　102
乍ナカラ思ヒ　147
思ヲモフ　221
雖（モ）思（フ）ト　247
〔憶〕11295
可憶ヲモフ　85
〔懐〕11456
不ス懐オモハ　190
〔欲〕16080
欲オモ（フ）尋タツネウト　33

欲モフ知（ラ）ウト　34
欲フ報セント　129
欲フ入ト　142
欲ヲモフ交マシハラウト　143
欲ヲ（モ）フ…行セウト　151
欲フ…嘔クンセウト　156
欲ヲモフ…排ヒラカウト　156
欲ヲモフ　163
欲（ラ）　164
欲フ　165
欲フ…テ（ママ）　170
欲フ…趍ワシラウト　180
欲フ途トケムト　183
欲（ラ）前ス、マウト　222
欲フ添ソヘム（ト）　230
欲フ拂ハラハント　239
欲フ倒クツサム　240
欲フ千モトメムト
〔難〕42145
難ヲモウ知シラウ　カタシ　143

オモブク（趣）
オモブク（趣）（四段）
〔趣〕37207
趣ヲモフ屠トニ之羊ヒツシ　146
オモブク（趣）（下二段）
〔趣〕37207
欲スレハ趣ヲモフケムト　29
オヤ（親）
〔親〕34918
親ヲ　197
オヨス（凡）
〔凡〕01739
凡ヲヨス　96
オヨブ（及）
〔迫〕38791
未イマタ迫ヲヨハ　32
オリモノ（織物）
〔繪〕27964
繪ヲリモノ　44
オル（織）
〔織〕27892
織ヲレトモ而　48
〔裁〕34258
裁ヲレトモ而　48
オロカ（愚）
〔愚〕10946
愚ヲロカニ　119
オロソカ（疎）
〔疎〕22002
如シ疎ヲロソカナル（カ）　116
疎ヲロ（ソ）カ…也　119

カ

カ（助詞）
〔歟〕16226

和訓索引　カ～カク

所トコロ貽ノコセル歟カ　59
所勞イタハル歟カ　59
再フタ、ヒ來キタル歟　92
後身歟　92
[補讀]
何(イツレノ)日カ　22
詎タレカ　137
雨カト　221
月カト　222
ガ(助詞)→ゴトシ、タメ、ユヱ
[乞]00125
白ハク鷗ヲン鷗カモメ之カ翅ッハサ　73
楊ヤウノ貴妃ヒ之カ後身歟　92
王昭セウ君之カ再フタ、ヒ來キタル歟　92
陽ヤウ公コウ之カ鶴ツルノ　97
仲ウ舒ッカ之舊ク道タウヲ　138
己ヲノレカ之矇モウ愚クヲ
[補讀]　187

榮エイ期キカ頷モテアソヒシ(モ)　12
高ウ(?)橘介カ所ロ作ル　38
近藤掾カ所作　39
六秦シム介カ所作　40
上生林リン菀ヱンカ所勞イタハル　59
下若尺村スンカ所トコロ貽ノコセル　59
樵セウ翁ヲウカ視ミシモ二仙セン之碁ヲ　62
幹カリウカ林能レ筆ヒツ　89
篤アッ木カ薄ウス樣ヤン　89
爲二啓ケイセムカ　135
ガ(造語成分)
[賀]36725
伊-賀-干苴　211
カイ(楫)
[楫]
挾カイ楫母　78
挾カイ楫(カチ)「ソロヘタ」(消)　77

カイコ(存疑)
[挾抄]12118 11863
挾カイ抄コ　68
カガミ(鏡)
[鏡]40812
鏡　80
カガリビ(篝火)
[篝火]26320 18850
篝カ、リ火　84
カキ(柿)→クシガキ、ヨシノガキ
[柿]14681
串柿
吉-野-柿　52、108
カギリ(限)
[限]41627
有リ限カキリ　214
カク(懸)
[懸]11462　195

一四五

〔カク〕

- 懸カク ……202
- **カク**〔掛〕……84
- 〔懸〕11462　懸カケ ……65
- **カク**〔缺〕　〔闕〕41456　闕カク ……216
- **カクナハ**（加久繩）　〔搔繩〕12477 27937　搔カク繩ナワ ……102
- **カクノゴトシ**（如是）　〔如此〕06060 16259　如此之間タ ……157
- 如シ此カクノ　如（キ）此（ク）　〔若此〕30796 16259　若（キハ）此ノ ……219
- **カゲ**（影）……91

- 〔景〕13983　景ヲ ……199
- 〔蔭〕31840　陰ヲ　陰ケ ……166
- **カケゴ**（懸籠）　〔懸籠〕11462 26752　懸籠 ……200
- **カケバン**（懸盤）　〔懸盤〕11462 23036　懸-盤 ……82
- **カケル**（翔）　〔翔〕28689　翔カケリ ……81
- **カケワニグチ**（懸鰐口）　〔懸鰐口〕11462 46337 03227　懸鰐ワニ口ノ ……25
- **カサ**（笠）→アヤキガサ、カラカサ ……38

- 綾アヤ藺ヒ笠　〔笠〕25924 ……41
- 唐カラ笠　唐笠 ……45
- **カサナル**（重）　〔複〕34417　複カサナリ ……83
- **カサヌ**（重）　〔累〕27343　累カサネテ月ニ ……103
- **カサネ**（重）　〔重〕40132　衝ツク-重 ……168
- **カサネテ**（重）　〔重〕40132　重テ悦フ ……217
- **カサメ**（擁劍）　〔擁劍〕12781 02245　重-悦フ ……104

擁釵（釵）

カザル（飾）
〔飾〕44111
飾カサリ面ヲ　109

カシ（存疑）
矴カシ
〔矴〕24029　84

カシラ（頭）
〔首〕44489
師子首カシラ　68

カズ（數）
〔員〕03633
有アリ員カス
〔數〕13363
數カス多ヲ、シ
數少スクナシ　40

カスガモヒ（春日坏）
〔春日坏〕13844　13733　05090　4　70　243

春‐日‐坏カスカモヒ　217

カズフ（數）
〔計〕35220
計カスヘテ
計カスウ　19

カゼ（風）
〔風〕43756
朝（ノ）風
風（ノ）燭　251
綻フクロフ風ニ　49
風　88
昔ノ風ヲ　118
風　125、221
潤タニノ風セ　155
風ノ聲コへ　196
風セ　199
カゾフ（數）→カズフ　236
〔校〕14713
校カソへ　87

〔計〕35220
計カソウ　62

カタ（型）
〔形〕09969
鋋ナマリ形カタ　43

カタ（方）→キシカタ、コノカタ
〔向〕03301
向前キシヤ（「カ」の誤か）タノ　86

カタ（肩）
〔肩〕29299
片カタ
〔片〕19813
片カタ
片カタミ　217

比ナラヘテ肩カタ□（「ヲ」）か　186

カタガタ（片々）
〔片々〕19813　00097
片カタ　217

カタガヒ（片飼）
〔片飼〕19813　44107　87

片カタ飼カヒ駒コマノ　249

カタシ〔難〕
42145　10
難カタシ預アツカリ　25
難カタシ戴ノセ　33
難カタシ忍シノヒ　66
難カタシ解トケ　84
難カタシ弁へ　91
難(ク)堪(へ)　104
難カタシ蕩トラシ　125
難カタシ辭シ、　140
難カタシ散サシ　143
難ヲモウ知シラウ／難カタシ堪タへ　190
難カタシ繋ッ(ナ)キ　244

カタジケナシ〔忝〕
〔忝〕10348　152
忝カタシケナル(ク)

カタシホ(堅鹽)〔堅鹽〕
05210　47579　120
堅カタ鹽シヲ

カタナ(刀)→コガタナ　47

〔刀〕01845　80
包ハウ丁ーノ刀
小刀

カタビラ(帷)〔帷〕08954　120
湯帷

カタラフ(語)〔語〕14378　184
期カタラテ
期五カタラテ

カヂ(楫)〔楫〕15168　67
楫カチ
挟カイ楫「ソロヘタ」(消)
楫カチ

カチグリ(搗栗)　77

〔搗栗〕12480　14695　214
搗カチ-栗

カヂトリ(楫取)→カムドリ

カツウハ(且)〔且〕00029　187
且カツウハ

カツガツ(且)〔且〕00029　158
且カツく
且カッく以

カツハ(且)〔且〕00029　224
且ハ
且カツく
且ハ

カヅラ(葛)〔葛〕31420　187
甘葛

カトリ(縑)〔縑〕27750　107

縑

カナ〔哉〕　43
〔也〕00171　拙ッタナキ也カナ
〔哉〕03596　命ナルカ二哉（ナ）

カナシム〔悲〕　111
〔悲〕10720　悲 カマシム（ナ）

カナフ〔叶〕　111
〔協〕02742　相協カナハ、

カナヘ〔鼎〕→アシガナヘ　166
斳13576　斳

カナラズ〔必〕　157
〔必〕10299　必ス
必ラス

カニシマ〔蟹島〕　238
〔蟹嶋〕33668 08434　蟹カ二嶋

カノコノリ〔江亂海示〕　208
〔江亂海示〕17140 00214 17503 24623　江-亂-海-示 カノコノリ

カノノッシモ〔鹿角草〕　208
〔鹿角草〕47586 35003 30945　鹿-角-草 カノ、ツシモ

カハ〔川〕→オホカハ　73
〔河〕17245　至タル河（二）

カハ〔皮〕→アシカハ、イロカハ、シラカハ、ムラサキカハ　71
〔皮〕22823　足皮 カハ
〔革〕42710　41

革カワノ帯ヲヒ　37
白革 カワ　42
紫ムラサキ革 カワ　42
色-革　249
樺カハ

カバ〔樺〕
〔樺〕15497

カハシリケレ〔革尻切〕　41
〔革尻切〕42710 07634 01858　革カワ尻シリ切ケレ等也

カハホネ〔川骨〕　83
〔川骨〕08673 45098　川-骨

カハラ〔瓦〕　209
〔瓦〕21438　瓦ヲ

カヒ〔飼〕→カタガヒ、トリカヒ　220
〔飼〕44107

和訓索引　カヒ～カリ

カフ〔飼〕　44107
　飼カヰ
　片カタ飼カヒ駒コマノ
　自ヨリ鳥ニ飼カヒ
〔5〕

カブラ〔蕪〕　32004
　蕪カフラ
〔178〕

カブリ〔冠〕　01580
　冠カブリ
〔18〕

カブル〔蒙〕　31555
　蒙カフル賞生ヲ
　非スハ蒙カフルニ
〔37〕

カヘス（返）〔耕〕　28907
　不ス耕カヘサ
〔210〕

カヘリミル（顧）〔顧〕　43689
　不ス顧
　顧カヘリミルニ私ヲ
〔12〕

カヘル（返）〔返〕　16349
　歸カヘタムコト（ラ）
〔249〕

カマ（蒲）〔蒲〕　31611
　蒲カマ
〔75〕

カマ（釜）〔釜〕　40164
　釜-等
〔58〕

カマビスシ（喧）〔喧〕　03976
　喧カマヒスシ耳ニ
〔219〕

カミ（紙）〔紙〕　27293
　紙ノ表ウヘニ
〔233〕

カミ（髪）〔髪〕　45400
　剃ソリ髪カミヲ
〔160〕

カムドリ（楫取）〔梶取〕　14889　03158
　梶カムトリ
　梶取カムドリ
〔247〕

カモ（賀茂）〔賀茂〕　36725　30833
　賀茂ノ祭リノ間ニ
〔164〕

カモメ（鷗）〔鷗〕　47268
　白ハク鷗ヲンカモメ之カ翅ツハサ
〔235〕

カラカサ（唐笠）〔唐笠〕　03709　25924
　唐カラ笠
　唐笠
〔73〕　〔45〕

カリ（雁）
〔83〕

一五〇

〔鴈〕46734
秋ノ鴈　148

カリバネ（鴈鼻）
〔鴈鼻〕46734 48498
寫（鴈）カリ鼻ハネ　43

カリヤス（苅易）
〔苅易〕30771 13814
苅カリ易ヤス　45

カリヤナグヒ（狩簗）
〔簗〕26148
簗カリヤナグヒ
簗ヱヒラ　41

カル（枯）
〔枯〕14579
枯カレマウコトヲ（ナ）　166

カレ（彼）
〔彼〕10066
此コレ彼カレ　87
彼カレニ　238

カレコレ（彼此）
〔彼此〕10066 16259
彼レノ此レノ
彼ノ此レノ　177

カロシ（輕）
〔輕〕38346
蹄ヒツメ　輕カロシ　3

カワク（乾）
〔乾〕00204
蹄（ア）シ（ヒツメ?）輕（シ）
未イマタ乾カハカサルニ　146

カンナ（假名）
〔假名〕00835 03297
假カン名ノ　9

キ〈助動詞〉
〔補讀〕　90

キ

齗モテアソヒシシ（モ）　62
〔視〕視ミシモ　62
謠ウタヒキ　63
去サリシ　66
〔輕〕従ヨリ下ク（タリ）シ　66
知シリキ　93

キ〈木〉→アツギ、ユミキ
〔木〕14415　46
弓木　89
篤アツ木カ　88

〔樹〕15496
岸キシノ樹　125
觀スル樹ヲ之
樹ニ　166

キク〈聞〉
〔聞〕29104
聞キク風ヲ　34
聞キイテ古シエヲ　35

和訓索引　キク〜キユ

　　一五二

キタル（來）

〔向前〕03301 02011
向前 キシヤ「カ」ノ誤カ）タノ
　　　　　　　　　　86

〔向前〕
向前（向前）
　　　　198

キシカタ（向前）
岸 キシノ樹
昇ノホテ岸 キシニ
　　　　　91

〔岸〕08009
キシ（岸）
所ロ萌 キサ（ ）ム
　　　　　33

〔萌〕31265
キザス（兆）
上ケ聞 キコエン
　　　　235

〔聞〕29104
キコユ（聞）
聽 キクニ
　　　　71

〔聽〕29211
聞ク
　　87

欲ホシ聞（カムト）
　　86

〔來〕00581
其ソノ來 キタルコト
　　　　114

來 キタ（レリ）也
　　　　37

來（リ）睦ンツフルモノ
　　　44

再フタ、ヒ來 キタルモノ
　　　44

來 キタテ西ヨリ
　　　44

飛ヒ來テ
　　182

將マサニ來 キタラ（ムト）ス
　　158

キヌ（衣）
　　155

〔絹〕27470
例レノ絹
　　92

絹
　70

長絹
　65

〔衣〕34091
表ウヘノ衣 キヌ
　　17

キハマリ（極）
〔涯〕17582
無シ涯 キハマリ

キハマル（極）
〔谷〕36182
惟コ、二谷 キワマリ
　　193

キハメ（極）
〔涯〕17582
月ノ涯 キハメ
　　6

キボソシ（細）
〔纖〕28072
纖 キホソク ヒソヤカニ
　　194

キホフ（競）
〔競〕25831
競 キヲフテ而
　　85

キモノ（着物）
〔服〕14345
爲ス服 キモノト
　　246

キユ（消）
〔消〕17529
消 キユルコトヲ 熖トホヒノ矢
　　142

キリ〈霧〉
霧　42418　……168

〔霧〕
霧

キル〈剪〉
〔剪〕02088
剪キラム　……22

キル〈着〉
〔着〕31410
著キテ　……85

著キテ錦ニシキヲ　……160

キレ〈切〉→ケレ

ク

クガ〈陸〉
〔陸〕41708
就ック陸クカニ　……71

クサ〈草〉→ツユクサ

〔草〕30945
鴨頭草ツキクサ　……45

クサビラ〈疏〉
〔疏〕22000
疏クサヒラ　……213

クサリ〈鎖〉→イロヘクサリ

〔鎖〕40435
兵庫コ鎖　……38
綵イロヘ鎖イサリ　……38
豆マメノ鎖リ　……38

クシガキ〈串柿〉
〔串柿〕00080
14681
串柿　……52、108

クスリ〈薬〉
〔薬〕41725
陽クスリヲ　……163

クダス〈下〉
〔降〕41620

降クタセリ　……113

クダル〈下〉
〔下〕00014
従ヨリ下 ク(タリ)シ　……66

〔降〕41620
降クタル　……28
降クタル　……140
降クタル條エタヲ　……221
降クタテ

クダン〈件〉
〔件〕00410
件ノ會エ　……172
件ノ會　……204
件ノ所　……222

クチ〈口〉→エグチ、ワニグチ

〔口〕03227
懸鰐ワニノ口　……38
江口ニ　……75
口峻ハケシク　……77

和訓索引　クチ～クム

クチ
口(二)
口ニ
人ノ口ニ

クチナシ(梔子)
〔梔子〕07936 06930
岐子クチナシ

クツ(腐)
〔朽〕14439
朽クチ而モ

クツ(靴)
〔沓〕17206
毛沓

クヅス(崩)
〔倒〕00767
欲フ倒クッサム

クヅル(扇)
〔頽〕43518
頽クヅレテ

99　137　235　45　233　43　239　244

クニ(國)
〔國〕04798
國々

クニグニ(國々)
〔國國〕04798 04798
國々

クニシマ(柴嶋)
〔柴嶋〕14664 08434
柴ヶ嶋

クハ(桑)→コクハ
〔桑〕14772
桑

クハタツ(企)
〔企〕00422
企クワタツ

クハフ(加)
〔加〕02297
加(ヘ)タリ
加ハウ
加テ恐ヲ

94　7　6　73　76　76

クヒ(杭)
〔杭〕14494
杭ト「ク」ノ誤カ」イ

クビ(頸)
〔頸〕43515
鳥頸

クボツキ(窪杯)
〔窪杯〕25580 04930
窪-坏
窪坏

クマ(曲)
〔曲〕
〔限〕41748
猪ヒノ限クマノ

クム(汲)
〔汲〕17163
〔斛〕13517
斛シン酌ヤクヲ
斛シ酌クミヲクム

167　38　217　40　67　224　168

クモ（雲）〜クロゴメ

不 ル汲クマ水ヲ之 …… 115
酌クムテ水ヲ似 …… 164
斟シンヤクヲ クミシ酌クム …… 167

クモ（雲）
〔雲〕42235
苦コン（?）山之雲ヲ …… 115
如シ雲ノ …… 148
峯ノ雲ヲ …… 200
雲（ク）モ …… 236

クユ（悔）
〔悔〕10659
悔クヒ心ヲ …… 114
可シ悔クユ …… 167

クラ（鞍）
〔鞍〕42815
馬ノ鞍クラヲ …… 8
打ウチ出イテ鞍 …… 38

鞍クラ …… 38
鞍 …… 39

クラシ（暗）
暗クラシ
〔暗〕14065
バグリ …… 220

クリ（栗）→イガグリ、カチグリ、タン
栗 …… 52、108
〔栗〕14695
丹-波-栗 …… 214
秋イカ-栗 …… 215
搗カチ-栗 …… 215

クル（暮）
〔暮〕14128
暮クレテ …… 58

クルベク（轉）
〔眩〕23254
眩クルヘイテ而 …… 128

クルミ（胡桃子）
〔胡桃子〕29400 14757 06930
胡-桃-子クルミ …… 212

クレナヰ（紅）
〔紅〕27243
紅
染ソミ紅ニ …… 45、60

クロ（黒）
〔黒〕48038
赤黒

クロウルシ（黒漆）
〔黒漆〕48038 18108
黒漆
黒-漆 …… 53

クロガネ（鐵）
〔鐵〕40991
鐵クロカツノネ …… 38、43

クロゴメ（黒米） …… 46

ケ

〔黑米〕
黑米　48038
黑米　26832
205

クワヰ（慈姑）
〔田豆〕21723　36245
田豆クワヰ
215

ケグツ（毛沓）
〔毛沓〕16772　17206
毛沓
43

ケサノユテ→イサギヨクス

ケレ（切）
〔切〕01858
革ｶﾜ尻ｼﾘ切ｹﾚ等也
83

コ

コ（濃）
〔濃〕18442
邑ムラ濃コ
44

コ（籠）→カケゴ、シタミコ

コ（籠）
〔籠〕26752
革ｼﾀﾐ籠コ
懸籠
79

コ（粉）
〔粉〕26872
小麥粉コ
82

コガタナ（小刀）
〔小刀〕07473　01845
小刀
121

コガネ（金）
〔金〕40152
80

金ヲ
220

底ソコノ金ヲ
240

コグ（漕）
〔漕〕18131
漕コキ出イテ、
75

コクハ（獼猴桃）
〔獼猴桃〕20748　20553　14757
獼猴桃
獼猴桃
109

コケ（苔）
〔苔〕30778
苔コケ
233

ココニ（茲）
〔于斯〕00252　13563
于斯ニコレ
于斯ニコレ
184

〔惟〕10820
惟コ、ニ谷キワマリ
142

〔爰〕19672
爰コ、ニ
7

和訓索引

ココロ〔心〕

爰復マタ
爰(ニ)　　66、174、204、248
爰復(ニ)〔爰復(ニ)〕10295　32

〔心〕10295
心ハ　4、134
瑩ミカク心ヲ　16
心　31
催モヨホス心ヲ　100
悔クヒ心ヲ　114
心ヲ　160、165
納ヲサメ心ヲ　184
冷スサマシ心ニ　196
心ロ　220
心ノ裏ウチニ　235
飽アキヌ心ニ　248
情コ、ロ　183
〔情〕10756
人ノ情ニ　230

〔意〕10921
僧ノ意ロ　128

ココロザシ〔志〕
〔志〕10331
志コ、ロサシノ　122
志コ、ロサシハ　126
志コ、ロサシヲ　161
塵チリノ志ヲ　222

ココロブト〔心太〕
〔心太〕10295　05834　208
心-太

ココロヨシ〔快〕
〔快〕10369
快コ、ロヨク　10、87、152

コスロフナト
不怕コスロフナト
不怕〔不怕〕00019　10448　99(存疑)

コゾ〔去年〕

〔近曾〕38752　14299
近曾コゾノ　188

コタフ〔答〕
〔酬〕39850
酬コタヘムト徳ヲ　138

コト〔事〕
〔事〕00241
事(ノ)由ヨシヲ　29
事ノ由ヲ　100
觸フレテ事　135
事與ト願元　157
事(ノ)外ニ　189
御事　192
品ミシナ〳〵事　223
此ノ事ヲ　237

コト〔琴〕
〔琴〕21079
箏(ノ)琴　82

琴コトノ絃ヲノ　93

コトゴトク（悉）
〔悉〕10635
悉コトくク　193
悉（ク）　201

コトシ（今年）
〔今年〕00358 09168
今年　169

ゴトシ（如）
〔如〕06060
如シ忘ワスル、（カ）　19
如シ海カイノ　57
如シ山海ノ　69
如飛　71
如シ頻ヒ伽カノ　85
宛如シ　97
如此之間タ　102
宛如（シ）千歳ノ　107
如（シ）得ルルカ　114
如シ疎ヲロソカナル（カ）　116
如雲ノ　148
如シ…雪ノ　149
如シ此カクノ　157
如シ亘ワタル　179
如（キ）此（ノ）　219
如シ微ヒ溜リン　224

コトニ（殊）
〔殊〕16451
殊コトニ　48

〔特〕20013
特コトニ　167, 220, 224, 250
特ニ　232

ゴトニ（毎）
〔毎〕16725
毎（二）舩　76

〔補讀〕

老ラウ若コトニ（？）シヤク　174

コトバ（言）
〔言〕35205
以功タク（ミナル）言ヲ　76
雖トモ…言コトハナリト　192
〔詞〕35394
詞狎ナレタリ　78

コノ（此）
〔此〕16259
此（ノ）　58, 99
此（レ）　91
此ノ　141
此ノ會ニ　185
此會ノ　202
此ノ事ヲ　237

コノカタ（以降）
〔以降〕00388 41620
以降コノカタ　175

コノシロ（鮬魚）
〔制魚〕01961 45956
制魚コノシロ
コヒ（鯉）
〔鯉〕46182
鯉
コフ（戀）
〔戀〕11504
戀コフル
コブシハジカミ（擧薑）
〔擧薑〕12863 32110
擧薑コフシハシカミ
コホリ（氷）
〔氷〕17087
コホリ（郡）
潤タニノ氷リ
寒谷之氷 コホリヲ
〔縣〕27784

242　115　210　160　52　53

州シウ
縣源 コホリ之
コマ（狛）
〔狛〕20349
柏（狛）
コマ（駒）
〔駒〕44663
過スクル隴ヒマヲ之駒
片カタ飼カヒ駒コマノ
コマヤカ（濃）
〔濃〕18442
濃コマヤカニ
コムギノコ（麺）
〔小麥粉〕07473 47717 26872
小麥粉コ
コメ（米）
〔米〕25221
穀コメ
〔米〕26832

44　121　153　249　145　96　238

米
黑米
コモ（薦）
〔石純〕24024 31545
石純コモ
コユ（越）
〔越〕37110
越コエヲ海ヲ
コレ（之）
〔之〕00125
之ヲ
進上之ヲ
之（ヲ）
奉ホウス之ヲ
忘ヘ（ケム）之（ヲ）乎
奉（ル）之ヲ
之ニ
承ウケタマハル之ヲ

22、47、244

229　183　158　134　122　98　54　244　71　207　205　109

和訓索引　コレ〜サ

在之コレカアラム也　233
奉ス之ヲ　249
〔斯〕13563　184
于二斯一 コレ　22
〔是〕13859　61、87
是レ同ナシ　88
是　93
是也　100
皆是　122、191
是(レ)至イタリ　176
是(レ)　245
是「以」(消)
是則チ
是是
〔此〕16259
此(レ)　55
在リ此二　63
此コレ彼カレ　87
此ノ(レ)　91

此二　97
彼ノ此レノ　177
〔茲〕30911　249
雖此レ…ナリト　20
因テ茲ニ
コレラ（此等）16259、25992　77
此等(ノ)
〔此等〕
コロ〔頃〕
中間コロヨリ　175
〔間〕41249
日者コロノ　140
〔者〕28853
コロトシ（頃年）→トシゴロ
頃年コロトシ之間　18
〔頃年〕43338、09168
コロホヒ〔比〕
〔比〕16743

同シ二比一コロヲヒニ（返點ママ）　32
温和ノ火之比コロヲヒ　113
コロモ〔衣〕34091
春ノ衣モヲ　49
染衣(ヲ)之侶トモニ　147
コエ〔聲〕29166
罵ウクヒスノ聲コヘ　58
聲コヘハ　85
風聲コヘ　196
聲コヘ　198
〔聲〕

サ

サ〔造語成分〕
〔狹〕20428
若狹(ノ)布　121

サイハヒニ（幸）
〔幸〕
09176
幸ニ　……113

サカ（造語成分）
〔作〕
00518
美作ミマサカノ／新シン司シ　……32

サカ（坂）
〔坂〕
04910
鳥-坂-苔　……207

サカツラ（逆頬）
〔逆頬〕
38849
43496
逆サカ-頬ツラ　……41

サカヒ（境）
〔境〕
05409
入テ境サカヒニ　……34

サキ（先）
〔先〕
01349
先サキニ　……192

サキラ（吻）
〔吻〕
03375
吻サキラ　……85

サク（裂）
〔折〕
11890
折サイテ　……153

サグル（探）
〔探〕
12276
探サグリ　……187

サケ（酒）
〔酒〕
39776
酒
酒-等（ナリ）也　……109、122

ササグ（捧）
〔捧〕
12189
捧サ、ケテ頂ヲ　……136
〔拮〕
12041
拮サ、ケ措（キ）ヲシテ　……59、129

ササゲ（大角豆）
〔大角豆〕
05831
35003
36245
大-角-豆サ、ケ　……206

サス（指）→サヲサス
〔差〕
08732
差サシテ使
差シテ使　……54

サダマル（定）
〔定〕
07109
定サタマレル様ヤウ　……49

サヘヅル（囀）
〔囀〕
04614
囀サヘツテ　……149

サマ（様）
〔様〕
15457
様々　……231

サマザマ（様々）
〔様様〕
15457
15457
様々　……231

和訓索引　サマス〜シカモ

サマス（醒）
〔覺〕34973
覺サマス眠ネフリヲ之　199

サムシ（寒）
〔寒〕07239
寒シ身ニ　199
寒シ　196

サメツカ（鮫束）
〔鮫束〕46127 14480
鮫サメ束ツカ　40

サモアラバアレ（遮莫）
〔遮莫〕39086 31078
遮莫ミミ　180

サラニ（更）
〔更〕14283
更サラニ改ル　36
更サラニ不ス顧　164
更ニ非ス　191

サリ（去）→ユフサリ

サリシ（去）
〔去〕03070
去サリシ五月廿日　66

サル（猿）
〔申〕21726
申時許　253

サル（去）→サリシ

サヲ（竿）
〔棹〕14992
棹サヲ　67

サヲサス（掉）
〔掉〕12243
掉サヲサス　9
掉サヲサス　75
掉サヲサシ舩ニ

シ

シカ（然）
〔爾〕19750
亦マタ爾シカナリ　36

シカシナガラ（併）
〔俾〕00740
俾シカシナガラ　201

シカノミナラズ（加之）
〔加之〕02297 00125
加之シカノミナラス　87

シカモ（而）
〔而〕28871
而シカモ　5
而モ　21、234
而（モ）　101
而モ
朽クチ而モ　233

シカリ（然）
〔然〕19149
使シムル自ヲノツカラ然シカラ也

シカリトイヘドモ（雖然）
〔雖然〕42104 19149
雖然シカリト

シカルヲ（而）
〔而〕28871
而ヲ
而〔ソ〕
而〔ヲ〕

シカレバ（然）
〔然〕19149
然而シカレトモ

シカレドモ（然而）
〔然而〕19149 28871
然シカレハ

シキ（敷）→ウハシキ
〔敷〕13359

223　173　200　18　238　72

塗ヌリ→折-敷
折-敷

シキタ（敷板）
〔櫪〕15846
櫪シキイタノ上ニ

シキリニ（頻）
〔頻〕43519
頻シキリニ

シク（布）
〔布〕08778
布シク

シゲシ（繁）
〔稠〕25130
稠テチウシン
稠シケキ人ヒト

シタウヅ（鞋）
〔鞋〕43079
鞋シタウヅ等

シタガフ（従）

37　123　236　148　12　218　81

遂シタカウテ物ニ
〔遂〕38985

〔隨〕41871
隨テ御氣キ色ソクニ
隨テ其ノ氣ケ色シキニ
隨テ節ニ
可シ隨シタカウ

シタナガアブミ（舌長鐙）
〔舌長鐙〕30277 41100 40904
舌長鐙
舌長鐙

シタミコ（簟籠）
〔簟籠〕31255 26752
簟シタミ籠コ

シヅカ（静）
〔静〕42578
静シツカナル窓ニ

シヅマル（静）
〔寂〕07200

198　79　38　231　106　31　24　100

シツマル
斂ヲサマリ 寂シツマリ — 70

シテ（助詞）→トシテ
〔而〕28871 — 102
遙而シテ
深フカク而（シ）テ — 103

シナ（級）
〔姿〕06257
瞻マフルニ姿シナヲ — 90
品ミニ
〔品〕03581 — 91
品シナミニ
〔品〕03581 — 90

シナジナ（品）
〔品〕03581
品シナ〱〲事 — 223

シノブ（忍）
〔忍〕10312
難カタシ忍シノヒ…ニ — 33
忍ヒ困タシナウテ／シ — 184

シノブナシ（信布梨）
〔信布梨〕00707 08778 14873
信-布-梨 — 214

シバシバ（屢）
〔屢〕07787
屢シバく — 149

シバラク（暫）
〔暫〕18179
漸シバラク — 244

シヒ（椎）
〔椎〕15024
椎シヒ — 215

シホ（鹽）→ヒシホ
〔鹽〕47579
堅カタ鹽シヲ — 121
酢-鹽
甘鹽シホノ — 211

シホヒキ（鹽曳） — 231

〔鹽曳〕47579 14282
鹽ヲ曳ヒキ — 135

シマ（島）
〔嶋〕08434
柴ク嶋
蟹カニ嶋 — 73
〔嶋〕08435
犬嶌ニ — 73

シム（令）
〔令〕00387
令シメテ持モタ — 75
〔使〕00573
使シムル自ヲノツカラ然シカラ也 — 122

シラカハ（白革）
〔白革〕22678 42710
白革カワ — 72

シラハシ（白箸）
〔白箸〕22678 26224 — 42

白-箸　219

シリ〔尻〕
〔尻〕07634
従ヨリ大-河尻リ　74
革カワ尻シリ切ケレ等也　83

シリゾク〔退〕
〔退〕38839
退シリソカウト□□□ヘスレハ　6
進シス、ミ退シリソク　142
退シリソイテ-而　171

シル〔知〕
〔知〕23935
欲モフ知(ラ)ウト　34
知ル我ヲ　35
不ス知シラ　55
知シル　60
知シリキ　93
知シレリ　94
知レリ　95

知〔レリ〕
知ル　95、95、96
難ヲモウ知シラウカタシ　141

シロイヲ〔白魚〕
〔鮮〕46124
鮮シロイヲ　143

シロカネ〔銀〕
〔銀〕40355
銀ノ　53

シワ〔皺〕
〔皺〕22899
皺シワ　217

ス

ス〔洲〕
〔洲〕17413
…　149
一ノ洲 ス　72
二(ノ)洲　72

ス〔為〕→マサニ

ス〔欲〕
〔欲〕16080
欲スレハ趣ヲモフケムト　29
欲スレハ…背ト　171

〔為〕19686
為ス膳セント　5
為ス服キモノト　6
何イカ、為セム　30
為ス宗ト　31
為宗ト　202
為本ト　203

ズ〔不〕→イマダ、シカノミナラズ
〔不〕00019
不ス遑イトマアラ勝ソウ計ケニ　4
不シテ採トラ　5
不ス耕カヘサ…ヲモ　5

和訓索引　ズ～スシホ

不認トメ	更サラニ不ス顧	不シテ誦スセス	不シテ取トラス	不カラス涼ス、シ	不ル拾ヒロハ薪タキ、ヲ之	不ル汲クマ水ヲ之	不怕コスロフナト	不慊レンセサレ者也	不奈（トモセ）ナソヤ	不奈ナソヤ（?）	不ス能アタハ賣アカラ目スルニ	不ス知シラ	不ス見エ	不レ耐ヲサへ	不ス通トウ	不（ハ）預アツカラ	不ス敢アヘテ毛モウ擧コ
173	164	137	136	125	115	115	99	99	97	97	91	55	48	29	26	23	17

スシホ〔酢鹽〕

スクナシ〔少〕07475
〔少〕

数少 スクナシ
スグル〔勝〕02409
〔勝〕尤勝タリ
不可勝計ケ
不可（カラ）點（默）モタシテ
不ス可へ據ヨル
不能一二ツハヒラカニ
不多（カラ）
〔未〕14419
未多 スタ有
未セス長
未ス明アキラカナラ
スケ〔助〕00359
〔介〕
高ゥ（?）橘介カ
六秦シム介ヵ所作
ススブ〔遊〕
〔蚘尾〕32820 07650
蚘尾ススヒ
ススマジ〔冷〕
〔冷〕01622
冷スサマシ心ニ
スシ〔鮨〕
〔鮨〕46123
鮨スシ

196	145	100		220	219	111		243	239	238	229	205	190	190

スグ〔過〕39002
〔過〕
已過スキ
過スクル隴ヒマヲ之駒
過スク

53	196	90	40	38	62	243

〔酢鹽〕 酢-鹽 39824 47579　211
スシモノ〔鮨〕 〔鮨〕46123　214
スズキ〔鱸〕 〔鱸〕46600　鱸　52
スズシ〔涼〕 〔涼〕17606　不カラズ涼ス、シ　125
ススム〔前〕 〔前〕02011　欲前ス、マウト　183
〔進〕38943　進ス、マウトスレハ而　6
進ン、退シリソク タイ　142
進-而ス、ムテ　170

スズリ〔硯〕 〔硯〕24233　硯　80
スズリバコ〔硯箱〕 〔硯匣〕24233 02610　硯-匣ハコ　80
スヂ〔條〕→イトスヂ　174
スツ〔捨〕 〔弃〕09594　空(シク)弃スツルコト　90
〔捨〕12191　捨スツ　63、144
スデニ〔旣〕 〔已〕08743　已(ニ)　已(ニ)　已過スキ　已(ニ)絶タエタリ　100
〔旣〕13724　106

既(ニ) スナハチ〔卽〕　3、111
〔便〕00659　便スナハチ　151
〔則〕01994　是レ則チ　245
スノリ〔水雲〕 〔水雲〕17083 42235　水雲スノリ　207
スベカラク〔須〕 〔須〕43352　須スヘカラク　須ヘシ　須ヘカラク…謁アツス　須シスヘカラク　須スヘカラク擇エラム　10
スベテ〔凡〕　101
〔惣〕10829　惣(テ)　173
スマス〔澄〕　96

〔清〕 17695
清スマシ　165

スミ〈墨〉
〔墨〕 05469
墨
繼墨　80

スミ〈炭〉
〔炭〕 18953
炭　120

スミモチヒ〈角餅？〉
〔墨餅〕 05469 44220
墨餅　219、243

スム〈清〉
〔清〕 17695
清スムテ　243

スリ〈摺〉
〔清〕 17695
清スリ　56
〔摺〕 12647
水摺スリ　67

スリイレ〈磨入〉
〔磨入〕 24449 01415
磨スリ入イレ　81

スヱ〈末〉
〔末〕 14420
於テ…末ヘニ　202

セ

セ（造語成分）
〔勢〕 02422
伊勢（ノ）布　121

セ〈石花〉
〔石花〕 24024 30734
石花セ　54

ソ

ソコ〈底〉
〔底〕 09262
底ソコ　60
底ソコニ　126
底ソコノ金ヲ　179
於テ…底ソコニ　201
無ナシ底ソコ　240

ソノ〈其〉
〔其〕 01472
其ノ　8、172、186
其ソノノ來キタルコト　17
隨テ其ソノノ氣ヶ色シキニ　31
其ノ義ヲ　177
其（ノ）時　178
其ノ勢ニ　185

ソビク（聳）〔聳〕29167　聳 ソビケハ　……85

ソフ（添）〔副〕02097　相アヒ副ソヒテ　〔添〕17698　欲フ添ソヘム（ト）　……47

ソム（染）（四段）〔染〕14621　染ソミ紅ニ　……222

ソム（染）（下二段）〔染〕14621　染メテ　……60
染ソミ　……113
染（ムル）衣（ヲ）之侶トモニ　……147

ソムク（背）〔背〕29363　背（カム）トン道ン業ケウヲ　……171

ソモソモ（抑）〔抑〕11883　抑ソモ〳〵　……3、125
抑モ
抑（ミ）　……16、65、145、158、168、182、196、222、228

ソラ（空）〔空〕25415　仰テ空ヲ　……29

ソル（剃）〔剃〕01989　剃ソリ髪カミヲ　……204

ソレ（其）〔其〕01472　其レ　……147

ソレガシ（某）〔某〕14618　某　……237

ソロフ（揃）　……185
〔精好〕26997　06053　精好ソロヘタリ　……77
〔楫〕15168　挟カイ楫「ソロヘタ」（消）　……77

ソエニ（所以）〔所以〕11715　00388　所以ソエニ　……163、225

タ

タ（田）〔田〕21723　田ヲモ

ダ（造語成分）　……5

タカシ（高）〔驒〕45002　飛ー驒ー餅　〔参〕07292　……211

和訓索引　タカシ～タスケ

タカシ〔高〕45313
　高シ　226、239
　高 タカクシテ天ニ　246
　蓼 タカクシテハ　180

タカタチバナ〔高橋〕45313 15551
　高ウ(?)橘介ヵ　38

タカツキ〔高坏〕45313 04930
　高-坏　217

タガヒニ〔互〕00255
　互タカヒニ
　互ニ　36
　〔遞〕39045
　遞タカヒニ　104

タガヘス〔耕〕→カヘス

タカムナ〔筍〕　76

〔筝〕26133　108

タキギ〔薪〕32149
　薪　115
　不拾ヒロハ薪タキヽヲ之　219、243

タキモノ〔薫〕32192
　薫タキモノ　82、88

タクハフ〔貯〕36698
　無シ貯タクハウル(コト)　126

タクミ〔工〕〔巧〕08721
　以功タク(ミナル)言ヲ　76

タケ〔茸〕30918
　平-茸　213
　苦-茸　213

タコ〔蛸〕〔蚓〕32894
　燒ヤイ蚓タコ
　蚓ヤイ蚓タコ　52

タシナム〔苦〕〔嗜〕04089
　嗜タシナウテ　119
　〔困〕04717
　忍ヒ困タシナウテ　184

タスク〔扶〕11840
　扶タスケ　164
　〔資〕36750
　資タスケ　165

タスケ〔助〕02313
　露ロ-見之助タスケ
　〔資〕36750
　資タスケテ　224

寒溫ウン之資タスケヲ —— 111

タダ（唯）
〔只〕03239　只今ィマ —— 218
〔唯〕03761　唯タ、—— 147
唯、—— 248
〔音〕03886　音タ、—— 163
〔徒〕10121　從（徒）タ、—— 63
有リ徒タ、—— 127

タタイヘ〈叩戸〉
〔叩戸〕03238 11696　叩-戸タ、イヘ —— 248

タタク（叩）
〔叩〕03238　叩タ、イテ
叶（叩）タ、イテ —— 115

タダシ（但）
〔但〕00495　但シ恐ヲソラクハ —— 156
但タ、シ —— 110
〔唯〕03761　唯 —— 237

タタミ（疊）
唯シ歎ナケクサクハ（ラ）—— 190
〔疊〕21983　疊 —— 78

タチ（刀）
〔大刀〕05831 01845　大刀 —— 40、81
〔長刀〕41100 01845　長刀タチ —— 41

タチバナ（橘）
〔橘〕15551 —— 38
高ゥ（?）橘介ヵ

花橘

タチバン（立盤）
〔立盤〕25721 23036 —— 108
立タ（チ）盤　〔立盤〕25721 23036 —— 68

タチマチ（忽）→ニハカニ
〔忽〕10405　忽タチマチニ散ス —— 190

タチヤスラフ（俳個）
〔俳個〕00726 00545　俳個タチヤスラフ —— 101

タツ（龍）
〔龍〕48818　龍タツ —— 163

タツ（斷）（四段）
〔絶〕27407　早ク絶タチテ —— 236

タツ（立）（下二段）
〔立〕25721 —— 203

タヅヌ（尋）
〔尋〕07447
欲オモ（フ）尋タツネウト
尋タツネ□　33
何（ソ）立（テム）…乎　116

〔温〕17968
温タツヌルニ　137

〔習〕28672
習タツヌ今ヲ　16

タデ（蓼）
〔蓼〕31744
蓼　35

タテキチャウ（立几帳）
〔立几帳〕25721 01737 08939
立几帳　213

タテマツル（奉）
〔奉〕05894
奉タテマツリテ儲マウケ　78、150

タニ（谷）
〔澗〕18253
澗タニノ風セ　199
澗タニノ氷リ　242

タノミ（頼）
〔憑〕11210
無シ憑タノミ　203

タノム（頼）
〔憑〕11210
憑タノム　20
憑タノテ公之節ヲ　179

タヒ（鯛）
〔鯛〕46226
鯛　52、231

タビ（旅）
〔旅〕13644
旅タヒノ具クン
旅リヨ　クン　30

タフ（堪）
〔堪〕05266
難カタシ堪タへ
難（ク）堪（へ）　91

タマ（玉）
〔玉〕20821
玉ヲ　190
〔珠〕20956
珠ヲ　242
〔璧〕21269
連ヌル璧玉ヲ之志　コ、ロサシヲ　220

タマタマ（偶）
〔適〕39076
適タマ＜　160
適タマ＜以　11、113

タマハル（賜）
〔賜〕36809
賜タマハテ　104

タマフ（給）　10

和訓索引 タマフ〜チカシ

〔給〕27432
分ワカチ給タマエル ……114

賜タマヘ ……167

〔賜〕36809
賜タマヘ ……232

タマミヅ（溜水）
〔涓〕17541
似ニタリ涓タマミツニ ……57

タメ（爲）
〔爲〕19686
爲ニ…セ（ムカ） ……134
爲ニ啓ケイセムカ ……135
爲ニ恩ノ使ッカワサル ……245
爲メナリ表ヘウセムカ…也 ……176

タユ（断）
〔絶〕27407
似タリ絶タヘタルニ ……19
已（三）絶タエタリ ……106

タラク（爲）
〔爲〕19686
爲タラク體テイ ……77

タラヒ（盥）
〔盥〕23041 ……82
盟（盥）

タリ（助動詞・指定）
〔爲〕19686
爲タリ…野人シン ……159

〔補讀〕
芳ハン菲タリ ……36
嫋（セ）モウ〳〵モウタリ ……51
翩ヘン〳〵ヘンタリ ……73
緩火ンユルク〳〵火ンタリ ……74
溶ヨウ〳〵、タリ ……74
彫チウ弊ヘイ也タリ ……247
老ラン邁クン（ママ）タワ（リ）也 ……247

タル（垂）（下二段）

〔垂〕05012
垂（タ）
垂ノレテ ……220

タル（足）
〔足〕37365
云イフ是（「足」か）ト ……249

〔詎〕35370
詎タレカ ……137

タレ（誰）

タンバグリ（丹波栗）
〔丹波栗〕00099 17308 14695
舟（丹）波栗 ……214

チ

チ（茅）
〔茅〕30836
茅 ……107

チカシ（近）

〔近〕
近ク
38752

〔隣〕
隣 チカシ
41847

チサ〔苣〕
〔苣〕
苣 チサ
30794

チチカブリ〔鯛〕
〔鯛〕
46288
-01
鯛 チ、カフリ

チモヒ〔乳垸〕
〔乳垸〕
00190
05090
乳垸

チラス〔散〕
〔散〕
13265
散 チラセリ

チリ
〔塵〕
05388

89　217　109　212　12　155

塵 チリヲ

無(シ)塵

塵 チリノ志ヲ

ツ

ツ〔津〕

〔津〕
17396
津(ノ)

ツカ〔束〕

〔束〕
14480

鮫サメ束ツカ

ツカハス〔遣〕

〔使〕
00573
走ハシリ使シ
ツウ使ツカワサル

為ニ恩ノ使ツカワサル

ツカヒ〔使〕

〔使〕
00573

134　22　40　75　222　71　34

差 サシテ使

付テ使ニ

ツガヒ〔番〕

〔番〕
21858
番 ツカキニ

ツカマツル〔事〕

〔事〕
00241
事 ツカマツルニ公ニ

ツカル〔疲〕

〔疲〕
22084
疲 ツカレテ而

ツキ〔月〕

〔月〕
14330
月ノ眉マユヲ

曉アカツキノ月ヲ

累カサネテ月ニ

月カト

月ノ涯キハメ

246　222　168　156　129　127　246　201　110　54

和訓索引　ツキ～ツクル

ツキ（杯）
〔坏〕04930
窪坏
高‐坏
217

ツギ（継）
〔績〕28037
績ツキ〻ッキニ
繼墨
217

ツギスミ（繼墨）
〔繼墨〕27997 05469
49

ツギツギニ（次々）
〔續々〕28037 00097
績ツキ〻ッキニ
120

ツク（付）→アイヅク
〔著〕31410
媚著アイツク
49

ツク（附）（四段）
〔就〕07599
76

就ツク陸クカニ
就テ中ニ
就テ中
71

ツク（著）（下二段）
〔付〕00373
付テ使ニ
著ツケ
74

〔著〕31410
148

ツク（盡）（上二段）
〔竭〕25803
竭ツキナウコトヲ
110

ツグ（継）（四段）
〔繼〕27997
以テ夜ヲ繼ツク晝ヒルニ
201

〔告〕03381
告ツク
166

ツグ（告）（下二段）
229

ツクエ（机）
250

机
〔机〕14435
机
217

ツクガサネ（衝重）
〔衝重〕34069 40132
衝ツク‐重
216

ツクス（盡）
〔盡〕23029
盡ツクサン
盡ツクス
14

ツクラ（鱰）
〔鱰〕46470-01
鱰ツクラ
123

ツクリ（造）
〔造〕38898
造（リ）
53

ツクル（作）
〔作〕00518
所ロ作ル
77

38

一七五

所（ノ）作（ル）　39

所作（ル）　40

ツケ（付）
〔附〕41606
煎イ‐附ツケ　215

ツケウリ（漬瓜）
〔漬苽〕18167 30827
清（漬）ツケ苽ウリ　211

ツタナシ（拙）
〔拙〕11965
拙ツタナキ也カナ　111

ツチハジカミ（土薑）
〔土薑〕04867 32110
土‐薑　210

ツツシム（愼）
〔謹〕35900
謹（テ）以（テ）　249

ツツミ（包）
〔裏〕34372　211
荏ェ裏ッ、ミ

ツトム（務）
〔勤〕02424
勤ツトメテ　20

ツナ（綱）→トモヅナ

ツナグ（繋）
〔繋〕27940
難カタシ（キ）繋ツ（ナ）キ　244

ツノ（角）
〔角〕35003
角ツノ　46

ツバサ（裏）
〔翅〕28642
翅ッハサ　‐早ハヤシ　3
白ハク鷗ヲン鴎カモメ之カ翅ッハサ

ツバヒラカ（具）　73
詳ッハヒラカニ

ツバヒラカニ（詳）
〔一二〕00001 00247
不能ニニッハヒラカニ（スルニ）　60

ツビ（螺）
〔螺〕33512
螺ッヒ　239

ツヒヤス（費）
〔費〕36717
費ツイヤシテ　53

ツブサニ（具）
〔具〕01473
具ツブサニ　111

ツミ（罪）
〔罪〕28293
罪ツミ也　237

ツミ（積）
〔積〕25266　116

和訓索引　ツミ〜テラス

テ

折-積　218
長-積　218

ツム（積）
積ツウテ　5
積ツミ
〔積〕25266　169

ツモル（積）
積ツモテ
〔積〕25266　225

ツユ（露）
〔露〕42463
同シ露　148

ツユクサ（露草）
〔鴨頭草〕46823 43490 30945
鴨頭草｜ツユクサ
〔鴨頭草〕　45

ツラ（葛）
〔葛〕31420
甘アマ-葛ツラ　206

ツラ（頬）
〔頬〕43496
逆サカ-頬ツラ　42

ツラヌ（連）
〔連〕38902
連ヌル璧玉ヲ之志コ、ロサシヲ　160
連ネテ日ヲ　168

ツリウヲ（釣魚）
〔釣魚〕40172 45956
釣クツリ魚之舩　73

ツリブネ（釣舩）
〔釣舩〕40172 30384
釣舩　84

ツル（鶴）
〔鶴〕47470
鶴ツル　火ク望ハウニ　ノソミ　25
如シ…鶴ツルノ　97

テ（手）
〔手〕11768　16
入テ手ニ
水手フナテ　68
葦手　90
手ニ　136

テバコ（手匣）
〔手筥〕11768 26051
手苔〔筥〕　249

〔手箱〕11768 26209
手-箱　80

テラス（照）
〔照〕19226
照セ　221
照（ス）　240

一七七

ト

ト（助詞）
〔與〕30212　事與ト願元　157

ト（外）
〔外〕05750　外ニ八　26

〔戸〕11696　鳴戸之　86

トガ（答）
〔答〕03493　咎トカ（ナリ）也　115

トキ（時）
〔尅〕07435　昏コン尅コクニ　ユウサリノトキニ　83

〔時〕13890
何（レ）時（ニカ）　24
待マツ時ヲ　106
移ウツル時ニ　133
何レノ時ニ　134
其（ノ）時　178
申時許　253

トキ（節）
〔節〕26243　節（トキ）　242

トク（解）（四段）
〔解〕35067
未イマタ解トカ　8
サルニ解トカ　67
解トク續トモツナヲ　66

トク（解）（下二段）
〔解〕35067
難カタシ解トケ　152
解トケ　169

トグ（遂）
〔遂〕38985　178

可シ逐トク　180
可ヘシ逐トク　46
逐トケン　215
欲フ逐トケムト　22

トクサ（木賊）
〔木賊〕14415　36759
木賊トクサ　28

トコロ（山老）
〔山老〕07869　28842
山ー老　38

トコロ（所）
〔所〕11715
所ロ慮ヲホス　39
所憚ハ、カル　40
所ロ作ル　59
所（ノ）作
所作（ル）
所作ル
所トコロ貽ノコセル歟カ

所（続き）
- 所勞イタハル歟ヵ …… 59
- 所〻 …… 69
- 所トコロノ之ユク（ヲ）…… 122
- 所ロ被ラレタル恩絶セ、 …… 128
- 所ロ萌キサ（ヽ）ム …… 235
- 同所 …… 252

トコロドコロ（所々）
- 〔所々〕11715 00097
- 所〻 …… 69

トシ（年）
- 〔年〕09168
- 頃コロ年トシ之間 …… 3
- 今年 …… 18
- 年シ舊フリテ …… 169
- 年シ變ヘンシ …… 169
- 年シ …… 242
- 年（シ）…… 244
- 年シヲ …… 251

トシゴロ（年頃）→コロトシ

トシテ〈助詞〉
- ［補讀］
- 芬 フン〻フントシテ …… 51

トヅク（届）
- 〔届〕07666
- 届イタル届トツク …… 75

トノ（殿）
- 〔殿〕16651
- 殿トノ、御前センニ …… 11
- （大）殿油 …… 84

トバ（鳥羽）
- 〔鳥羽〕46634 28614
- 鳥羽ハ …… 41

トブ（飛）
- 〔飛〕44000
- 如飛 …… 71
- 飛ヒ來テ …… 158

トブラフ（訪）
- 〔訪〕35284
- 訪トフラハム …… 137

トホシ（遠）
- 〔遠〕39047
- 遠（ク）
- 遠ク …… 56

トボシビ（燈）→トボシミ
- 〔炬〕18949
- 消キユルコトヲ炬トホ（シ）ヒノ矣 …… 154

トボシミ（燭）→トボシビ
- 〔燭〕19480
- 風燭トホシミ …… 193

トホス（通）
- 〔徹〕10245
- 得エムト徹トホスコト …… 88

トボス（燃）
- 〔燃〕19394 …… 24

和訓索引　トボス～トモトリ

燃トホス

トボソ〔櫓〕
〔櫓〕
櫓トホソニ　15450

トマ〔帆〕
〔帆〕
帆トマ　08787

トマ〔苫〕
〔苫〕
苫トマ　30802
苫トマ

トマリ〔泊〕
〔泊〕17275
泊ミトマリ〳〵ノ

〔渚〕17758
渚トマリニ

トマリトマリ〔泊々〕
〔泊々〕17275　00097
泊々トマリ〳〵ノ

69　9　69　68　67　130　84

トマル〔留〕
〔駐〕44660
駐トマリ

トム〔趁〕
〔趂〕37084
趁トメテ
〔認〕35502
不認トメ

トモ〔共〕
〔共〕01458
共トモノ（二）

トモ〔友〕
〔友〕03119
別ワカル友ヲ

トモ（助詞）
〔補讀〕
仰而アヲクトモ
鳴トモ而

25　25　197　250　156　173　236

ドモ（助詞）
〔補讀〕
織ヲレトモ而
裁ヲレトモ而
然而シカレトモ

トモガラ〔侶〕
〔侶〕00647
染（ムル）衣（ヲ）之侶トモ（カラ）ニ

トモガラ〔輩〕
〔輩〕38398
輩トモカラ
輩ハ
輩トモカラ

トモヅナ〔纜〕
〔纜〕28100
解トク纜トモツナヲ

トモトリ〔鞆取〕
〔鞆取〕42794　03158
鞆トモ取リ
鞆トモ取

77　67　193　187　147　173　48　48

和訓索引　トモヘ〜ナガキヌ

トモヘ（艫舳）
〔艫舳〕
30582
30397
艫トモ舳ヘ
68

トラ（虎）
〔虎〕
32675
虎トラ
236

トラク（蕩）
〔蕩〕
32002
難カタシ蕩トラシ〔ケ〕
104

トリ（取）
〔取〕
03158
68

梶カム取トリ
68

湯ユ取トリ
鞆トモ取トリ
77

トリ（鳥）
〔鳥〕
46634
102

鳥（ノ）道
鳥
231

朝來之鳥トリ
234

トリカヒ（鳥飼）
〔鳥飼〕
46634
44107
自ヨリ鳥ー飼カヒ
75

トリクビ（鳥頸）
〔鳥頸〕
46634
43515
鳥頸
40

トリサカノリ（鳥坂苔）
〔鳥坂苔〕
46634
04910
30778
鳥ー坂ー苔
207

トル（取）
〔取〕
03158
取トリ
90

不シテ取トラス
137

〔採〕
12274
不シテ採トラ
5

ナ

ナ（名）
〔名〕
03297
90

假カン名ノ
名ニ
171

ナ（菜）
〔菜〕
31184
青菜ナ名
210

ナカ（中）
〔中〕
00073
就テ中ニ
74

就テ中
148

ナガ（長）
〔長〕
41100
舌長鐙
38

ナガキヌ（長絹）

和訓索引　ナガキヌ〜ナシ

ナガキヌ〔長絹〕
41100 27470
長絹 …44

ナガクス〔長〕→ナガシ
〔長〕41100
未セス長〔ク〕 …111

ナカゴロ〔中〕
〔中間〕00073 41249
中間コロヨリ …175

ナガシ〔長〕→ナガクス
〔長〕41100
長シ …22

ナガス〔流〕
〔流〕17431
流ナカス汗アセヲ …134
流ス涕ナミタ …204

ナガツミ〔長積〕
〔長積〕41100 25266
長‐積〔櫃〕か …218

ナガラ〔乍〕
〔乍〕00130
乍ナカラ思ヒ …102

ナガル〔流〕
〔流〕17431
流〔レ〕テ …244

ナガレ〔流〕
〔流〕17431
徳トク海之流ナカレヲ …111
流ヲ …165

ナク〔鳴〕
〔鳴〕46672
鳴トモ‐而 …25

ナグ〔投〕
鳴〔キ〕テ
〔抛〕11948
抛ナケタリ …149

ナゲキ〔歎〕 …20

ナゲク〔歎〕→ナゲクラクハ
〔歎〕16182
私ワタクシノ歎キシ …162,192
歎ナケタン …7
〔歎〕16182
歎ナケキヲ …248

〔吟〕03330
雖吟ナケクト …165

〔嗟〕04102
嗟ナケク …182

〔慨〕11122
慨ハイウノテ（ナケイテ?） …171

〔歎〕16182
歎ナケク …193

〔歎〕
歎ナケキ …190

ナゲクラクハ〔歎〕→ナゲク
〔歎〕16182
唯シ歎ナケクサクハ〔ラ〕

ナシ〔梨〕
〔梨〕14873

信-布-梨

ナシ(無) …… 214
〔无〕13716
无ナシ …… 6
依テ无ナキニ …… 28
无ナシ儲マウケ …… 30
无假(暇)イトマ稱セウ計ケニ …… 97
无シ益ヤク …… 247
无シ藝ヲキテ …… 247
〔無〕19113
無ナシ定サタマレル様ヤウ …… 48
無雙ナラヒ …… 59
無ナシ底ソコ …… 60
無シ …… 69
無〔シ〕塵 …… 71
無涯キハマリ …… 114
無酖モテアソフコト …… 126
無シ貯タクハウルコト …… 126
無コトヲ …… 172
無シ益ヤクアチキ …… 194
無憑タノミ …… 203
雖モ無シト …… 222

ナゾ(何)
〔何〕00511
何(ソ)立テム …… 116
何(ソ) …… 178
何ソ …… 244

ナヅ(摩)
〔摩〕12613
摩(テ) …… 12

ナッシヤウヅク(夏獎束)
〔夏獎束〕05720 34574-01 14480
夏獎束 …… 109

ナヅナ(薺)
〔薺〕32208
薺ナツナ …… 212

ナツフユ(夏冬)
〔夏冬〕05720 01610
夏冬 …… 37

ナツメ(棗)
〔棗〕14937
干棗 …… 109

ナドモス(何)
〔奈〕05893
不奈(トモ)ナソセ …… 97

ナナメ(斜)
〔斜〕13509
斜ナ、メナリ …… 15

ナニ(何)→ナドモス

ナ(繩)→ムギナハ
〔繩〕27937
麻ヲ繩ナハ …… 47
掻カク繩ナワ …… 216

ナホ(猶)

ナホ
尚〔尚〕 07493　尚ナヲ　似タリ…波ナミニ
猶〔猶〕 20557　猶ヲ

ナマジヒニ〔愁〕　愁ナマシキニ 11216
ナマヅ〔鯰〕　鮀ナマツ 46039
ナマリカタ〔鉞形〕 40507 09969　鉞ナマリ形カタ
ナミ〔波〕　彼〔波〕ナミ 17308
ナミダ〔涙〕　流ス涕 ナミタ〔涕〕17543　涕涙 17543 17644　涕テイ涙ルイヲイフ涙ナミタ
ナラヒ〔習〕 28672　習ヒ
ナラビ〔雙〕 42116　無シ雙ナラヒ
ナラビニ〔竝〕 09170　幷ナラヒニ
ナラフ〔竝〕　幷ナラヒニ

56　43　109　7　223、238　162　231　220

ナラブ〔竝〕　學マナヘリ ナラヘリ 07033　比ナラヘテ肩カタ□〔ニヲ〕か 16743
ナリ〔也〕（助動詞）　使シムル自ヲノツカラ然シカラ也 00171　革カワ尻シリ切ケレ等也　是也　交ケウ接セウ也　言（フナリ）也　六リクヲ〔イフ〕也　知（ル）…也　咎トガ（ナリ）也　罪ツミ（ナリ）也　疎ヲロカ…也リ　洒等（ナリ）也

136　119　116　115　95　95　94　90　88　83　72　186　133

和訓索引　ナリ～ニシムロ

可シ遂トク也ナリ　153
至要(ナリ)也　232
爲メナリ…也　245
本也　254
[補讀]
多ミナリ　68
ナル(成)
〔爲〕19686
未イマタ爲(ラ)…侶トモ(カラ)ニ
スト
可シ爲ナル　147
ナル(馴)
〔狎〕20329　225、225
詞狎ナレタリ
ナルト(鳴戸)
〔鳴戸〕46672 11696　78
ナルハジカミ(鳴薑)
〔鳴薑〕46672 32110　86

鳴-薑　153

ニ

ニ(助詞)　210
〔于〕00252
于ニ斯(コレ)(ニ)
〔於〕13628　184
赳ワシル於俗ソク骨コツノ(ニ)之間　118
[補讀]
於…樞トホソニ　130
十一月ニ　174
ニガタケ(苦茸)
〔苦茸〕30797 30918
苦茸
ニカハ(膠)
〔膠〕29841　213
膠ニカハ　42

ニギメ(和布)
〔和布〕03490 08778　206
和-布
ニゴリ(醴)
〔醴〕40053　212
醴ニゴリ
ニシ(西)
〔西〕34763　184
西ニ
西ノ
西(ノ)京ノ　15
祝(レハ)西ヲ者　39
來キタテ西ヨリ　72
ニシキ(錦)
〔錦〕40569　155
綾錦
着キテ錦ニシキヲ
ニシムロ(西室)
〔西室〕34763 07136　160　43

ニシムロ

□〈西〉□〈室〉〈カ〉作 ……… 1

西室〈カ〉作 ……… 252

ニハカニ〈俄〉 ……… 101
〔俄〕00665 俄ニワカニ

忽ニ 〔忽〕10405 ……… 9

ニハトリ〔鶏〕 ……… 149
〔鶏〕47209 鶏ニハ〔トリノ〕

ニル〔似〕 ……… 19
〔似〕00485 似タリ絶タヘタルニ

雖似〔タリト〕 ……… 54

似ニタリ涓タマミツニ ……… 57

似リ忌〔忘〕タルニ ……… 116

似タリ…波ナミニ ……… 149

ヌ

ヌ（助動詞・完了） ……… 237
〔補讀〕
奉ウケタマハヌ

ヌキ〔拔〕 ……… 42
〔抽〕11930
股モ、抽ヌキ

ヌク〔拔〕 ……… 186
〔抽〕11930
袖〔抽〕ヌカレハ…者

ヌノ〔布〕 ……… 44
〔布〕08778
例布

褐カツノ布 ……… 45

紺コン布 ……… 45

若狹〔ノ〕布 ……… 121

伊勢〔ノ〕布 ……… 121

舟〔丹後〕〔ノ〕布 ……… 121

ヌヒ〔縫〕 ……… 46
〔縫〕27809
縫ヌイ

ヌヒアヤ〔繍〕 ……… 44
〔繍〕27913
繍ヌイアヤ
ヌイモノ

ヌヒモノ〔繍〕 ……… 39
〔縫物〕27809 19959
縫物ノ

ヌフ〔縫〕 ……… 44
〔繍〕27913
繍ヌイアヤ
ヌイモノ

ヌリアシダ〔塗𣜜〕 ……… 49
〔塗𣜜〕05338 07748 -01
縫ヌゥ…之朝風

塗ヌリ屐アシタ

ヌリヲシキ（塗折敷）
〔塗折敷〕
05338
11890
13359
塗ヌリ‐折‐敷 ... 83

ネ

ネ（根）
〔根〕
14745 ... 81

根 ... 107

大‐根 ... 210

ネコオモテ（猫）
〔猫面〕
20535
42618
猫ネコ面ノ ... 38

ネブリ（眠）
〔眠〕
23240
覺サマス眠ネブリヲ之 ... 199

ネムゴロ（懇）
〔懃〕
11045
11321
懇懃ネムコロニ ... 239

ノ

ノ（助詞）
〔之〕
00125

一頑（ママ）之田ヲモ ... 5
一チ葉ェゥ之桑 ... 6
愚クゥ頑元ノ之質ミヲ ... 7
至シイ言コン之誠マコトヲ ... 7
煙ェン浪ラゥ之渚トマリニ ... 9
雲ウン山之驛マヤニ ... 9
從ソゥ容ョ口（ウ）之陳ヒマニ ... 11
除チ目モク之春ノ朝ニハ ... 12
黄ワゥ葉ェゥ之烆アキノ暮ュゥヘ二ハ ... 13
頃コロ年トシ之間 ... 18
日月之光ヮン蔭イウニ ... 19

顧コ私シ之勢（藝）ヲキテヲ ... 20
雨露ロノ之潤ニン海ソクヲ ... 20
馮タノ（ム）テ公之節ヲ ... 20
舊キゥ從ソゥ之僕ホク士シ ... 21
針シン縷ロハリ縷イトスチ之營イトナミニ ... 21
鍾ソゥ愛アヒノ妻サイ妾セゥ ... 21
走ソゥ使ハシリ使ツカワサル之役ャクニ ... 22
納タイ隍ワゥ之恩ヲンニ ... 23
出身之器ゥッハモノニ ... 23
有イゥ限ケン之鶴火ク戻ルイヲ ... 24
無フゥ爲ヒノ之傾コゥ恤出ニ ... 24
坂ハン東トゥ之人 ... 30
猷イゥ豫ョ之心 ... 31
進シン止シノ之者モノ ... 31
姻イゥ婭ェン之間ニ ... 32
懸魚（魯）ロ之跡アトヲ ... 34
留リゥ犢トク之塵チリヲ ... 34
遼レゥ東トゥ之豕ヒノコト ... 55

和訓索引　ノ

- 三千之炑月ヲ　56
- 五百之春風ヲ　56
- 二仙セン之碁ヲ　62
- 千牛之齢ヨハイヲ　62
- 三ン樂之賦フヲ　63
- 五絃源之琴ヲ　63
- 釣クツリ魚之舩　74
- 鳴戸之今様ヤウノ歌ウタノ　86
- 戀へ（レン）鬱ウツ之間　104
- 鶴望之至リ　107
- 徳トク海之流ナガレヲ　110
- 恩ヲン波ハ之潤ウルヲヒニ　110
- 寒温ウン之資タスケヲ　111
- 螢ケイ雪之業ニ　111
- 暖タン光之節　113
- 温和火之比コロホヒ　113
- 不才之身　114
- 寒谷之氷コホリヲ　115

- 苦コン山之雲ヲ　115
- 佛-法ノ之事シニ也リ　119
- 俗ソク骨コツノ之間（二）　119
- 闍ロ里之念ソウ劇ケキニ　119
- 山-厨トウ之寂セキ寞ハクヲ　120
- 鹿草生ウ可カ之八ッ木モクヲ　122
- 升セウ山之功コウヲ　123
- 斗籔トウソウ之徳トクヲ　123
- 鴈-門之一チ鉢ハンヲ　123
- 大-陽ヤウノ之光リ　125
- 少女チョ之風　125
- 螺ラ燈トウ之底ソコニ　126
- 松ソウ花火之下モトニ　127
- 讃佛乘之窓マトヲ　129
- 轉テン-法-輪之樞トホソニ　130
- 雲山之恩ヲ　130
- 芬フン芳ハウ之德トクヲ　131
- 市中ウ之證ソウニ　131

- 嚴ケン誨火イ之德トクニ　133
- 肝カン膽タン之思ヲモヒ　134
- 宣セム尼ニ之先セン縱（ウ）ソクヲ　137
- 槐火イ林リン之門ニ　142
- 顔カン曲（回）火イ之舊キン塵チウニ　142
- 射シヤ堋火ク之道ニ　143
- 野羊ヤン之身ミ　143
- 養ヤウ由ユ之遺ユイ風ヲ　143
- 山ノ頂イタ、キ之雪ノ　149
- 海面之波ナミニ　150
- 結ケチ縁エン之青セイ苔タイヲ　151
- 師-檀タン之恩ニ　152
- 解脱タツノ之白業コウヲ　152
- 八万四千之相好ヲ　153
- 開カイ三サン顯ケン一之蒸理ニ　154
- 上王佛之昔ノ風ヲ　155
- 五臺山之曉アカツキノ月ヲ　155
- 所命之旨　158

和訓索引　ノ

奥アン州シウ之邊ヘー襄エイ二　159
為タリ弊ヘイ邑イフ之野人シン　159
暖タム口之洞二　161
和風之中二　162
壞元ィ土之歎ナケキヲ　162
思巢之習ヒ　162
一身ヲ(ママ)之寒ー温ヲ　165
雙サウ質シチ之今後五ヲ　165
定水之空シク竭ツキナウコトヲ　166
禪林之從ヲ　166
多タ歷リャク之烆ノ螢ヲ　170
數ス廻火イ之夏カ腸ラウヲ　170
愚ー庸(ヨ)之大業ケウヲ　178
賢ケン徒ト之廣ー恩ヲ　178
千ー里萬ー里之波ハー濤タウヲ　179
一身三會之決擇ヲ　180
入學之肇ハシメニ　182
不成セイ之恥ハチ　183

人之偏ヘン頗ハト　188
悚セウ歎タンノ之間アヒタ　188
廷王弱尺之身　190
硯セキ學ト之功コウヲ　191
嗚ヲ呼コ之言コトハナリト　191
有ィウ身シン之歎ナケキヲ　192
白眉ヒ之輩ハ　193
黄頭ッ之僧ハ　194
五六廻リク火イ之春スン秋シウヲ　197
數千行之涕ティ涙ルイヲ　197
誼火ン諱火之聲コへ　198
第一之番ツカサニ　201
耳二目モク之底ソコニ　201
脣シン吻フツ之末スへニ　202
所ー要之物　205
了レン別ヘツ之心ロ　220
彈タシ苟カ之道チ　220
成ー業コウノ之道ハ　223

人ミ之命二　223
潛セン衞ェノ之上二　223
露ロ見之タスケ　224
為キ山サム之始ハシメ　226
犯ハウ之元モト　226
御節之間　228
所入之物　230
勤キン王之計ハカリコト　232
治ー國之術スツ　232
暮ホ徃ワウ之螢ホタル　233
朝來之鳥トリ　234
曳ソウ者キノ之微ヒ春(春)ケンヲ　238
州シウ縣源コホリ之牧モク宰サイナリト　238
擔タン荷カノ之役二　239
生ー前之分　248
蓬ホウ壺コノ之節ヲ　250
桑サン田之年シヲ　251

[補讀]

和訓索引　ノ〜ノリ

【ノ（野）】

楊ヤウノ貴妃ヒ　91

運ウンノ既拙ツタナキ也カナ　111

開ヒラク花ノ焉　194

恩山ノ一ヒ呼ョハレテ　250

ノ（野）
〔野〕
40133　214

吉ー野ー柿
38982　21

ノガル（逃）
〔遁〕
遁ノカル
遁ノカル（レ）世ヲ
遁ノカレテ　147

ノコス（遺）
〔遺〕
36719　194

所トコロ貽ノコセル歟
〔貽〕　59

ノコン（残）
〔遺〕
39134
遺ノコンノ旬　242

ノシ（熨衣）
〔熨衣〕
19346
34091
熨衣ノシ　82

ノス（載）
〔載〕
38309
難カタシ戴ノセ　250

ノゾミ（望）
〔望〕
14368
鶴ツル　火ク望ハウニ　ノソミ　25

ノゾム（望）
〔望〕
14368
望（ム…）思
望（マ）ン　159

ノゾム（臨）
〔臨〕
30087
臨ノソテ　238

ノハラ（野原）
〔野原〕
40133
02973　164、242

野原　39

ノブ（述）
〔陳〕
41698
陳ノフルナリ　192

ノボル（上）
〔昇〕
13794
昇ノホテ
昇ノホテ岸キシニ　15

ノミ（耳）→シカノミナラズ
〔而已〕
28871
08743
白ハク志シ（ナラ）而已マクノミ　71

ノリ（則）
〔法〕
17290
於法ノリヲ　55

ノリ（海苔）→カノコノリ、スノリ、フノリ　176

ノリ
〔水雲〕
17083
42235
水雲スノリ　207

和訓索引　ノリ～ハク

〔海蘿〕17503 32590　208
海蘿 フノリ　206
〔苔〕30778　207
紫苔　207
青苔
鳥坂苔
ノリモノ〔乗物〕
〔乗物〕00154 19959
乗ノリ物
ノル〔乗〕
〔乗〕00154
乗ノリ(タル)　151

ハ

ハ〔羽〕　77
〔羽〕28614
鳥羽ハ　41

ハ〔葉〕　208
〔葉〕31387
搖ヲコカス葉ハヲ　206
ハ〔助詞〕　207
〔者〕28853
四(シ)ト者イフハ　207
講カウ匠(ハ)者
〔補讀〕
深フカクシテハ　151
寥タカクシテハ
且カッウワ
ハ(造語成分)　77
〔波〕17308
丹-波-栗
バ〔助詞〕　8
〔者〕28853
稱イェ…者(ハ)
視(レハ)西ヲ者　72

向(ヘハ)東者(ハ)　73
依其ノ勞ニ者　186
袖(抽)ヌカレハ…者　186
ハカマ〔袴〕　140
〔袴〕34236
表ノ袴ハカマ
不ス度ハカラハ　87
バカリ〔許〕　172
〔許〕35298
申時許
ハカリフ〔計〕　179
〔計〕35220　180
勤キン王之計ハカリコト　187
ハカリコト〔謀〕　214
ハキ(帶)→ムカバキ
ハク〔吐〕　8
〔吐〕03300　72

一九一

吐 ハク

ハゲシ（劇）
　〔峻〕口峻 ハケシク　08116
ハコ（箱）
　〔匣〕硯-匣 ハコ　02610
　〔箱〕手-箱　26209
　〔筥〕手苔／苔〔筥〕ハコニ　31046
ハシ（箸）
　〔箸〕白-箸　26224
ハシ（階）
　〔階〕階 ハシ　41755

180　219　249　89　80　80　77　85

ハジ（櫨）
　〔櫨〕櫨 ハシ　15844
ハジカミ（薑）
　〔薑〕拳コフシ-薑 ハシカミ／土-薑／鳴-薑　32110
ハシフネ（舫）
　〔舫〕舫 ハシフネ　30386
ハジメ（始）
　〔始〕爲山サム之始 ハシメ　06166
　〔肇〕肇 ハシメニ　29228
ハシル（走）
　〔走〕走 ハシル　37034

182　226　68　210　210　210　46

走 ソウ ハシリ 使ツカワサル 之
ハス（馳）
　〔馳〕馳 テ　44593
ハタ（將）
　〔爲當〕爲當 ル（タ）／爲當（ハ）　19686　21890
ハタゴ（筬）
　筬 ハタコ　26414
ハヂ（恥）
　〔恥〕恥 ハチ／恥 ハチ 辱ニク　10585
ハヅ（耻）
　〔恥〕恥 ハツ　10585
　慚　11096

166　183　171　46　92　236　22

雛モ慚ハット
慚ハッ性ヲ　7

ハナ（花）
〔花〕30734　114
花ノ色ロ　58
落ヲチル花　88
花ヲ　126
採ヒロウ花ハナヲ　127
花ノ文ヲ　130
開ヒラク花ノ焉　194
散サンス花　242

ハナタチバナ（花橘）
〔花橘〕30734　15551
花橘　108

ハナル（離）
〔離〕42140
離ハナレテ親ヲ　197

ハネ（羽）
〔鼻〕48498
寫鴬 カリ 鼻 ハネ　43

ハハ（母）
〔母〕16723
挾カイ母　78

ハバカリ（難）
〔難〕24542
礙ハ、カリ　69

ハバカル（憚）
〔憚〕11222
所憚ハ、カル　28
憚ハ、カル身ニ　171

ハブク（省）
〔省〕23179
省ハブク繁ハンヲ　124

ハマグリ（蛤）
〔蚊蛤〕32849　33023
蚊-蛤 ハマクリ　53

ハヤシ（早）
〔早〕13742
翅ツバサ
｜早 ハヤシ　3
早 ハヤク　8
早（ク）　101
早（早）（ク）送ヲクリ　145
歩アユミ早　146
早ク　182、244
早ク絶タチテ　203
早ク往ユキ　246

ハラ（原）
〔原〕02973
野原　39

ハラカ（館）
〔館〕46357
館ハラヤ（カ）

ハラフ（拂）
〔拂〕11936
拂　54

和訓索引　ハラフ～ヒキホシレウ

一九四

拂ハラムテ　115
欲フ拂ハラハント　230
〔拂〕12237　151
掃ハラウテ

ハリ（針）
〔針〕40165　21
針シン縷ロ／ハリ縷イトスチ之

ハル（春）
〔春〕13844　12
春ノ朝ニハ
暮（春）ハルノ雨　48
春ノ衣モヲ　49
春ノ鸎ウクヒス　149

ハルカ（遥）
〔遥〕39035　56
遙ハルカニ
遙而シテ

ハレ（晴）　102

───────────────

〔晴〕13994　221
晴ハレノ天ノ

バン（盤）
〔局〕07653　83
局ハン

ハンザフ（半插）
〔楾〕15214　82
楾

ヒ

ヒ（造語成分）　90
〔尾〕07650
虵尾スサヒ

ヒ（日）
〔日〕13733　22
何（レ）ノ日カ
連ネテ日ヲ　168

───────────────

日深フカクシテ／餘アマノ日　170

ヒ（火）　243
〔火〕18850
簳カ、リ火

ヒ（負）→オヒ　84
〔負〕36660
一負（ヒ）トヒ

ヒイヲ（氷魚）　41
〔氷魚〕17087 45956
氷ヒ魚イヲ

ヒカリ（光）　54
〔光〕01350
光リ

ヒキ（引）　125
〔曳〕14282
鹽ヲ曳ヒキ

ヒキホシレウ（曳干料）　135

〔曳干料〕曳ヒキ‐干ホシ料レウ　14282 09165 13501　（214）

ヒク（引）
〔引〕09699　引ヒケリ　引ヒク

ヒゴロ（日者）
〔日者〕13733 28853　日者コロノ　（78）

ヒザ（膝）
〔膝〕29837　交マシ「ヘテ」(消)／ウル膝ヒサヲ之　（140）

ヒサゲ（提）
〔提〕12344　提　（187）

ヒサゴ（杓）
〔杓〕14466　提　（43）

ヒサシ（久）　（218）
〔久〕00118　久シ　久シ　（3）（106）
久（シク）涅(沮)ヘタ、テ　久（シク）　久ヒサシ矣　（110）
〔尚〕07493　尚ヒサシ矣

ビサヲ（操）
〔操〕12806　操ヒサ(ヲ)ハ「ミサヲハ」の音轉か　（17）

ヒジキ（鹿毛草）
〔鹿毛草〕47586 16772 30945　鹿‐毛‐草ヒシキ　（85）

ヒシホ（醬）
〔醬〕40011　醬ヒシヲ　（208）

ヒソカニ（潛）
〔偸〕00901　偸ヒソカニ　（212）（58、197）

〔蜜〕33143 00097　蜜ミツ‐く　〜ヒチニ　〜ヒソカニ　（33）
〔閑〕41247　閑ヒソカニ　偸カン（ママ）カレニ

ヒソヤカ（纖）
〔纖〕28072　纖ホソク ヒソヤカニ　（124）

ヒタタク（混）
〔混〕17694　混ヒタ、マテ　混ヒタ、ケ　（85）

ヒダモチヒ（飛騨餅）
〔飛騨餅〕44000 45002 44220　飛‐騨‐餅　（76）

ヒツジ（羊）
〔羊〕28425　趣ヲモフク屠トニ之羊ヒツシ　（210）

ヒヅメ（蹄）
〔蹄〕37724　（146）

蹄ヒツメ　-輕カロシ
蹄(ア)シ
蹄(ヒツメ?)輕(シ)　　3

ヒト（人）
〔人〕00344　　146
人　　31、188
人ヲ　　35
人(ノ)舩　　76
稠チウシケキ人ヒト　　123
人ノ　　176
人ミ之　　223
人ノ情ニ　　230
人ノ口ニ　　235

ヒトタビ（一）
〔一〕00001
一ヒ呼ヨハレテ　　250

ヒトツ（一）
〔一〕00001
一ノ洲ス　　72

────────────

ヒトヒ（一）
〔一〕00001 36660
一負(ヒ)トヒ　　41

ヒトビト（人々）
〔人々〕00344 00097
人ミ之　　222

ヒトヘニ（偏）
〔偏〕00848
偏（二）　　20
偏ヒトヘニ　　165

ヒビク（響）
〔響〕43325
響キ應ヨウシテ　　70

ヒマ（隙）
〔陳〕41829
陳ヒマニ　　11
安アンノ陳ヒマニ　　70
過スクル陳ヒマヲ之駒　　145

────────────

ヒムガシ（東）
〔東〕14499
東ニ　　15
向(ヘハ)東(二)者　　73
出イテ東ヨリ而　　154

ヒラク（開）（四段）
〔開〕
被(披)ヒラキ見ニ
〔披〕11909　　113
欲ヲモフ…排ヒラカウト
〔排〕12256　　156
開ヒラク花ノ焉
〔開〕41233　　194

ヒラタケ（平茸）
〔平茸〕09167 30918
平茸
平茸　　213

ヒル（晝）
〔晝〕13948
以テ夜ヲ繼ツク晝ヒルニ　　229

ヒロフ（拾）
〔拾〕 12014
不ル拾ヒロハ薪タキ、ヲ之 … 115

〔採〕 12274
採ヒロウ花ハナヲ之丁ョヲロ … 127

ヒヲ（氷魚）→ヒイヲ

フ

フ〔經〕 … 250

〔經〕 27508
經ヘテ … 214

ブ（造語成分）

〔布〕 08778
信-布梨

フカ（鱶）
〔鱶〕 46592
鱶 … 52

フカシ（深）
〔深〕 17687
深フカク而（シ）テ … 103

〔深〕
深フカイコトヲ … 141

深フカクシテハ … 170

日深フカクシテ … 179

深フカシ … 234、240

深フカシ地チニ … 246

フク（吹）
〔吹〕 03373
吹フイテ … 221

〔吹〕 … 42

フクロ（袋）
〔袋〕 04633
餌囊
餌ェ囊ロ … 80

〔囊〕 34171
餌囊
在袋 … 110

フクロブ（綻）→ホコロブ

〔綻〕 27587
綻フクロフ風ニ … 118

フケル（耽）
〔耽〕 29024
易ヤスシ耽フケリ … 91

フタタビ（二度）
〔再〕 01524
王昭セゥ君之ヵ再フタ、ヒ來キタル歟 … 92

フタツ（二）
〔二〕 00247
二（ノ）洲 … 72

ブチウツ（筴）
〔筴〕 26030
筴フチウチ … 8

フト（太）
〔太〕 05834
筴フチウテ鴛ヲソマニ … 183

心-太 … 208

和訓索引　フナ〜ヘ

一九八

フナ〔鮒〕
　鮒　46075

フナデ〔水手〕
　〔水手〕17083 11768
　水手フナテ

フネ（舟）→ハシフネ
　〔舟〕30350
　鵜ゥ舟フッ（ネ）
　浪（ノ）舟
　〔舩〕30384
　舩（ノ）跡アトニ
　舩
　掉サヲサシ舩ニ
　毎（ニ）舩
　舩（ノ）様ヤン
　人（ノ）舩
　吾（カ）舩

76　76　76　76　75　74　71　88　84　68　52

舩（ノ）
釣舩
舩ノ内ニ

フノリ（海蘿）
　〔海蘿〕17503 32590
　海蘿フノリ

フフム（含）
　〔含〕03350
　給（含）フ、ム…之暮（春）ハルノ雨

フムデ（筆）
　〔筆〕25987
筆

フユ（冬）
　〔冬〕01610
夏冬
冬（ノ）夜（ノ）

フル（古）
　〔舊〕30249

222　37　80,80　48　207　98　84　77

年シ舊フリテ

フル（觸）
　〔觸〕35181
觸フレテ事
觸フル
　〔振〕12093
昏ユヘニ振フルウテ
フルフ（振）

フエ（笛）
　〔笛〕25917
横ヨコ笛フエ

ヘ（戸）
　〔戸〕11696
叩戸タ丶イヘ

ヘ

ヘ（艫）

218　95　228　168　100　169

〔舳〕30397
艫トモ舳ヘ　68

ベケム〔可〕
〔補讀〕
忘(ル)ヘ(ケム)之(ヲ)乎

ヘシ〔滑〕　134
〔滑〕18032
青滑ヘシ
42（存疑）

〔可〕03245
ベシ〔可〕→スベカラク
可憶ヲモフ　85
可〔キ〕遂トク也ナリ　152
可シ悔クユ　166
可ヘシ遂トク　169
可シ出タス　177
雖(モ)可(シト)畏ヲソル　184
可シ謂イフ　186、186
可シ被セラル任ニン　189

不可(ヘカラ)勝計ケ　205
可シ爲ナル　225、225
有可シ　228
不可(カラ)點(默)モタシテ　229
可シ隨シタカウ　231
可シ言イフ　234
可シ見ミル　234
不ス可ヘ據ヨル　238
〔補讀〕
量リヤウ計ケスヘシ　173

ヘダタル〔隔〕　106
〔沮〕17238
久(シク)涅(沮)ヘタ、テ

ヘダツ〔隔〕　103
〔沮〕17238
沮ヘタテ、

ホ

ホカ〔外〕　189
〔外〕05750
事(ノ)外ニ　189
外ニ

ホコリ〔誇〕　191
〔侈〕00583
雨侈アマホコリ

ホコロブ〔綻〕→フクロブ

ホシ〔干〕　213
〔干〕09165
曳ヒキ‐干ホシ料レウ

ホシウリ〔干苽〕　214
〔干苽〕17238

ホシナツメ〔干棗〕　211
伊‐賀‐干‐苽
〔干苽〕09165 30827

和訓索引　ホシナツメ～マコトニ

〔千棗〕09165 14937
千棗

ホシミル（干海松）
〔干海松〕09165 17503 14516
干－海－松

ホス（欲）
〔欲〕16080
欲ホシ閇

ホシ（細）→キボソシ

ホタル（螢）
〔螢〕33434
炓ノ螢ヲ
螢ホタル

ホトケ（佛）
〔佛〕00517
佛

ホネ（骨）
〔骨〕45098

109　207　86　170　233　223

川－骨

マ

マウク（儲）
〔儲〕01284
奉タテマツリテ儲マウケ

マウケ（儲）
〔儲〕01284
无ナシ儲マウケ

マカス（任）
〔任〕00416
任マカセシ
任ス

マガフ（紛）
〔紛〕27295
紛マカフ眼マナコニ

マキ（卷）

209　150　30　11　26　200

〔卷〕02860
荒卷

マキウルシ（卷漆）
〔卷漆〕02860 18108
卷漆

マクノミ（耳）
〔而已〕28871 08743
白ハク志シ（ナラ）而已マクノミ

マクラ（枕）
〔枕〕14546
沈チウノ枕マクラ

マコト（誠）
〔誠〕35537
誠マコトヲ

マコトニ（誠）
〔寔〕07244
寔（ニ）
〔特〕20013

244　79　55　81　148　161

特 マコトニ ……10

マサニ（當）
〔將〕07438
　將 マサニ發ヲコサント ス ……130
　將 マサニ來キタラ(ムト) ス ……182

マジハル（交）
〔交〕00291
　欲ヲモフ交マシハラウト ……143

マジフ（交）
〔交〕00291
　交マシ「ヘテ」(消)／ウル 膝ヒサヲ ……187

マス（增）
〔增〕05454
　增マシ憤イキトホリヲ ……168
〔益〕22972
　益マス憤イキトホリヲ ……100

マス〔鱒〕46492

鱒 マス ……53

マタ（又）
〔又〕00293
　今亦 ……30
　亦マタ爾シカナリ ……36
　亦復 ……93
　亦 ……176
　又々 ……49
又々
〔復〕10183 ……84
　爰復マタ ……32
　亦復 ……93
　復 ……174

マタシ（全）
〔全〕01424
　全ク ……77、233

マダ（未）→イマダ

マタマタ（又々）
〔又々〕03115 00097
　又々 ……49

マツ（待）
〔待〕10085
　待マツ時ヲ ……106

マツ（松）
〔松〕14516
　松

マツリ（祭）
〔祭〕24700
　賀茂ノ祭リノ間ニ ……219、243

マド（窓）
〔窓〕25494
　窓マトヲ（ニ）……101
　向テ窓ニ ……129
　靜シツカナル窓ニ ……184

マドフ（迷）……198

和訓索引　マドフ～ミ

〔迷〕
38825
易ヤス迷
142

マナイタ（俎）
〔俎〕
00679
俎マナイタ
47

マナコ（目）
〔眼〕
23318
眼ニ
13
養ヤシナウテ眼コヲ
58
讀ヨム經ヲ之眼マナコ
128
粉マカフ眼マナコニ之
200

マナブ（學）
〔學〕
07033
學マナヘリ
ナラヘリ
133

マブル（守）
〔守〕
07071
守マブル
〔瞻〕
23742
233

瞻
マフル二姿シナヲ
91

マヘ（前）
〔前〕
02011
小セン縣元車ノ前マヱニ
前マヱヲ
12

マボル（守）→マブル
230

マミル（全）
〔全〕
04926
全マミエタリ
（レ）
147

マメ（豆）
36245
豆マメノ鎖（クサリ）
大-豆マメ
38

マヤ（驛）
〔驛〕
45030
驛マヤニ
206

マユ（眉）
〔眉〕
23190
9

月ノ眉マユヲ
（二）
129

マル（丸）
〔丸〕
00094
金王丸
254

マルモチヒ（丸餅）
〔丸餅〕
00094
44220
丸餅
243

マレ（稀）
〔希〕
08813
希ナリ
希マレニ暨イタル
61

ミ

ミ（實）
〔實〕
07294
結ムテ實、ミヲ
103

ミ（燈）→トボシミ
55

ミ〔身〕
　〔質〕36833　質ミヲ　……7
　〔身〕38034　身ハ　……4
　身ハ　……85、190、247
　身　……114
　寒シ身ニ　……143
　憚ハ、カル身ニ　……171
　野羊ヤン之身ミ　……196
　不才之身　……248
　身　……248
　潤ウルホル(ス)身ヲ
　身

ミガク〔磨〕
　〔瑩〕21155　瑩(瑩)ミカク　……16
　堂ミカク心ヲ　……242
　営(瑩)ミカク

ミキソク〔御氣色〕
　〔御氣色〕10157　17059　30602
　隨テ御氣色キ色ソクニ　……24

ミサヲ〔操〕→ビサヲ　……250

ミタビ〔三〕
　〔三〕00012　三ヒ變ヘンシテ　……20

ミダリテ〔妄〕→ミンダテ
　〔妄〕06063　忘(妄)ミタリテ　……229

ミチ〔道〕
　〔路〕37524　入ィル路(チ)ミケヲ　……33
　〔途〕38882　向ムカウ途ミチ　……71
　〔逕〕38883　有リ逕ミチ　……102
　〔道〕39010　鳥(ノ)道　……143
　道ニ
　道ハ　……223
　道(ミ)チ　……220
　道ミチヲ　……184

ミツ〔滿〕
　〔剩〕02109　剩ミチ　……89
　〔滿〕18099　滿(ツ)　……89、89
　盈ヤウ滿マンシテ　……89
　〔盈〕22961　盈ヤウ滿マンシテミチ　……153

ミヅ〔水〕→タマミヅ
　〔水〕17083　酌クムテ水ヲ　……153
　覆ヲ、ウテ水ニ　……115
　不ル汲クマ水ヲ之咎トカ也　……118

ミヅカラ〔自〕
　〔自〕30095　道ニ　……164

和訓索引　ミヅカラ～ミンダテ

自ミツ(カラ)　191

自ラ　196

自ラ廻メクレリ　246

ミヅスリ(水摺)
〔水摺〕17083 12647
水摺スリ　67

ミヅフフキ(鶏頭草)
〔鶏頭草〕47209 43490 30945
鶏頭草ミッフ(丶)キ　209

ミドリ(緑)
〔碧〕24334
泛ウカヘテ碧ミトリヲ　60

ミナ(皆)
〔皆〕22699
皆　93

皆是　98

皆　187

〔背〕(消)皆ミナ
皆ミナ　194

ミネ(峰)
〔岑〕07937
於岑ヨリモ見ユ　239

〔峯〕08093
有峯ミネ
峯ノ雲ヲ　61

〔嶺〕08553
嶺ミネノ雪ユキ　200

ミマサカ(美作)
〔美作〕28435 00518
美作ミマサカノ新シン司シ　242

ミミ(耳)
〔耳〕28999
喧カマヒスシ耳ニ　32

ミヤコ(京)
〔城〕05120
出テ、城ミヤコヲ　58

ミユ(見)　33

〔見〕34796
不ス見ェ
見ユ　48

ミル(海松)→ウキミル
〔海松〕17503 14516
干海松　158

ミル(見)
〔見〕34796
見テ
見ミテ　207

被(披)ヒラキ見ニ
見ル　35

可シ見ミル　101、165

見ル　113

視ミシモ
〔視〕34836　198

視(レ)西ヲ者　234

〔城〕05120　62

ミンダテ(妄)
〔妄〕06063　72

妄 ミンダテ（ミタンテ）　119

ム

ム（助動詞）→ウ、ン

ムカシ〔昔〕13816　155
昔ノ風ヲ

ムカバキ〔行縢〕34029 44915　41
行縢キ

ムカフ〔向〕（四段）
〔向〕03301　33
向ムカウ途ミチ　73
向（ヘハ）東（二）者　141
向テ方
向テ　166、198
向テ窓ニ　184

ムカフ〔迎〕（下二段）
〔對〕07457　97
對ムカヘテ
〔迎〕38748　56
迎ムカヘテ
稍ャ、迎フ　145

ムギ〔麥〕47717
〔麥〕　121
小麥粉コ

ムギナハ〔麥繩〕27306 44220　121
〔素餅〕
索-餅 ムギナハ

ムクユ〔報〕　135
〔酬〕39850
酬コタヘムト德ヲ
酬ムクユル　138

ムシアハビ〔蒸蝮〕
〔蒸蝮〕31618 32984
並（蒸）ムシ蝮アハヒ　52

ムシモノ〔蒸物〕
〔蒸物〕31618 19959　213
蒸ムシ物

ムシロ〔筵〕
〔筵〕31059　78
筵

ムスブ〔結〕
〔結〕27398　55
結ムテ實ミヲ

ムチウツ〔鞭〕→ブチウツ

ムツブ〔睦〕
〔睦〕23460　70
來（リ）睦ンツフルモノ

ムナシ〔空〕
〔空〕25415　19、166
空シ
空（シク）　65
空（ク）弃スツルコト　174

和訓索引　ムネ〜モ

ムネ〔旨〕

〔旨〕
所命之旨
13738

〔梗〕
14849
大タイ梗ムネ
カイ

ムネ〔胸〕
在テ胸ムネニ

〔胸〕
29442

ムラゴ〔村濃〕
邑ムラ濃コ

〔邑濃〕
39269
18442

ムラサキ〔紫〕
紫ムラサキ

〔紫〕
27337

ムラサキカハ〔紫革〕
紫ムラサキ革カワ

〔紫革〕
27337
42710

ムラサキノリ〔紫苔〕

42　45　44　140　157　158

〔紫苔〕
27337
30778

紫-苔

ムロ〔室〕

〔室〕
07136

□〈西〉□〈室〉作

室ムロノ裏ウチニ
西室〔カ〕作

メ

メ〔目〕

メ〔女〕→ウカラメ

〔目〕
23105

賣目アカラ〔メ〕スルニ

目ヲ

メ〔藻〕→ニギメ

〔布〕
08778

荒アラ布メ

206　146　91　　252　193　1　206

メグラス〔廻〕

〔廻〕
09575

廻メクラスニ

廻メクラセ

〔廻〕
09575

メグル〔廻〕

廻メクテ

移ウツリ廻メクリテ

廻メクテ

易ヤスシ廻メクリ

自〔ミツカ〕ラ廻メクレリ

〔轉〕
38507

轉テン移メクリ移イス

モ

モ〔助詞〕

モ〔助詞〕
〔補讀〕

和-布〔ニキメ〕

51　246　245　198　118　224　4　206

田ヲモ　5
視(ミシモ)　62
モ(造語成分)
〔茂〕30833　101
　賀茂ノ祭リノ間ニ
モシ(若)
〔若〕30796　11
　若シ有ラハ　23
　若モシ　91
　若シ(シハ)此ノ　156、186
　若(シ)
モダス(默)
〔默〕48063　32
　點(默)モタシテ而　229
　不可(カラ)點(默)モタシテ
モチ(餅)
〔糯〕27173　205
　糯モチ

モチヒ(餅)
〔餅〕44220　163
　墨餅(角餅?)　164
　飛ー驒ー餅　174
　以(テ)採サイ用ヲ　189
　以(テ)　202
　丸餅　211
モツ(持)
〔持〕12019　243
　令シメテ持モタ　243
モヅク(海雲)
〔海雲〕17503 42235　122
　海ー雲モック　207
モテ(以)
〔以〕00388　66
　以去サリシ正月廿日　75
　以功タク(ミナル)言ヲ　104
　適タマ〱以　152
　以テ　158
　且カッ〱以

　覓モトメテ…以　163
　酌クムテ水ヲ以　164
　以テ採サイ用ヲ　174
　以(テ)　189
　以テ華美ヒヲ　202
　以テ過差ヲ　203
　以テ一端タムヲ　225、225
　以テ夜ヲ繼ツク晝ヒルニ　229
　謹(テ)以(テ)　240
モテアソビモノ(翫物)
〔翫物〕28766 19959　249
　翫ー物　モテアソヒモノ
モテアソブ(弄)
〔翫〕28766　97
　翫物　モテアソヒモノ
　翫モテアソヒシ(モ)　62
　無ミ翫モテアソフ「コト」(衍)花ヲ之輿ハ　126
モト(下)

和訓索引　モト〜モモヌキ

〔下〕 00014
下 モトノ
下 モトニ　46

〔本〕 14421
爲本ト　127

モト（元）
〔元〕01340
元 モト　203

〔元〕27300
素 モト　226

モトム（求）
〔干〕09165
欲フ干モトメムト　146

〔求〕17105
求（メ）　240

〔覓〕34815
求（メ）　219

モトモ（最）
覓 モトメテ…以　163

〔尤〕 07543
尤騰 タリ　62

モノ（物） →オリモノ、スシモノ、タキ

〔物〕 19959
モノ、ヌヒモノ　39

縫物ノ　97

途シタカウテ物ニ　100

翫-物 モテアソビモノ　151

物
乗ノリ物　205

物
蒸ムシ物　213

物
炙ヤキ物モノ　213

剪イリ物　214

爆アフリ〜（物）　214

鮨スシ〜（物）　214

所入之物　230

〔補讀〕
薫タキモノ　82、88

モノ（者）
〔者〕28853
進シン止シノ之者モノ　31

〔補讀〕
勇ヨン堪カウヲ
クワ（？）ウリヤクスルモノ　31

モノウシ（倦）
來（リ）睦ンツフルモノ　70

〔嬾〕06872
雛嬾 モノウシト

〔倦〕10795
倦 モノウシ　160

モヒ（垸）
〔垸〕05090
乳ー垸　21

春ー日カスカー垸モヒ　217

大ー垸モヒ　217

モモヌキ（股抽）
〔股抽〕29284 11930　218

一〇八

モ

股モ、抽ヌキ 〔42〕

モヨホス（催）
〔催〕01005 〔100〕
催モヨホス心ヲ
催モヨヲス老ヲ 〔183〕
晼モヨオシ
〔晼〕13930-01

モラス（漏）
被ラレン洩モラシ啓ケイセ
〔洩〕17401 〔200〕

モル（漏）
〔漏〕18120
漏モル 〔11〕

モロモロ（諸）
〔諸〕35743 〔19〕
諸ハ 〔98〕

ヤ

ヤ（矢）
〔矢〕26356
箟ヤ 〔41〕

ヤ（助詞）
〔乎〕00131
立〔テム〕…乎 〔116〕
忘ヘ〔ケム〕之〔ヲ〕乎ヤ
〔矢〕23931
盡ツクサン矢ヤ 〔134〕

ヤイダコ（燒蛸）
〔燒蛸〕19420 32894
燒ヤイ蛸タコ 〔14〕

ヤウヤク（漸）→ヤクヤク
〔漸〕18179 〔52〕
漸ク 〔58〕

ヤキモノ（燒物）
〔燒物〕18922 19959
炙ヤキ物モノ 〔213〕

ヤクヤク（稍）
〔稍〕25083
稍ヤク〱 〔28〕

ヤシナフ（養）
〔養〕44144
養ヤシナウテ眼コヲ 〔58〕

ヤス（易）
〔易〕13814 〔45〕

ヤスシ（安）
苅カリ－易ヤス 〔91〕
〔易〕13814
易ヤスシ耽フケリ 〔142〕
易ヤス迷
易ヤスシ廻メクリ

ヤスム（休） 〔245〕

〔烋〕18991
雖烋ヤスムト　161

ヤスラフ（躊躇）→タチヤスラフ
〔俳佪〕00726 00545
俳佪タチヤスラフ　163

ヤナギ（柳）
〔柳〕14662
柳ノ絮イトヲ　48

ヤナグヒ（胡籙）→カリヤナグヒ、ユミ

〔籙〕26148
ヤナグヒ　41

〔籙〕29400 26734
籙カリヤナクイ エヒラ
弓胡籙
胡籙　40

ヤマ（山）
〔山〕07869
山　103、103

山ノ頂イタ、キ之　149

入ル山ニ　196

ヤマノイモ（薯蕷）
〔薯蕷〕32191 32054
薯（薯）→預（預）ヤマノイモ　209

ヤム（止）
〔罷〕28336
未マタ罷ヤメ ズ　162
不可點（默）モタシテ而罷ヤム　230

ヤヤ（稍）
〔稍〕25083
稍ヤ、迎フ　145

ユ

ユ（所）→イハイル

ユカ（床）
〔床〕09242
床ニ　89

ユガケ（弽）
〔弽〕09777
弽ユガケ　46

ユカタビラ（湯帷）
〔湯帷〕17874 08954
湯帷　120

ユキ（雪）
〔雪〕42216
雪　149
如シ…雪ノ　221
嶺ミネノ雪ユキ　242

ユク（行）
〔之〕00125
所トコロノ（ヲ）之ユク　122

〔往〕10073
往ユキタリ也
早ク往ユキ　65

ユトリ（湯取）　246

〔湯取〕湯取トリ　17874　03158
ユハズ〔弭〕
〔弭〕弭ュハス　09768
ユフサリ〔昏〕
〔昏〕昏コンユウサリノ尅コクニトキニ　13853
ユフベ（夕）→ユベ
〔暮〕炑アキノ暮ュウヘニハ　14128
ユベ（夕）→ユフベ
〔昏〕昏ュヘニ振フルウテ　13853
〔暁〕暁ュヘ　14176
ユミキ〔弓木〕
〔弓木〕09692　14415

68　46　83　13　228　200

弓木
ユミヤナグヒ（弓胡籙）
〔弓胡籙〕弓胡籙　09692　29400　26734
ユメ〔夢〕
〔夢〕夢ュメノ中ウチニ　05802
ユル〔忕〕
夢
〔忕〕忕ュテ　10385
ユルシ〔緩〕
〔緩〕緩クヮンミクヮンタリユルク　27669
ヨ
ヨ（世）

46　40　190　199　219　74

〔世〕遁ノカル世ヲ（レ）　00031
ヨ（夜）→ヨル
ヨコブエ（横笛）
〔横笛〕横ョコ笛フェ　15594　25917
ヨシ〔由〕
〔由〕事由ョシヲ　21724
事ノ由ヲ
ヨシノガキ（吉野柿）
〔吉野柿〕吉‐野‐柿　03289　40133　14681
ヨハヒ〔齢〕
〔齢〕齢ョハイヲ　48632
齢ョハヒ
ヨバフ〔呼〕

147　95　29　135　214　62　247

〔呼〕03471　一ヒ呼ヨハンテ　250

ヨホロ（丁）
〔丁〕00002　丁ヨヲロ　127

ヨム（讀）
〔讀〕36088　讀ヨム經ヲ之　128

ヨリ（助詞）
〔從〕10152　從ヨリ大-河尻リ　74
　　從ヨリ下ク(タリ)シ　66
〔於〕13628　於ヨリ海ウミ　239
　　於岑ヨリモ　240
〔自〕30095　自ヨリ鳥-飼カヒ　75
〔補讀〕
　　出イテ東ヨリ而　154
　　來キタテ西ヨリ　155
　　中-間コロヨリ　175

ヨリテ（仍）
　　仍テ　37
〔仍〕00361　仍テ　150

ヨル（夜）
〔夜〕05763　冬ノ夜ノ　222
　　以テ夜ヲ繼ツク畫ヒルニ　229

ヨル（依）
〔依〕00607　依テ无ナキニ　28
　　依テ德トクニ　133
　　依テ…恩ニ　152
　　依(ル)…潤ニ　161
　　依(ラハ)其ノ勞二者　185
　　依テ人ミ之命二　222
〔因〕04693　因テ茲二　20
〔據〕12839　不ス可ヘ據ヨル　238

ヨロコビ（喜）
〔慶〕11145　慶ヨロコヒ　69

ヨロコブ（喜）
〔悅〕10629　悅ヨロコフテ而　104
　　重テ悅フ　104
〔歡〕16242　歡ヨロコフ　194

ヨロシク（宜）
〔宜〕07111　宜ヨロシク　230

ラ

ラ(等)
〔等〕25992
犧シタウツ等　37
此等　77
革カワ尻シリ切ケレ等也　83
酒-等(ナリ)也　136
法服フク等　151
釜-等　219

ラク(接尾語)→ウラムラクハ
ラル(被)(受身)
〔被〕34222
被ラレン洩モラシ啓ケイセ　11
所ロ被ラレタル恩絶セ、　128
可シト被セラル任ニン　189

リ

リ(造語成分)
〔利〕01932
色-利　211

ル

ル(被)(受身)
〔補讀〕
爲ニ恩ノ使ツカワサル　134
袖(抽)ヌカレハ…者　186

ワ

ワガ(我)
〔吾〕03379

吾(カ)舩
ワカサ(若狹)
〔若狹〕30796 20428
若狹(ノ)布　76
ワカツ(分)
〔分〕01853
分ワカチ給タマエル　121
ワカル(分)
〔別〕01924
別ワカル友ヲ　114
ワキマフ(弁)
〔弁〕09588
難カタシ弁へ　197
ワザ(業)
〔業〕15170
業ニ　84
ワシル(趍)
〔奔〕05921　111

和訓索引　ワシル〜ヱガク

奔ワシラン　239

〔趏〕37124
趏ワシル
趏ワシラウト　118

ワスル〔忘〕
〔忘〕10333　171

如シ忘ワスル、(カ)
忘(ル)　19

忘(レ)タリ　98

似(リ)忌〔忘〕タルニ　116

忘(レ)タリ
忘(ル)ヘ(ケム)之乎　119

忘(レムヤ)　134

ワタ〔綿〕
〔綿〕27592
絲綿　160

ワタクシ〔私〕
〔私〕24913　44

私ワタクシノ歡キ
シ
タン　7

顧カヘリミルニ私ヲ　247

ワタル〔渡〕
〔亘〕00262
如シ亘ワタル　179

ワヅカニ〔僅〕
〔纔〕28070
纔ワッカニ通スンス　103

ワニグチ〔鰐〕
〔鰐口〕46337 03227
懸鰐ワニノ口　38

ワラビ〔蕨〕
〔蕨〕32001
蕨ワラヒ　215

ワレ〔我〕
〔我〕11545
知ル我ヲ　35

ヰ

ヰ〔藺〕
〔藺〕32399
綾アヤ藺ヒ笠　41

ヰノクマ〔猪隈〕
〔猪隈〕20534 41748
猪ヒノ隈クマノ　38

ヰノコ〔豕〕
〔豕〕36334
豕ヒノコト　55

ヱ

ヱガク〔畫〕
〔畫〕21859
彩イロヘタリ盡(畫)　79

ヱブクロ〔餌袋〕
〔餌囊〕44146
餌ェ囊ロ 04633
餌囊

ヲ

ヲ〔緒〕
〔絃〕27373
琴コトノ絃ヲノ
絃ヲノ
〔緒〕27633
愁ノ緒ヲ

ヲ〔助詞〕
〔於〕13628
於…窻マトヲ

ヲケ〔桶〕
〔桶〕14811

桶　42

ヲサマル〔治〕　79
〔斂〕13407
斂ヲサマリ寂シツマリ

ヲサム〔修〕
〔納〕27264
納ヲサメ心ヲ

ヲシ〔鴛鴦〕　93
〔怨〕10479
紫シ怨ヱンノ怨ヲシ

ヲシキ〔折敷〕　95
〔折敷〕11890 13359
塗ヌリ-折-敷
折-敷

折-敷

ヲトコ〔男〕　22
〔男〕21730
男ノ

ヲナハ〔麻繩〕　129
〔麻繩〕47888 27937
麻ヲ繩ナハ　218

ヲハル〔終〕　70
〔了〕00226
了リタリ
點シ了リヌ
書寫シ了リヌ

ヲリヅミ〔折積〕　184
〔折積〕11890 25266
折-積櫃か

ヲル〔織〕　73
〔裁〕34258
裁ヲテ　253、255

ン

ン〔補讀〕　99

ン〔助動詞〕→ウ　218

和訓索引　ン

察サンセン　　　　　　　　　　10
任マカセン　　　　　　　　　　11
被ラレン洩モラシ啓ケイセ　　　11
上ケ聞キコエン　　　　　　　　33
啓ケイ達タッセン　　　　　　　49
將マサニ發ヲコサント　　　　130
欲フ報セント　　　　　　　　130
薫クン入ニンセン　　　　　　154
紹セウ隆リウセン…也　　　　176
遂トケン　　　　　　　　　　178
欲フ拂ハラハント　　　　　　230
覺（オホヘン?）マホハレ　　　232
望（マ）ン　　　　　　　　　238
奔ワシラン　　　　　　　　　239

音韻索引

ア

〔阿〕阿彌陀ノ ……… 150
一心房阿闍梨リ ……… 204
〔愛〕愛 アイ 言 ケンヲ ……… 26
〔愛〕鍾 ソウ 愛 アヒ 之 ……… 72

アイ
〔哀〕哀 アイ 聽 テイ ……… 20
哀 アイ 憐 リンシテ ……… 86

アウ
〔奥〕奥 アン 州 シウ 之 ……… 159
萬奥 アウヲ ……… 240

アツ
〔謁〕須 スヘカラク…參 サン 謁 カン(?) ……… 101

アフ
〔鴨〕鴨-餉 ……… 216

アム
〔暗〕暗 アン 壞 火 ィ ……… 221

アム〔譜〕→イム

アン
〔安〕安 アンノ 隍 ヒマニ ……… 70

イ

イ

〔以〕以 是 (消)「以」 ……… 176
所以 ソエニ ……… 225
〔夷〕夷 イ 則 ソク ……… 132
〔巳〕巳 上 ……… 39
〔意〕意 イハ 馬 ……… 144
〔意〕意 イ 舊 キウ-意 ィ ……… 240
〔矣〕矣 尚 ヒサシ 矣 ……… 14
〔矣〕矣 ……… 17
矣 ……… 34

清キュルコトヲ炬トホヒノ矣 ……… 193
〔移〕轉 テン 移 ィ メクリ移ィス ……… 51

イ〔衣〕→エ ……… 15
イ(遊)→イウ ……… 16

イウ

〔友〕新 シン 友 イウ 之心 ……… 160
〔崦〕崦 イウ 嵫 シ ……… 17
〔崦〕(エ)
〔憂〕分 フン 憂 イウニ ……… 24
〔有〕有 イウ 勞 ラウ ……… 185
有 イウ 限 ケン 之 ……… 192
數十 シウ 有年 ン ……… 192
(消)「有身」 ……… 79
有 イウ 身 シン 之 ……… 31
〔熊〕熊(熊) イン 屈 クツノ ……… 73
〔猷〕猷 イウ→豫 ヨ 之心 ……… 75
〔遊〕遊 イ(ウ) 女 ウカラメ
遊女
イウ(姻)→イン

字音索引　イウ〜ウン

イウ〔陰〕→イム

イチ

〔一〕二頁（傾）兄之　5
一チ葉ェウ之　6
一紙シニ　14
一國ニ　18
一定ニ　32
一イチ字シ　55
一身シンニ　58
一ミニ　68
一　94、95
一乙行カウ　96
一舩ノ　97
一言　99
一字ヲ　113
一チ鉢ハンヲ　123
開カイ三サン顯ケン一之　154
一身ヲ（ママ）之　164

十一月ニ　174
一身　180
一山　201
第一之　201
一物　204
一心房阿闍梨リ　219
十一月　227
以テ一端タムヲ　240

イフ

〔楫〕舟シフ楫イウ　9
舟シフ楫イフナリ　172
〔邑〕幣ヘイ一邑イフ之　159

イム

〔陰〕光火陰イウニ　19
恩ヲン陰インニ　25
〔諳〕諳キンシテ　130
〔音〕音イン信シン　103

イン

〔印〕法印イン　189
〔姻〕姻イウ婬ェン之間ニ　32
〔慇〕慇イン懃キン　28
イン〔熊〕→イウ

ウ

〔烏〕金キン烏「コ」（消）ノウ
烏莵ト　3
〔羽〕宮ク商生ウ角微（徴）（チ）羽ウ　198
〔雨〕雨ウ露ロノ之　94
ウ〔鬱〕→ウツ　19

ウツ

〔鬱〕鬱ウ（ツ）結ケツ　66
戀（レン）鬱ウツ之間　104
鬱ウツ望　140

ウン

〔云〕云、 97
云〻 138
高シニ云、 226

エ

〔運〕天-運ウンニ 26
運ウンノ 111
任運ウン不フウニ運ニ也クコト(?) 181
〔雲〕雲ウン山之 9
雲ウン天テンニ 25
雲交 78
雲山之 130
海-雲モック 207

エ

〔衣〕熨衣ノシ 82
三ン衣ェ 126

エイ

〔裔〕邊ン-裔ェイニ 159

エウ

〔要〕所-要之 205
至要也 232

エキ

〔益〕益壽ス 63
エキ(益)→ヤク

エツ

〔悦〕拜悦スルニ 114
感カン悦ェツ 131
拜ハイ悦ェツ 141

エフ

エツ(謁)→カツ
〔葉〕一チ葉ェゥ之 6
黄ワゥ葉ェゥ之 13
竹チク葉ェン 60
エム(崦)→イウ

エン

〔姪〕姻イウ姪ェン之間ニ 32
〔延〕延年ノ 63
〔焉〕焉 34
〔煙〕煙ェン浪ラゥ之 194
開ヒラク花ノ焉 9
〔縁〕攀ヘン縁ェン 128
結ケチ縁ェン之 151
親シン縁ェン 161
エン(葉)→エフ
エン(掾)→ジョウ

オ

〔於〕於讃サン佛乘之窓マトヲ 129
禮ライス於上王(?)佛之昔ノ風ヲ 154
拜ハイス於五臺山之曉アカツキノ月 155
ヲ

字音索引　オ〜カイ

於在ルコト　171
於無コトヲ　171
於拔ハン萃スイニ　173
於老ラゥ−若シヤクコトニ(?)　174
於人ノ　176
於法ノリヲ　176

オツ
〔乙〕乙ヲッ　94
一乙行カゥ　96

オム
〔音〕音樂　96

カ

カ
〔下〕閑カン下カ　25
下カ若尺村スンカ　59
天下ニ　61

上｜下　76
〔下〕下　94
下官　228
愚下カ　246
〔可〕鹿章生ゥ可カノ之　92
〔佳〕佳カシ辰ン令レイ月ット　122
〔夏〕夏カ臘ラゥヲ　170
〔歌〕和歌カ　87
〔河〕黃ワゥ河カ　56
大｜河　74
〔苛〕彈タン苛カ之　5
〔茄〕生｜茄　220
〔荷〕茗｜荷　136
〔稼〕學カゥ稼カヲ　209
擔タン荷カノ之　239

カ
カ〔翰〕→カン
カ〔下〕→ゲ
ガ

カイ
〔伽〕如シ頻ヒ伽カノ　85
〔鴛〕天鴛カニ　236
〔改〕改變ヘン改カイ　15
〔海〕海糖アミ　53
如シ海カイ　57
如シ山海ノ　69
在リ海カイ　70
德トク海之　110
海物　136
海面　149
學｜海　179
浮ウキ｜海｜松ミル　207
紅｜亂｜海｜示カノコノリ　208
酒ス｜海カイ　219
德海　250
〔開〕開カイ敷ス　36
開カイ三サン顯ケン一之　154

カイ（芥）→ケ
カイ（挾）→ケフ

ガイ
（梗）大タイ梗ムネカイ　157
（涯）生涯カイ　244
ガイ（學）→ガク

カウ
（向）奉ホウ向カウ　78
（交）雲交　153
（仰）瞻セン仰カウス　37
奉ホウ向カウ（ス）　47
恩向（問）ヲ　113
進ノ向カウ（ス）　244
（好）惟ユイ好カウ　46
精好ソロヘタリ　77
美好　81
相好ヲ　153
（庚）庚カウ→申シン　175

（効）効カウ験ケン　172
（膏）膏カウ澤タクニ　25
（行）行カウ　94

カク
一乙行カウ　96
（講）講カウ匠シャウヲ　169
講カウ匠者　172
（降）以降コノカタ　175
（香）明日香アスカ　46
麝シャ香　88
（高）高麗　78
（消）「高」　193
高年　193
高カウ慮リョヲ　224
高-岳カクト　225
（綟）綟カウ→ケツ　79
カウ（堁）→カム
カウ（閣）→カク

ガウ

（毫）尊毫カウヲ　113
ガウ（學）→ガク

カク
（恪）恪カク勤コンノ　9
（角）宮ク商生ウ角微（徴）（チ）羽ウ　94
枝-大-角-豆　136
大-角サ、ケ　206
鹿-角-草カノツシモ　208
（鶴）鶴カク→クワク

ガク
（學）學カウ稼カヲ　5
苦ク學カク　170
オサイ學カイヲ（ク）　173
學-海　179
入學-之　182
碩セキ學（ト）　191
習シウ學ノ　200
（樂）音樂　96

字音索引　ガク～キ

カツ
〔岳〕高ｌ岳 カクト [225]
〔調〕拝ハイ調カツヲ [250]
〔褐〕褐カツノ布 [45]
〔葛〕葛カン供コウノ [65]

カフ
須 スヘカラク…参サン謁カン(?)アツス 須ヘシ [101]
〔閤〕上生閤カウ [61]
〔蛤〕蚊ｌ蛤ハマクリ カウ [80]
最サイｌ甲カウノ [53]

カフ
〔甲〕鱗リン甲カウ [22]

カフ(閤)→カン
閑(閤)カン下カ [24]

ガフ
〔合〕合子 [43]
和合シテ [69]

カム
簀キ合カンノ [226]

カン
〔勘〕不勘ｘｘ [167]
〔感〕感カン悦エツ [31]
〔堪〕勇ヨン堪カウヲ クワウリヤクスモノ(?) [131]

ガム
〔巖〕巖戸コヲ [156]

カン
〔寒〕寒溫ヲン之 [111]
寒谷之 [115]
寒ｌ溫ヲ [165]
〔干〕干カン [95]
鮭ケイ干カン生セイノ「シヤウノ」(消) [135]
〔漢〕和漢カン [90]
漢天ニ [134]
〔翰〕翰カリウカ林 [89]
〔肝〕肝カン膽タン之 [134]
〔閑〕閑(閤)カン下カ [24]
偸(チウ)閑カンニ ヒソカニ [124]

寂セキナリ閑カン 下/上 [128]
〔間〕中ｌ間ヨリ [175]

カン(閤)→カフ
〔顔〕顔顔カン曲(回)火イ之 [142]

カン(諫)→ケン

カン(葛)→カツ

ガン
〔鴈〕鴈ｌ門之 [123]
鴈書 [158]

ガン(合)→カフ

キ
〔几〕立几帳 [78]
〔喜〕喜拝ハイ喜キ [131]
〔器〕御コ器キ [43]
御ｌ器キ [81]

字音索引　キ〜キヤウ

見出し	頁
様-器	217
〔季〕季キ秋シウ　年季キ	182
〔寄〕寄キ宿スク	246
〔岐〕繊岐子 テッシ クチナシ	54
〔忌〕忌キ辰シンナリ	45
〔期〕榮エイ期キカ	175
〔毀〕毀キ譽コ（ヨ）	62
〔氣〕御氣キ色ソクニ	201
霜サウ氣キ	24
〔碁〕圍（キ）碁キ	228
〔簀〕簀合キカンノ	83
〔眥〕眥曳ソウ眥キノ之	226
キ（毀）→ク卅	238
ギ	
〔擬〕擬キス	200
〔義〕堅リウ義キヲ	175
堅-義ヲ	176
其ノ義ヲ	177
肉-義	192
内論義キノ	200
キウ	
〔窮〕窮微クンヒ	107
〔九〕九節	79
窮キウ冬トウニ	242
〔舊〕舊 キ久從ソウ之（ウ）	21
舊キン塵チウニ	142
舊キウ意イ	240
舊キウ努ラウヲ	245
キウ（宮）→ク	
キウ（菊）→キム	
キウ（金）→キム	
ギウ	
〔牛〕牛-房	209
キク	
〔菊〕菊キウ（ク）潭タンニ	164
菊	251
菊（キ）ク水スイノ	168
キム	
〔今〕古今ノ	98
〔琴〕琴ヲ	63
和琴	82
〔筝〕筝（ノ）琴	82
〔禁〕禁キンス	197
〔襟〕襟キンニ	13
〔金〕金キン烏「コ」（消）ノウ	3
金キン章生ン	16
千金キウ	55
千金ヲ	97, 114
金ン商生	133
金ン字シノ	151
金花	168
キヤウ	
〔京〕京フ	39
〔京〕西（ノ）京ノ	

キヤウ
- 〔經〕讀ヨム經ヲ之 …128
- 法華經 …151
- 〔郷〕故-郷ニ …159

ギヤウ
- 〔行〕行セウト …152
- 數千行之 …197

ギヤウ（行）→カウ

キヨ
- 〔居〕居キヨシ …4
- 居キヨ諸 …15
- 〔舉〕不ス敢アヘテ毛モウ舉コ …17
- 〔盧〕清セイ盧キヨ …204

キヨ〔巨〕→コ

ギヨ
- 〔御〕還源御キヨ …104
- 〔魚〕制魚コノシロ …53
- 魚キヨ具〔貝〕ハイ …61
- 魚-納〔網〕マウ …158
- 魚キヨ貝 …231

キヨウ
- 〔興〕興ハ …126
- 寝シン〳〵興ケウク〳〵ナリト …231

キヨウ（供）→コウ

ギヨク
- 〔玉〕玉-兢ト …3
- 玉詞シ …16
- 玉珞 …133
- 玉山ヲ …240

キン
- 〔勤〕勤キン王之 …232
- 勤キム公コウハ …234
- 〔懃〕懃イン懃キン …28
- 懃懃ネムコロニ …239
- 〔近〕近ミキムク …229
- 近ン習シウノ …245

キン〔舊〕→キウ

ギン
- 〔吟〕吟キン詠エイ …86
- 〔銀〕銀提 …81

ク
- 〔久〕久ク親シンヲ …164
- 〔九〕九月 …167
- 〔功〕功ク-勞ラウ …8
- 〔口〕口ク-ヲ（イフ） …95
- 〔句〕長句ク …86
- 連ン句 …88
- 疊-句ヲ …88
- 〔宮〕宮ク商生ウ角微（徵）（チ）羽ウ …94
- 〔工〕工 …94, 95
- 〔舊〕舊ク道タウヲ …138
- 〔苦〕苦ク學カク …170

見出し	頁
〔駒〕龍リウノ駒クヲ	173
ク〔釣〕→テウ	
グ	
〔具〕旅タヒノ具クン	30
雑具	68
〔弘〕弘クン道	175
〔愚〕「遇クウ」（消）愚慮〔ヨ〕リロヲ	4
愚クウ頑元ノ之	7
愚クン	16
愚	146
愚僧	159
愚–庸〔ヨ〕カゥ之	178
曚モウ愚クヲ	187
愚下ヵ	228
グ〔駒〕→コ	
クウ	
〔窮〕窮微クンヒ	79
グウ	
〔遇〕老ラン遇〈遇〉クンタリ也	247
グウ〔愚〕→グ	
クツ	
〔崛〕崛クンセウト	156
〔屈〕態〈態イン屈クツノ	79
クワ	
〔和〕□□□〈和泉往〉□〈来〉	1
和火風	28
温和火之	113
和泉往來	252
〔花〕石花セ	54
桃タゥ花	60
松ソウ花火之	127
春花	153
金花	168
〔苽〕熟–苽	136
〔菓〕菓火子シ	52
珎チン菓火	61
菓子	231
〔華〕山サン華火	36
桃タゥ華	51
以テ華美ヒヲ	202
〔譁〕譁火ン譁火之	198
〔過〕過差ヲ	203
靴半ハム靴火	43
クワ〔冠〕→クワン	
クワ〔華〕→クヱ	
グワ〔畫〕→ジン	
クワイ	
〔個〕俳ハイ個火イ　個タチヤスラフ	163
〔回〕顔カン曲〈回〉火イ之	142
〔壊〕還源懷火イ	183
暗アン壊火イ	221
〔廻〕數ス廻火イ之	170
五六廻リク火イ之	197
〔懷〕拙セン懷クワイヲ	10

クワイ
- 懇コン懐火イヲ ……29
- 清セイ懐クワイヲ ……60
- 迹スン壊(懐)クワイヲ ……87
- 舟(丹)タン壊(懐)火イヲ 火イ ……101
- 蓄チク懐火イヲ ……153
- 壊(懐)元イ士之 ……162
- 〔槐〕槐火イ林リン之 ……142
- 〔誨〕嚴ケン誨火イ之 ……133
- クワイ(會)→ヱ

グワイ
- 〔外〕外-國ニ ……4

クワウ
- 〔光〕光火ン陰イウニ ……19
- 暖タン光之節 ……113
- 〔堪〕勇ヨン堪カウヲ クワウリヤクスモノ(?) ……31
- 〔廣〕廣クワウ恩ヲン ……11
- 廣-恩ヲ ……178
- クワウ(黄)→ワウ
- クワウ(歡)→クワン

クワク
- 〔埦〕射シャ埦火ク之 ……143
- 〔鶴〕鶴火ク戻ルイヲ ……24
- 鶴ツル 火ク望ハウニ ノソミ ……25
- 鶴望之至リ ……107
- 鶴髪ハツ ……149
- クワク(鶴)→クワク

クワン
- 〔冠〕弱冠火(ン)ニ ……17
- 〔勸〕歡(勸)クワウ賞生 ……10
- 〔卷〕書-卷ヲ ……137
- 〔官〕内ナイ-官ニ ……4
- 下官 ……22、65、246
- 〔歡〕歡(勸)クワウ賞生 ……10
- 〔瑄〕玉瑄 ……133
- 〔管〕管絃ケン ……93
- 笙管 ……94
- 〔緩〕緩火ン々ユルク 緩タリ ……74
- 〔觀〕觀スル樹ヲ之 ……125
- 觀ン念ネ ……199
- 〔誼〕誼火ン譁ン火之 ……198
- クワン(還)→グエン
- クワン(光)→クワウ

グワン
- 〔元〕元元五 ……94
- 〔頑〕愚グ頑クウ元ノ之 ……7
- 〔願〕願事歎ト願元 ……157

クヰ
- 〔卉〕碧ヘキ卉兄 ……106
- 〔毀〕毀毀キ譽コヲ ……201
- 〔歸〕歸歸鬼スル眞シンニ之 ……148
- 〔貴〕楊ヤウノ貴妃ヒ之カ ……91

クヰャウ
- 〔頃〕一頃兄之 ……5

クヰョウ

字音索引　クヰヨウ〜クン

〔供〕供ス　123

クヰヨク
〔曲〕歌ウタノ曲ノ　87

クヱ
〔華〕法華經　151

クヱツ
〔決〕決擇ヲ　180

グヱツ
〔月〕正月　2
日_月之　19
二月　27
三月　50
風_月　51
炑月ヲ　56
四月　64
年_月（ヲ）　65
正月廿日　66
佳ヵシン辰ン令レイ月ット　92

旬スン月　100
五月　105
六月　117
年_月　118
七月　132
八月　144
旬月　145
秋月　153
九月　167
十一月二　174
十月　195
十一月　200
霜月會　227
十二月　241
臈ラウ月ケツ二　242
星セイ月　246
四五月　255

クヱン
〔懸〕懸魚（譽）ロ之　34
懸盤　81
懸_盤　216
〔眷〕微ヒ春（眷）ケンヲ　238

グヱン
〔縣〕小セン縣元　11
州シウ縣源コホリ之　238
〔源〕桃タウ源二　163
管ン絃源ケン　63
〔絃〕五絃源之　93
〔還〕還源御キヨ　104
還源懷火ィ　183

クン
〔君〕王昭セウ君之カ　92
〔慮〕萬ハン慮（去）クンリヨ　13
〔薫〕薫クン入ニンセン　154
クン（嘔）→クツ
クン（窟）→クウ

グン

- グン〔具〕→グ　166
- グン〔弘〕→グ　198
- グン〔愚〕→グ　191
- グン〔邁〕→グウ、マイ　31

ケ

- 〔假〕假ヶ名　210
- 〔家〕俗ク－家ニ
- 〔悕〕非悕ヶ望マウ
- 〔氣〕隨テ其ノ氣ヶ色シキニ
- 〔芥〕芥ヶ子
- ケ〔涓〕→ケン
- ケ〔計〕→ケイ

ゲ

- 〔下〕下官　22、65、246
- 下　95、95
- 〔解〕解文　47、135
- 解脱タツノ之　152
- 解狀上ンヲ　189
- 解文　244
- ゲ〔夏〕→カ

ケイ

- 〔傾〕傾ケイ恤コウ「コウ」出ニ　13、13、25、26
- 〔兮〕号〈兮〉兮　24
- 号兮号　237
- 〔刑〕刑ケイ〈ヘ〉キノ鞭〈ン〉　233
- 〔啓〕被ラレン洩モラシ啓ケイセ　11
- 參サン啓ケイ　25
- 執シウ啓〈ケウ〈ス〉〉　29
- 啓ケイ達タッセン　49
- 委ヰ啓ケイセン　124
- 爲ニ啓ケイセムカ　135
- 〔揭〕揭〈揭〉鞭　229
- 〔桂〕桂ケイ枝シニ　168
- 桂ケイ－心　216
- 〔經〕經ケイ□カ〈?〉－營エイ　102
- 經ケイ歷レキ　163
- 御經ケイ營エイ　222
- 經營　228
- 〔螢〕螢ケイ雪之業ニ　111
- 〔計〕不ス遑イトマアラ勝セウ計ケニ　5
- 无假〈暇〉イトマ稱セウ計ケニ　98
- 量リヤウ計ケスヘシ　173
- 不可勝計ケ　205
- 〔鮭〕鮭ケイ千カン生セイノ「シヤウノ」「消」　135

ケウ

- ケウ〔啓〕→ケイ
- ケウ〔交〕→ゲン
- 〔交〕交ケウ接セウ也　90

ゲキ

- 〔劇〕怱ソウ劇ゲキニ　119

〔逆〕逆ケキ 鱗リンナリイロクツ …… 247

ケチ
〔結〕結ケチ 縁エン之 …… 151

ケツ
〔纈〕纈カウ纈ケツ …… 66
〔鬱〕鬱ウ（ツ）結ケツ …… 79

ケフ
〔挟〕挟カイ（ケフ）母 …… 78
〔狹〕狹ケフ鍾ソウ …… 27

ゲフ
〔業〕道ン業ケウヲ …… 171
大業ケウヲ …… 178

ケム
〔兼〕兼ケンス …… 4
首兼 …… 53

ゲム
〔劔〕擁釼（釼）…… 109
〔嚴〕嚴ケン誨火イ之 …… 133

〔驗〕効カウ驗ケン …… 172

ケン
〔倦〕不倦（ケ）レンセサレ者也 …… 99
〔慮〕賢ケン慮リヨヲ …… 232
〔憲〕憲ケン章生ヲ …… 233
〔涓〕涓ケ塵チウ …… 69
〔獻〕獻ケン上 …… 110
〔賢〕賢ケン慮リヨウヲ …… 224
〔諫〕諫ケン鼓コ …… 233
〔見〕露ロ見之 …… 10
普フ賢ケン …… 150
賢ケン徒ト之 …… 178
〔間〕世間ケン …… 145
人―間 …… 224
〔顯〕開カイ三サン顯ケン一之 …… 154
ケン（眷）→クエン

ゲン
〔言〕愛アイ言ケンヲ …… 86

一言 …… 99
〔限〕有イウ限ケン之 …… 24
ゲン（絃）→グエン

コ
〔乎〕乎 …… 23
〔古〕古コ躰タイナリ …… 87
古今ノ …… 98
〔呼〕嗚ヲ呼コ之 …… 191
〔壺〕蓬ホウ壺コノ之 …… 250
〔戸〕巖戸コヲ …… 156
〔巨〕巨川サント …… 225
〔庫〕兵庫コ鋳 …… 38
〔故〕故コ實シツヲ …… 16
故ー郷ニ …… 159
〔沽〕沽コ洗セチ（ン）…… 50

字音索引　コ～コク

〔烏〕金六（キ?）ン烏ウ「コ」（消　3
〔胡〕胡コ馬ハ　162
〔苦〕苦コン山之　115
〔顧〕顧コ私シ之　20
〔鼓〕諫ケン鼓コ　233
コ（抄）→セウ
コ（舉）→キヨ
コ（烏）→ウ
コ（譽）→ヨ
〔五〕五條ノ　40
ゴ
五百之　56
五絃源之　63
五百余艘ソウ　67
元五　94
五　95、95
五月　105
五臺山之　155

五六廻リク火イ之　196
〔後〕後身歟　255
四五月　92
舟（丹）後（ノ）布　121
今コン後五ヲ　165
後生ヲ　184
〔御〕殿トノ、御コ前センニ　11
御氣キ色ソクニ　24
御コ器キ　43
御ー器キ　81
御經ケイ營エイ　222
御節　228
御ー覽ヲ　250
〔期〕期五カタラテ　184
〔碁〕碁ヲ　62
〔胡〕胡ー麻　212
ゴ（碁）→キ
ゴ
コウ

〔公〕至シイ公コン　2、7
公祿ロク　6
陽ヤウ公コウ之カ　97
勤キム公コウハ　234
〔功〕升セウー山之功コウヲ　123
功コウヲ　191
〔洪〕葛カン供（洪）か）コウノ　123
〔猴〕獼猴桃　109
〔矜〕矜コン恤スツノ　141
矜コン恩ン　248
〔紅〕紅コン涙ルイ　13
紅コウ桃タウ　55
コウ（供）→クキヨウ
コウ（傾）→ケイ
コウ（ロ）→ク
コウ（エ）→ク
コウ（弘）→グ
コク

〔國〕外-國ニ　4
諸-國　8
一-國ニ　18
任-國ニ　29
國司シノ　229
〔金〕金王丸　232
治-國之　234
治國
〔尅〕昬コン尅コクニユウサリノトキニ　83
時尅　145
〔谷〕寒谷之　115
〔黒〕薦-黒　209

ゴク
〔極〕極-妙　79

コツ
〔骨〕骨コツ　94
俗ソク骨コツノ之　119

ゴフ
〔業〕白業コウヲ　152

コム
成-業コウノ之　223

コン
〔金〕金コン布　165
〔紺〕紺コン布　45
〔今〕今コン後五ヲ　254
〔懇〕懇コン懷火イヲ　29
懇(コン)フンカロクヲ　224
〔昆〕昆-布　213
〔昬〕昬コン尅コクニユウサリノトキニ　83
晨シン昬コン　100
〔根〕蓮-根　209
〔混〕混コン雜サンシテ　84
〔近〕近藤掾カ　39
コン〔矜〕→コウ
コン〔苦〕→コ

ゴン
〔勤〕恪カク勤コンノ　9

資シ勤コン　116

サ
〔言〕言　189
〔言〕言上　94

サ
サ〔散〕→サン
サ〔蒼〕→サウ
〔佐〕衆スウ佐サ　203
〔茶〕茶(マ)垸(ワ)ロン　82
〔差〕差コ過差ヲ　224

サイ
〔妻〕妻サイ妾セウ　21
〔宰〕牧モク宰サイナリト　238
〔才〕不才之身　114
オサイ學カイヲ(ク)　173
〔採〕採サイ用ヲ　174

サイ

〔最〕最サイ-甲 カウノ　80
最サイ-前ト　186
〔歳〕如千歳ノ　107
〔細〕細サイ-美ヒ　44
細サイ-塵チン　225
〔菜〕神-仙-菜　208

ザイ

〔在〕常在靈ヤン山サン　93

サウ

〔巣〕思シ巣サウ之　162
〔操〕美操ヒサセハ〈ウ?〉　85
〔桑〕桑サン〈クワ〉田之　251
〔相〕相應ヲウシテ　72
相好ヲ　153
〔草〕草サウ木モク　36
野ヤ草サン　36
朱ス革〔茸〕サウ　51
神-馬-草　206
鹿-毛-草ヒシキ　208
鹿-角-草カノツシモ　208
鶏-頭-草ミツフキ　209
〔荘〕荘生-齢レイ　193
〔蒼〕蒼サウ天テン　12
蒼サ波　102
〔雙〕雙-六　83
雙サウ-質シチ之　165
〔霜〕霜色　196
〔霜〕霜月會　200
霜サウ氣キ　228
風霜サウ　246

ザウ

〔象〕白ク象サウ　154
〔造〕造-味曾　121

サク

〔作〕□〈西〉□〈室〉作　1
西室作　252
〔册〕册 尺　37
〔索〕索-餅　215
サク〈夕〉→セキ

ザク

〔柘〕柘榴　52

サツ

〔察〕察サンセン　10

ザフ

〔雑〕雑-事　49
雑具　68
混コン雑サンシテ　84
雑-事　179
雑事　237

サム

三月　39
〔三〕三　50
三千之　56
三ン春スン　58

三ッ樂之 63
三ッ衣ェ 126
三ッ尊ソンヲ 150
開カイ三サン顯ケン一之 154
三會之 180

サン

〔参〕参サン啓ケイ 25
須スヘカラク…参サン調カン(?) 101
参サン仕シシテ 185

〔山〕雲ウン山之 9
山サン華火 36
如シ山海ノ 69
常在靈(リ)ヤン山サン 93
苦コン山之 115
山厨トウ之 119
升セウ一山之 123
滿一山 129
雲山之 130

五臺山之 155
一山 201
爲ヰ一山サム之 225
玉山ヲ 240
恩山ノ 250
散サンス花ヲ 101
散サンシテ 140
難カタシ散サシ 168
〔散〕忽タチマチニ散ス 242
白散サム 243
〔讃〕讃サン佛乘之 129
〔滄〕松ソウ滄サンヲ 156

サン(草)→サウ
サン(川)→セン

シ

〔之〕給(含)フ、ム…之暮(春)ハルノ雨 48
縫ヌウ春ノ衣モヲ之朝風 49
加之シカノミナラス 87
如此之間タ 102
經營一之間 102
不ル汲クマ水ヲ之咎トカ也 115
不拾ヒロハ薪タキヲ之罪ツミ 115
山厨トウ之寂セキ寞ハクヲ 120
觀スル樹ヲ之志コ、ロサシハ 125
甄モテアソフ「コト」(衍)花ヲ之興ハ 126
採ヒロウ花ハナヲ之丁ヨヲロ 127
讀ヨム經ヲ之眼マナコ 128
過スクル經ヒマヲ之駒 145
趣ヲモフク屠トニ之羊ヒツジ 146
染衣之侶トモ(カラ)ニ 147
歸鬼スル眞シンニ之誠マコトヲ 148
望故ヒ郷ニ之思ヒ 160
着キテ錦ニシキヲ之歸カヘタムコト(ラ) 160

字音索引　シ

戀コフル新シン友イウ(ヲ)之心　160
連ヌル璧玉ヲ之志コ、ロサシヲ　161
摧モヨヲス老ヲ之　183
交マシ「ヘテ」(消)／ウル膝ヒサヲ之輩　トモカラ　187
可シト被セラル任ニン…之解狀上ン　ヲ　189
〔覺〕サマス眠ネフリヲ之曉アカツキノ　199
飛ヒ走ソウシテ之景　199
紛マカフ眼マナコニ之曉ユヘ　200
〔仕〕〔參〕サン仕シシテ　185
〔使〕走ソウ使ハシリ使ツカワサル之　22
酌尺ー便(使)シ　218
〔刺〕刺(平輕)ハン史(平)シ　237
〔史〕刺(平輕)ハン史(平)シ　237
〔司〕諸ソ司シ　10、16
美ミマ作サカノ新シン司シ　32
國司シノ　229

〔四〕四月　64
四卜者イフハ　87
四病　87
四　95
八萬四千之　153
四五月　255
〔士〕僕ホク士シ　21
〔子〕師子首カシラ　40
合子　43
梔子テツシ　クチナシ　45
菓火子シ　52
障子　79
欄ライ子シ　82
調子　96
柏(拍)子　96
包ハウ子シ　108
薦子　108
饇ツイ子シ　108

覆瓫(盆)子　109
師子　155
芥ー子　210
胡ー桃ー子クルミ　212
菓子　231
〔市〕市中ゥ之　79、89
〔乕〕色シキ乕　120
上乕　249
〔師〕師子首カシラ　40
藥師　86
師命　116
師ー檀タン之　152
師子　155
宗スン祖師　174
大師　175
〔志〕白ハク志シ(ナラ)而已マクノミ　55
〔思〕思シ菓サウ之　162

字音索引　シ〜ジ

シ

〔旨〕委旨 … 239
〔枝〕枝ー大ー角ー豆　桂ケイ枝シニ … 136
　梅ハイ枝シ … 168
〔柿〕熟ー柿 … 216
〔止〕進シンー止シノ之者モノ … 216
〔瓷〕瓷 … 31
〔私〕私ワタクシノ歎キ歎タン … 218
　顧コ私シ之 … 7
〔紙〕一紙シニ … 20
　上紙 … 14
　白紙 … 89
〔紫〕紫シカンノ鴛ヲシ … 101
〔絲〕絲シ竹チク … 73
　絲シ … 93
〔脂〕脂シ粉フン … 172
〔至〕至シイ言コン之 … 7
　至要也 … 231
〔詞〕玉詞シ … 16

〔詩〕詩シ賦フ … 86
　詩篇シヘンヲ … 137
〔資〕資シ勤コン … 116
シ（七）→シチ

ジ

〔事〕事返シ … 14、112、181
　事シンミシンニ … 33
　雜事 … 49、179
　萬事 … 98、99
　佛ー法之事シニ也リ … 119
　兩事 … 177
　執シウ事シ … 204
　雜事 … 237
〔二〕二月 … 27
　二仙セン之 … 62
〔字〕一イチ字シ … 55
　一字ヲ … 113
　金ン字シノ … 151

〔寺〕住ン寺シ … 169
　專セン寺シノ … 188
〔磁〕罨イウ磁シ … 15
〔慈〕慈シ恩ヲン … 174
　慈ー恩ー會 … 176
〔時〕時シ節セツノ … 15
　時苗ヘウ … 33
　時ー節 … 51
　時尅 … 145
　時俗ゾクニ … 231
　時ー次シニ … 69
〔次〕路ロ次シノ … 187
　不次シニ … 208
〔而〕退シリソカウト（スレハ）而 … 6
〔示〕紅ー亂ー海ー示カノコノリ … 6
　進ス、マウトスレハ而 … 55
　裁ヲテ…而 … 21
　宕アカレテ而 … 26

字音索引　ジ〜ジツ

〔秋〕秋月 …33
州〔シ〕ウノ …104
州シウ縣源コホリ之 …127
〔州〕奥アン—州シウ之 …128
シウ
シイ〔至〕→シ
ジ〔耳〕→二
〔辭〕難カタシ、辭シ、 …154
不可默モタシテ而罷ヤム …170
競キヲテ而 …171
遁ノカレテ而 …194
退—而シリソイテ …194
進—而ス、ムテ …230
出イテ東ヨリ而 …125
眩クルヘイテ而 …159
疲ツカレテ而 …237
悦ヨロコフテ而 …237
點モタシテ而 …153

季キ秋シウ …182
春スン秋シウヲ …197
〔妖〕妖月ヲ …56
〔脩〕脩ス良ヲ …232
〔舟〕舟シフ撒イウ …9
舟シフ楫イフナリ …172
日舟シン …244
〔衆〕衆スウ佐サ …179
衆スウ力ヲ …224
〔酬〕報ホウ酬シウ …57
シウ(修)→シユ
ジウ
〔從〕從(徒カ)ヲ …166
シキ
〔色〕隨テ其ノ氣ヶ色シキニ …31
色シキ唇 …79、89
霜色 …196
〔職〕當—職シキニ …189

ジキ〔食〕→ショク
シチ
〔七〕七シ …94
七月 …132
シツ
〔室〕入(ニ)ン室シツノ …165
禪セ室シツ …177
〔質〕雙サウ—質シチ之 …192
ジツ
〔實〕故コ實シツヲ …16
〔日〕日月之 …19
不フ—日シツナリ …29
明日香アスカ …46
以去サリシ正月廿日 …66
廿二日 …67
累ルイ日シツ …198
春—日—坑カスカモヒ …217
日シツ車キ(サ?) …244

字音索引

語	頁
日舟シン	244
シフ	
〔執〕執シウ啓ケウ(ス)（ママ）	29
執シウ事シ	204
〔習〕習シウ學ノ	199
近ン習シウノ	245
ジフ	
〔十〕十シフ	94
數ス十シウ有年ン	174
十月	185
十一月	195
十二月	227
〔汁〕汁シウ物モツヲ	241
シム	
〔心〕心	126
〔心〕心池	60
一心房阿闍梨リ	204
桂ケイ〻心	216

語	頁
シヤ	
〔斟〕斟クミシン酌(シ)シヤクヲ クム	167
〔寝〕寝シン〻興ケウ〳〵ナリト	230
〔針〕針シン縷イトスチ之	21
〔寫〕寫書寫了	253、256
〔射〕射シヤ堋火ク之	143
無フ射者ィ	167
〔砂〕砂陶タウ砂シヤ	46
〔者〕不倦レンセサレ者也(ケ)	99
〔謝〕拜謝	104
〔車〕日シツ車ヰ(サ?)	244
ジヤ	
〔遮〕遮莫〻〻	181
〔闍〕一心房阿闍梨リ	204
〔麝〕麝シヤ香	88
シヤウ	
〔匠〕講匠シヤウヲ	169
講カウ匠者	172

語	頁
〔商〕商ク商生ウ角微(徵)（チ）ヒ羽ウ	94
金ン商生	133
〔奬〕奬提テイ奬生	203
〔性〕慚ハツ性ヲ	114
〔昌〕昌補ノ	107
〔正〕正月	2
以去サリシ正月廿日	66
〔生〕鮭ケイ干カン生セイノ「シヤウノ」(消)	135
生〻茄	136
後生ヲ	184
〔生〕生涯カイ	244
〔章〕金キン章生ン	16
鹿章生ウ可カノ之	122
憲ケン章生ヲ	233
〔笙〕笙管	94
〔箏〕箏〻琴	82
〔奬〕奬束	37

ジヤウ（承前）・シヤウ

見出し	頁
夏獎束	110
〔賞〕歡(勸)クワウ賞生	10
蒙カフル賞生ヲ	18
〔醬〕唐-醬	212
〔障〕泥障	39
軟障	78
障子	79

シヤウ(壯)→サウ

ジヤウ

見出し	頁
〔上〕上生閤カウ	22
已上	39
上-馬	47
進上之(ヲ)	54
上生林リン苑エンカ	59
上-下	76
上紙	89
上	94、95、95
上等トウノ也	96
獻ケン上	110
上咮	120
進-上	135
堂タウ土(上)ニ	146
上王(?)佛之	154
言上	189
上-咮〔シユ〕	249
〔常〕常在靈ヤン山サン	93
无ム常ナリ	146
〔成〕成-業コウノ之	223
〔狀〕解狀上ンヲ	189
〔靜〕動トン靜〔ウクヤウ(シ)〕	91

シヤク

見出し	頁
〔勺〕勺-若(藥)	209
〔酌〕斟シン酌ヤクヲ／酌クミ酌クム	167
酌-尺便(使)シ	218

シヤク(タ)→サク

ジヤク

見出し	頁
〔弱〕弱冠火ニ	17
迋王弱尺之	190
〔若〕下カ若尺村スンカ	59
老ラウ-若コトニ(?)〔若シヤク〕	174

シユ

見出し	頁
〔修〕修スシ	176
〔朱〕朱ス革(草)サウ	51
朱明	65
〔殊〕殊勝ノ	80
文ン殊ス	150
〔酒〕美ヒイ酒ス	54
美ヒイ酒ス	61
清-酒	212
酒ス-海カイ	219
〔首〕首スン途ト	32、66
首兼	53

シユ(衆)→シウ

ジユ

字音索引　ジユ〜ショウ

〔受〕受ス領リャウ …… 8
〔壽〕益壽ス …… 63
〔誦〕誦ス、 …… 93
不シテ誦スセス …… 137

シュク
〔宿〕寄キ宿スク …… 54

ジユク
〔熟〕熟苡 …… 136
熟-柿 …… 216

シユツ
〔出〕出身之 …… 23

ジユツ
〔恤〕傾コウ「コウ」(消)恤出二 …… 24
矜コン恤スノ …… 141
〔術〕治-國之術スツ …… 232
〔述〕述スン壞(懷)クワイ　火イ …… 87

シユン
〔春〕春風ヲ …… 56
三ン春スン …… 58

ジユン
〔旬〕旬スン月 …… 153
旬月 …… 197
遣ノコンノ旬 …… 100
〔純〕石純コモ …… 145
(潤) ジユン → ニン …… 243

ショ
〔且〕且(シヤ)千センナリ …… 207
〔所〕所命之 …… 18
所-要之 …… 158
所-入之 …… 205
所-命ノ …… 230
新別所 …… 236
〔書〕書 …… 253
書籍セキヲ …… 90
書-卷ヲ …… 133
書寫了 …… 137
鴈書 …… 153
三ン春スン …… 197

〔書〕書-卷ヲ …… 137
鴈書 …… 158
書寫了 …… 253、256
〔諸〕諸-國 …… 37
諸ソ司シ …… 8
〔處〕處ソセム …… 9、16
居キヨ處 …… 15

ジヨ
〔助〕助成ハ …… 225
〔絮〕柳リウ絮ソ …… 51
〔舒〕仲(チウ)舒ソカ之 …… 138

ショウ
〔勝〕不シ遑イトマアラ勝ソウ計ケ二 …… 5
殊勝 …… 80
〔勝〕勝(ショウ)劣ヲ …… 202
不可勝計ケ …… 205
〔升〕升セウ-山之 …… 123
〔從〕舊キ久(ウ)從ソウ之 …… 21

字音索引　ショウ〜シン

- 〔悚〕悚セウ　歎タンノ之 …… 188
- 〔昇〕昇進 …… 180
- 昇進ン …… 187
- 〔松〕松ソウ花火之 …… 127
- 松ソウ浪サンヲ …… 156
- 浮海-松ウキミル …… 207
- 干海-松 …… 207
- 松木(二) …… 221
- 〔稱〕无假(暇)イトマ稱セウ計ケニ …… 98
- 〔縱〕縱ソ(ウ)容 …… 10
- 先セン縱ソ(ウ)クヲ …… 137
- 〔證〕證ソウ二 …… 131
- 〔蹤〕前ソク蹤(ウ) …… 4
- 〔鍾〕鍾ソウ愛アヒ之 …… 20
- 狹ケフ鍾ソウ …… 27
- 林鍾 …… 117
- 應-鍾 …… 195
- 黃鍾 …… 227

ジョウ
- 〔乘〕讚サン佛乘之 …… 129
- 〔掾〕近藤掾カ …… 39
- 〔蒸〕蒸理二 …… 154

シヨク
- 〔織〕文フン-織ソクヲ …… 6
- 〔色〕御氣キ色ソクニ …… 24
- 〔食〕中食 …… 127

ジヨク
- ジヨク〔辱〕→ニク
- 〔溽〕潤ニン溽ソクヲ …… 20

シン
- 〔信〕音イン信シン …… 104
- 新シ支イウ之心 …… 32
- 〔新〕美ミマ作サカノ新シン司シ …… 160
- 新別所 …… 254
- 〔晨〕晨シン昏コン …… 100
- 〔申〕庚カウ-申シン …… 175
- 〔眞〕歸鬼スル眞シンニ之　誠マコトヲ …… 148
- 〔神〕神明 …… 69
- 佛-神 …… 72
- 神-馬-草 …… 206
- 神-仙-菜 …… 208
- 〔秦〕六秦シム介カ所作 …… 40
- 〔脣〕脣シン吻フツ之 …… 202
- 〔親〕親シン眤チヲ …… 36
- 親シン緣エン …… 161
- 久ク親シンヲ …… 164
- 〔身〕出身之 …… 23
- 一身シンニ …… 58
- 後身歟 …… 92
- 人身 …… 146
- 一身(ママ)之 …… 164
- 一身　ヲ之 …… 180
- (消)「有身」 …… 192
- 有イウ身シン之 …… 192

シン

〔辰〕佳カシ辰シン令レイ月ット … 92
忌キ辰シンナリ … 175
〔進〕進シン發ハツ … 29
進シ—止シノ之者モノ … 31
進上(ス)之(ヲ) … 54
進シ—發ハツ(ノ) … 67
進上 … 135
進ス、ミ退シリソク … 142
昇進 … 180
昇進ン … 187
進ン向カウ(ス) … 244

ジン

〔人〕人シン霊リョウニ … 26
人シン倫リン … 70
萬一人 … 97
人シン跡セキ … 103
稠チウシケキ人シンヒト … 123
人身 … 146
人シン命イ … 148
爲タリ…野人シン … 159
〔仁〕仁シン恩ンニ … 163
人間 … 201
萬人 … 223
〔盡〕彩イロヘタリ盡(畫) … 79
ジン(事)→ジ

ス

ス(修)→シュ
ス(數)→スウ
ス(朱)→シュ
ス(殊)→シュ
ス(蘇)→ソ
ス(酒)→シュ
ズ(受)→ジュ
ズ(誦)→ジュ

スイ

〔水〕定水之 … 166
菊ク水スイノ … 251
〔萃〕拔ハン萃スイニ … 173
ズイ(蕤)→ヌイ

スウ

〔宗〕宗スン祖師 … 174
〔數〕數ス廻火イ之 … 169
數十シウ有年ン … 185
數千行之 … 197
スウ(衆)→シウ

スク

スク(宿)→シュク

スツ・ズツ

ズツ(恤)→ジュツ
ズツ(術)→ジュツ
ズツ(迹)→ジュツ

スン

〔村〕下カ若尺村スンカ
スン(宗)→ソウ

スン(春)→シユン
スン(村)→ソン　71
スン(通)→ツウ　171
スン(首)→シユ　118
ズン(旬)→ジユン　61

セ

〔世〕世間ケン　59
セ(世)→セイ　36

セイ

〔世〕世セイ帶タイ　145
世セイ途トニ
世セイ路ロニ
世イ路ロ
世イ路ニ
〔征〕征セイ帆ハン

〔成〕成セイ立リウ　18
不成セイ之　183
助成ハ　225
〔政〕改(政)セイ途ニ　190
〔星〕星セイ月　246
〔清〕清セイ懷クワイヲ　60
清セイ談タン　106
清セイ虚キヨ　203
清セ酒　212
〔生〕鮭ケイ干カン生セイノ「シヤウノ」(消)　135
長生ヲ　164
生豆　212
生前之　248
〔箐〕抽箐　82
〔西〕鎮チン西セイ(二)　66
〔青〕青セイ陽ヤウノ　55
青セイ陽ヤウ　65

青セイ蘋ヒン　106
青セイ風　140
青セイ苔タイヲ　151
セイ(世)→セ
セイ(正)→シヤウ
セイ(性)→シヤウ
セイ(静)→ジヤウ

セウ

〔小〕小セン縣元　11
小伏菟　108
〔少〕雛トモ微ヒ少セウナリト　122
少女チヨ之　125
少飯ハン　127
少僧　168、177
少僧(2)　189
〔抄〕挾抄カイコ　68
〔昭〕王昭セウ君之カ　92
〔樵〕樵セウ翁ヲウカ　62

〔紹〕紹セウ 隆リウセン 176

セウ(方)→ハウ

セキ

〔夕〕夕(セキ) 95

〔寂〕寂セキ寞ハクヲ 120
寂セキナリ閑下カン上 128

〔碩〕碩セキ學(カク?)之 191

〔籍〕書籍セキヲ 134

〔跡〕流リウ跡セキ 19
人シン跡セキ 103
門モン跡セキ 203

セキ(夕)→サク

セキ(薜)→ヘキ

セツ

〔拙〕拙セン懷クワイヲ 10

〔節〕節センシ 3
時シ節セツノ 15
節ヲ 20、250

時ー節ニ 51

隨テ節ニ 106

御節 107

〔雪〕螢ケイ光之節ニ 113

暖タン光之節ヲ
變ヘンシテ節ヲ 133

九節 228

セツ(洗)→セン 111

ゼツ

〔絶〕所ロ被ラレタル恩絶セ、 129

セフ

〔妾〕妻サイ妾セウ 21

セフ(摂)→イフ 90

セム

〔潜〕潜セン衞ヱノ 223

〔瞻〕瞻セン仰カウス 153

セン

〔仙〕二仙セン之 62

神ー仙ー荼 208

〔先〕先セン縱ソクヲ 137

〔千〕且(シヤ)千センナリ 18

千金キウ 55

三千之 56

千半之 62

千 94

千金ヲ 97、114

八萬四千之 107

千ー里 153

如千歳ノ 179

數千行之 197

千萬ナリ 239

〔宣〕宣セム尼ニ之 137

〔專〕專セン寺シノ 188

〔山〕恩ヲン山セン 61

〔川〕巨ヨ川(セ)サント 225

字音索引　セン〜ソウ

セン
〔泉〕□□□〈和泉往〉□〈來〉 …… 1
和泉往來 …… 252
〔洗〕沽ュ洗 セチ〈ン〉 …… 50
〔煎〕煎ー餅 …… 120
〔舩〕類ルイ舩 セム …… 67
一舩ノ …… 97
〔薦〕薦子 …… 108
薦ー黑 …… 209
〔遷〕遷 セン 任ニウスルコト …… 17

ゼン
〔前〕ソク（ウ）蹵 …… 4
〔前〕殿トノ、御ュ前 センニ …… 11
前途トニ …… 116
佛前 …… 128
最サイ前ト …… 186
前例レイ …… 230
生ー前之 …… 248
〔禪〕禪林之 …… 166

禪セ室シツノ …… 192
〔膳〕爲ス膳セント …… 5
〔軟〕軟障 …… 78

セ、（絶）→ゼツ

ソ
〔曾〕味曾 …… 121
近曾コソノ …… 188
味ー曾 …… 211
〔祖〕宗スン祖師 …… 174
〔蘇〕蘇芳スハウ …… 46
〔疎〕疎 ソラ略クニ …… 37

ゾ（舒）→ジヨ

ソウ
〔僧〕僧ノ意ロ …… 128
愚僧 …… 159
僧從（徒）トノ …… 168、177
少僧 …… 172
僧 …… 177
末マ僧 …… 182
少僧（ノ）…… 189
僧ハ …… 194
野僧 …… 196
〔曳〕曳曳ソウ者キノ之 …… 238
〔宗〕爲ス宗ト …… 31
爲宗ト …… 203
〔恣〕閭ロ里之恣 ソウ 劇ケキニ …… 119
〔艘〕五百余艘 ソウ …… 67
〔藪〕斗藪トヲソウ之 …… 123
〔走〕走ソウ 使シ ハシリ ツカワサル之 …… 22

ソウ〜タイ

項目	頁
飛ヒ走ソウシテ之	199
ソウ（勝）→ショウ	
ソウ（宗）→スウ	
ソウ（松）→ショウ	
ソウ（縦）→ショウ	
ソウ（證）→ショウ	
ソウ（蹤）→ショウ	
ソウ（鍾）→ショウ	
ゾウ（從）→ジウ	
ソク	
〔則〕夷イ則ソク	132
〔束〕奬ᐟ束	37
夏奬束	110
ソク（織）→ショク	
ソク（色）→ショク	
ゾク	
〔俗〕俗ソク骨コツノ之	119
俗塵チニ	147
俗ᐟ家ニ	198
時ᐟ俗ソクニ	231
〔族〕大族	2
〔續〕羊ヤン續ソク	34
〔賊〕木賊トクサ	46
烏賊	109
ゾク（海）→ジョク	
ソン	
〔尊〕尊毫カウヲ	113
三ン尊ソンヲ	150
ソン（村）→スン	
タ	
〔多〕多ᐟ々ナリ	68
多ᐟ類ル（イ）ニ	75
多ᐟ暦リャク之	170
〔汰〕爲ニ逃テン汰タイセ	176
タイ（唐）→タウ	
タイ（達）→タツ	
ダ	
〔陀〕阿彌陀ノ	150
〔駄〕駄	47
ダ（道）→ダウ	
タイ	
〔大〕大族	2
大ᐟ河	74
大刀	81
大ᐟ陽ヤウノ之	125
枝ᐟ大ᐟ角ᐟ豆	136
大タイ捜カイ	157
大師	175
大業ケウヲ	178
大ᐟ提イ	217
大呂	241

字音索引　タイ〜タツ

〔太〕心-太　208
〔帶〕世セイ帶タイ　36
〔滯〕沈チン滯タイト　186
〔苔〕靑セイ苔タイヲ　152
〔躰〕古コ躰タイナリ　87
本躰　202
〔黛〕粉フン黛タイヲ　142
〔駘〕駑ト駘タイ　30
〔退〕進ン退タイ　スゝミ退シリソク　84
タイ(體)→テイ
タイ(汰)→タ
〔第〕第一之　201

ダイ

〔臺〕在臺　80
臺　80
磨スリ入ィレ臺　81
五臺山之　155
ダイ(納)→ダフ

タウ

〔刀〕大刀(タチ)　40
長刀タチ　41
大刀　81
〔唐〕唐タノ　52
唐(フ)　96
唐醤　121
唐醤　212
〔桃〕桃タウ華　51
紅コウ桃タウ　55
桃タウ花　60
獼猴桃　109
桃タウ源二　163
胡桃ー子クルミ　212
〔濤〕波ハー濤タウヲ　180
〔當〕爲當ハ(タ)　92
當會二　185
別ー當　188
當職シキ二　189
〔陶〕陶タウ砂シャ　46

ダウ

〔堂〕堂タウ土(上)二　146
堂タウ(フ)上ゥヘ二　194
〔道〕道タン祐ュ　89
舊ク道タウヲ　138
道ン業ケウヲ　171
弘ク道ン　175

タク

〔擇〕決擇ヲ　180
〔澤〕膏カゥ澤タクニ　25
恩澤タクヲ　141
德ク澤タク　248

タツ

〔達〕啓ケイ達タッセン　49
達タセリ也　93
達タンシ　184

ダツ
〔脱〕解脱タツノ之 …… 152

ダフ
〔納〕納タイ陞ワゥノ之 …… 23
蘿ラ納タウヲ …… 156

タム
〔擔〕擔タン荷カノ之 …… 239
〔膽〕肝カン膽タンノ之 …… 134

ダム
〔男〕男女ヲ …… 198
〔談〕面-談タン …… 3
清セイ談タン …… 106

タン
〔丹〕舟(丹)タン壊火イヲ …… 101
舟(丹)後(ノ)布 …… 121
〔旦〕旦(シヤ)千センナリ …… 18
〔歟〕私ワタクシノ歟キ …… 7
命歟 …… 116

慄セウ歟タンノ之 …… 188
〔潭〕菊キウ潭ニ（ク）潭ニ …… 164
〔端〕以テ一端タムヲ …… 240
タン〔達〕→タツ

ダン
〔彈〕彈タン苟カ之 …… 220
〔暖〕暖タン露ロ …… 28
暖タン光之節 …… 113
暖タム-露ロ之 …… 161
〔檀〕白檀ノ …… 150
師-檀タンノ之 …… 152
檀タン恩 …… 161
ダン(道)→ダウ

チ
〔地〕天-地 …… 72

地-筆 …… 215
地-馬ヲ …… 236
深フカシ地チニ …… 246
〔徴〕宮ク商生ウ角微（徴）ヒ羽ウ (チ) …… 94
〔恥〕恥ハチ辱ニク …… 171
池-心池 …… 60
〔治〕治-國之術スツ …… 232
治國 …… 234
文治貮年 …… 255
〔知〕了レウチ知 …… 88
〔螫〕螫チ「螫チウ」(補入) …… 183
〔遲〕遲遲〻 …… 102
〔蟄〕→チフ
〔治〕→チ
〔塵〕→チン
〔眠〕→チツ
〔除〕→ヂヨ

チウ

字音索引　チウ〜チン

〔第一段〕

〔中〕中馬 ……47
途ト中 ……69
中 ……95
中食 ……127
市中ゥ之 ……131
〔仲〕仲呂 ……64
仲（チゥ）舒ソカ之 ……138
〔偸〕偸カンニ（チゥ）閑ヒソカニ ……124
〔厨〕山厨トゥ之 ……120
〔抽〕抽箇 ……82
〔稠〕稠シケキ　稠シシン　人ヒト ……123
チウ〔彫〕→テウ ……169
ヂウ
〔住〕住ン寺シ ……79
〔重〕珎重（２） ……216
〔劒〕劒
　鴨ｰ劒 ……216
ヂウ（塵）→ヂン

〔第二段〕

ヂウ（沈）→チム ……60
チク
〔竹〕竹チク葉エン ……93
絲シ竹チク ……152
ヂツ
〔蓄〕蓄チク懷火イヲ ……37
チツ〔蟄〕→チ、チフ
チフ
〔昵〕親シン昵チヲ ……183
〔蟄〕蟄チ「蟄チウ」（補入） ……81
チム
沈沈チウノ枕マクラ ……186
〔沈〕沈チン滯タイト ……47
チヤ（茶）→サ
チヤウ
〔丁〕包ハゥ丁ノ刀 ……78
〔帳〕立（タテ）几帳 ……234
恨（帳）面ニ

〔第三段〕

〔長〕長句ク ……86
長ｰ生ヲ ……164
チヤウ（聽）→テイ
チヤウ（頂）→テイ ……32
ヂヤウ
〔定〕一定ニ ……145
不定ナリ
ヂヨ
〔女〕遊（イゥ）女ウカラメ ……73
遊女 ……75
少女チヨ之 ……125
男女ヲ ……198
〔除〕除チ目モク之 ……12
拜ハイ除チヨヲ ……19
チン
〔珎〕珎物フツ ……59
珎チン菓火 ……61
珎重（２） ……79

珎ン味ヒ　114

〔鎭〕鎭チン西セイ(二)　66

ヂン

〔塵〕渭ヶ塵チウ　69

舊(ママ)キン塵チウニ　143

俗塵チニ　147

細サイ塵チン　225

ツ

ヅ

〔頭〕黄ン頭ッノ之　194

ツイ

〔餡〕餡ツイ子シ　108

ツウ

〔通〕纓ワッカニ通スンス　103

ツウ(通)→トウ

テ

テイ

〔定〕定水乙　165

〔提〕銀提　82

提ティ獎生　203

大-提イ　217

〔涕〕涕ティ涙ルイヲナミタ　197

〔聽〕哀アイ聽ティ　26

〔頂〕穢ェ頂丁ニ　60

頂穢ェ頂ティニ　77

テイ(定)→ヂヤウ

テウ

〔彫〕彫チウ弊ヘイタリ也　247

〔朝〕朝來乏　234

〔洮〕爲ニ洮テン-汰タイセ　176

〔胱〕胱テウ胐ホツ　15

〔調〕調度　83

調子　96

〔釣〕釣ク(テウ?)ツリ魚　73

〔鳥〕越ェン鳥テウ　162

デウ

〔弱〕弱モウ〻モウタリ(テ)(テ)　51

〔條〕五條ノ　40

テツ

〔緻〕緻テツ岐子シ　クチナシ　45

デフ

〔疊〕疊-句ヲ　88

テム

〔點〕點了　252

テン

〔天〕蒼サウ天テン　12

雲ウン天テンニ　25

天-運ウンニ　26

天下ニ　61

字音索引　テン〜トウ

天-地　72
漢天ニ　135
天年　148
晴ハレノ天ノ　221
天駕カニ　236
天ニ　246
〔轉〕轉テン移イス　51
改アラタ（マ）リ轉テムイス　118
轉テン-法-輪之　130

デン
螺鈿　251
〔鈿〕螺ラ鈿天ノ　38
〔田〕桑サン田之　81

ト
〔屠〕趣ヲモフク屠ニ之羊ヒッシ　146

ト
〔徒〕從（徒）ヲ　166
僧從（徒）トノ　172
賢ケン徒ト之　178
〔斗〕斗藪トヲソウ之　123
〔菟〕玉-菟ト　3
小伏菟　108
烏菟ト　199
伏菟　216
〔途〕首スン途ト　32,66
世セイ途トニ　59
途ト中　69
前途トニ　116
改（政）セイ途トニ　190

ド
〔土〕堂タウ土ニ　146
壊（懐）元イ土之　162
〔度〕調度　83
〔鴛〕鴛トー駘タイ　30

トウ
〔冬〕孟マウ冬トウ　182
窮キウ冬トウニ　242
〔東〕坂ハン東トウ之　30
遠レウ東トウ之　54
〔洞〕洞トウ門モンヲ　156
〔燈〕螺ラ燈トウ之　126
〔等〕上等トウノ也　96
〔箇〕箇箇トウ　42
〔藤〕近藤掾カ　39
〔豆〕枝-大-角-豆　136
大-角-豆サ、ケ　206
納-豆　210
生-豆　212
田-豆クワヒ　215
〔通〕不ス通トウ　26
〔頭〕鴨頭草ッユクサ　45
鶏-頭-草ミツフキ　209

ナ

トウ（厨）→チウ

トウ（通）→ツウ

トウ（頭）→ヅ

ドウ 〔動〕動トン 靜ウクャウ（シ） … 90

トク 〔德〕恩ヲン德トク … 57
德トク海之 … 110
德トクヲ … 123
芬フン芳ハウ之德トクヲ … 131
依テ…德トクニ … 133
德ヲ … 138
德ク澤タク … 248
德海 … 250

ドク 〔犢〕留リゥ犢トク之 … 34

トヲ（斗）→ト
〔獨〕獨ソク立リウ … 203

ナ

ナイ 〔内〕内ナイ官ニ … 4
内ー義 … 192
内論義キノ … 200

ナフ 〔納〕魚ー納（綱）マウ … 158
納ー豆 … 210

ナム 〔南〕南呂 … 144

ニ

ニ 〔二〕廿二日 … 66
二（ヲ） … 94

ニ

不能ニニッハヒラカニ（スルコト） … 239
十二月 … 241
〔尼〕宣セム尼ニ之 … 137
〔耳〕耳ニ目モク之 … 201
〔貳〕文治貳年 … 255

ニウ（任）→ニム

ニク 〔辱〕恥ハチ辱ニク … 171

ニジフ 〔廿〕以去サリシ正月廿日 … 66

ニチ（日）→ジツ
廿二日 … 66

ニフ 〔入〕薫クン入ニンセン … 154
入ン室シツノ … 177
入學之 … 182

ニム 所ー入之 … 230

字音索引　ニム～バ

〔任〕

〔任〕遷セン任ニウスルコト　17
拝ハイ任ニンスルニ　18
任-國ニ　29
任運ウン不フウニ運ニ也クコト(?)　181
可シト被セラル任ニン　189

ニン

〔潤〕潤ニン溽ソクヲ　20

ヌ

ヌイ

〔蘋〕蘋ヌイ賓ヒン　105

ネ

ネム

ネ(念)→ネム

〔念〕觀ン念ネ　199

ネン

〔年〕延年ノ　63
年-月(ヲ)　65
年-月　118
天年　148
年ン薨ラウ　173
數スシウ有年ン　185
高年　193
往年　197
年季キ　246
文治貳年　255

ノ

ノウ

〔能〕能ン筆ヒツ　89
ノン(能)→ノウ

ハ

〔杷〕枇杷　108
〔波〕風波ハ　70
蒼サ波ハ　102
恩ヲン波ハ乀　110
波ハ-濤タウヲ　180
〔琶〕琵琶(乀)　95
〔頗〕偏ヘン頗ハト　188

バ

〔馬〕上-馬　47
中-馬　47
意イハ馬　144
胡コ馬ハ　162
神-馬-草　206
地-馬ヲ　236

二五四

ハウ ／ ハイ

ハイ

見出し	頁
〔俳〕俳ハイ個タチヤスラフ	163
〔拜〕拜ハイ任ニンスルニ	18
拜ハイ除チョヲ	19
拜ハイ謁カツヲ	65
拜-謝	104
面拜	106
拜悦スルニ	114
拜ハイシテ	129
拜ハイ喜キ	131
拜ハイ悦ェッ	141
拜ハイス	155
〔背〕〔背〕(消)皆ミナ	187

バイ

見出し	頁
魚キヨ貝	61
〔貝〕魚キヨ具〔貝〕ハイ	231
〔梅〕梅ハイ枝シ	216
鹽ヱン梅ハイ	243

ハウ

見出し	頁
〔包〕包ハウ-丁（ノ）-刀	47
〔包〕包ハウ子シ	108
〔方〕報ホウ方（ハ）セウヲ	55
向テ方	141
〔芳〕芳ハン菲タリ	36
蘇ス芳ハウ	46
芬フン芳ハウ之	131
芳ハウ問モンヲ	141
芳命ヲ	237

バウ

見出し	頁
ハウ（犯）→ハム	
〔房〕一心房阿闍梨リ	204
牛-房	209
〔望〕鶴ツル火ク望ノソミ　ハウニ	25
鶴望之至リ	107
鬱ウッ望	140
バウ（望）→マウ	

ハク

見出し	頁
〔狛〕柏→狛	96
〔拍〕拍柏（拍）子	96
〔白〕白ハク志シ（ナラ）而已マクノミ	55
白ハク鴎ヲン鴎カモメ之カ翅ッハサ	73
白紙	101
白ハク霧フ	103
白米	120、205
白米	136
白ク露ロ	140
白眉ヒ之	193

バク

見出し	頁
ハク（白）→ビヤク	
〔寞〕寂寞ハクヲ	120
〔莫〕遮莫ミミ	181

ハチ

見出し	頁
〔八〕八	94
八月	144

字音索引　ハチ〜ビ

八萬四千之　153

ハツ
〔鉢〕一チ—鉢ハンヲ　123
〔髪〕鶴髪ハツ　123
〔發〕進シン—發ハツ（ノ）　29
　　　進シン—發ハツ　67
〔八〕八ッ木モクヲ　149

バツ
〔拔〕拔ハン莘スイニ　173

ハム
〔帆〕征セイ帆ハン　71
〔犯〕犯ハウノ之　226

ハン
〔半〕半ハム靴火　43
千—之　62
〔繁〕省ハフク繁ハンヲ　124
〔飯〕少飯ハン　127
ハン（芳）→ハウ

ハン（刺）→シ

バン
〔坂〕坂ハン東トウ之　30
〔盤〕立タ（チ）盤　68
　　　懸盤　81
　　　懸盤　216
　　　盤　217
〔萬〕萬ハン慮（去）クン／リヨ　13
　　　萬—人　97
　　　萬事　98、99
　　　萬—里之　179
　　　萬人　201
　　　萬—類　219
　　　萬萬ナリ　239
　　　千萬　240
　　　萬奧アウヲ
バン（拔）→バツ

ヒ
〔妃〕楊ヤウノ貴妃ヒ之カ　92
〔比〕比ヒ比ヒ也　94
〔皮〕（消）「皮」　42
　　　皮膚（膚）　85
〔菲〕芳ハン菲タリ　36
〔鄙〕邊ヒ鄙ヒ　98
〔飛〕飛ヒ走ソウシテ之　199
ヒ（邊）→ヘン

ビ
〔味〕珎ヒ味ヒ　114
〔微〕窮微クンヒ　79
　　　宮ク商シウ角微（徴）（チ）羽ウ　94
　　　雛トモ微ヒ少セウナリト　122
　　　如シ微ヒ溜リン　224

微ヒ春（春）ケンヲ　238
微ヒ陋リウナリト　249
〔枇〕枇杷　108
〔琵〕琵琶（？）　95
〔眉〕白眉ヒ之　193
〔美〕細サイ美ヒ　44
美餅　51
美ヒ酒ス　54
美ヒイ酒ス　61
美好　80
美ヒ麗レイノ　81
美服フクヲ　85
美操ヒサセハ（ウ？）　85
美ヒ艶エク（ム？）也　91
美ヒ　94
以テ華美ヒヲ　202

ビ
ビ（頻）→ヒン
ビイ（美）→ビ

ヒチ
〔筆〕筆簇孔　95
〔鞞〕鞞ヒチ韃ラ　216
ビチ
〔蜜〕蜜ミツ／＼ヒチニ　ヒソカニ　33
ヒツ
〔筆〕能ン筆ヒツ　89
地・筆　215
ヒヤウ
〔兵〕兵庫コ鋪　38
ビヤウ
〔屏〕屏風　79
〔病〕四病ヲ　87
ヒヤク
〔百〕五百之　56
五百余ヨ艘ソウ　67
ビヤク
〔白〕白檀ノ　150

白業コウヲ　152
白ク象サウ　154
白散サム　243
ヒン
〔蘋〕青セイ蘋ヒン　106
〔賓〕蘋蕪ヌイ賓ヒン　105
ビン
〔頻〕如シ頻ヒ伽カノ　85
フ
フ
〔不〕不フ一日シツナリ　29
不才之身　114
不定ナリ　145
不勘ミミ　167
任運ウン不フウ二運二也クコト（？）　181
不成セイ之　183

〔不〕次シニ — 187

フ

〔布〕麻布 / 昆-布 — 120
〔敷〕開カイ敷ス — 213
〔普〕普フ賢ケン — 36
〔膚〕皮庸（膚）— 150
〔芙〕芙フ蓉ョウ — 85
〔賦〕賦フヲ — 118 / 詩シ賦フ — 63
〔夫〕夫ニ — 86

ブ

〔武〕文武 — 122
　　非シテ武 — 94
〔無〕無フウ爲ヒノ之 — 142
　　無フ射者イ — 23
〔補〕昌補ノ — 167
〔霧〕白ハク霧フ — 107、103

フウ

〔風〕和火風 — 28
　　聞キク風ヲ — 34
　　風-月 — 51
　　春風ヲ — 56
　　風波ハ — 70
　　屏風 — 79
　　遺ユイ風ヲ — 140
　　靑セイ風 — 143
　　和風之 — 161
　　風聞モン — 222
　　風ン威キ — 228
　　風霜サウ — 246
〔芙〕-フ → フ
フキ（鞭）→ ベン

フク

〔伏〕小伏菟 — 108
　　伏菟 — 215
〔服〕美服フクヲ — 85
　　法服フク等 — 151
〔蝠〕蝙蝠 — 120

フツ

〔吻〕唇シン吻フツ之 — 202

ブツ

〔佛〕佛-神 — 72
　　佛-法ノ之 — 119
　　佛前 — 127
　　讃サン佛乘之 — 129
　　上王（？）佛之 — 155
　　佛法ノ — 172、223
〔物〕珎ン物フツ — 59
　　海物 — 136
　　一物 — 219

フン

〔粉〕粉フン黛タイヲ — 84
　　脂シ粉フン — 172
〔芬〕芬フン〲フントシテ — 51

フン(懇)→コン

芬フン芳ハウ之　130

ブン

〔分〕分フン憂イウ二　6
分 フ明ミャウ二　96
分(身?)　248
〔文〕文フン-織ソクヲ　17
文治貳年　94
解文　141
非アラス文二　244
文武　255

ブン(聞)→モン

へ

ヘイ

〔平〕平イ野ヤ二　221
〔弊〕弊ヘイ-邑イフ之　159

彫チ(テ)ウ弊ヘイタリ也　247

〔餅〕美餅　51
煎-餅　120
索-餅ムキナハ　135
索-餅　215

ベイ(米)→マイ

ヘウ

〔表〕表ヘウスルナリ志コ、ロサシヲ　122
爲メナリ表ヘウセムカ…也　245
〔飄〕飄ヘウ〱ミト　236

ベウ

〔眇〕眇ヘウ〱ミト　236
〔苗〕時苗ヘウ　34

ヘキ

〔碧〕碧ヘキ卉鬼　106
〔薜〕薜セキ蘿ラ　118

〔別〕別-當　188
了レン-別ヘツ之　220
新別所　253

ヘン

〔偏〕偏ヘン顔ハト　188
攀-攀ヘン縁エン　128
〔篇〕詩篇ヘンヲ　137
〔翩〕翩ヘン〻ヘンタリ　73
蝙-蝙蝠　120
〔變〕年ヘンシ　變ヘンシ　3
變ヘン改カイ　15
變ヘンシテ節ヲ　133
三ヒ變ヘンシテ　251

ベツ

〔返〕返事　14、112、124、124、139、139、157、157、181、181、221、221、235、235、245、245
返報　99

ベキ(鞭)→ベン

〔邊〕邊ヒ(ヘン)鄙ヒ　98
邊-裔エイ二　159

ヘン（戀）→レン

ベン
- 〔弁〕弁（ス） …… 87
- 〔鞭〕楬鞭 …… 229
- 刑ケイ鞭（ヘキノ）（ン） …… 233

ホ

ボ
- 〔母〕挾カイ母 …… 233
- 〔暮〕暮ホ往ツワゥ之 …… 78

ホウ
- 〔報〕報ホゥ方（ハ）セゥヲ …… 55
- 報ホゥ酬シゥ …… 57
- 返報 …… 99
- 欲フ報セント …… 130
- 〔奉〕奉ホゥ向カウ …… 37
- 奉ホゥ向カウ（ス） …… 47

- 奉ホゥス乞ヲ …… 122
- 奉ス乞ヲ …… 249
- 〔寶〕楊ヤゥ寶ホゥノ ／ 寶ホゥ …… 138
- 毛モゥ寶ホゥ …… 138
- 〔蓬〕蓬ホゥ壺コノ乞 …… 250
- 〔鳳〕鳳ホゥ雲ウン …… 25

ボク
- 〔僕〕僕ホク士シ …… 21

ホツ
- 〔胐〕胐テウ胐ホツ …… 221
- 〔木〕松木（二） …… 15

ホフ
- 〔法〕佛ー法ノ之 …… 119
- 轉テン法ー輪乞 …… 130
- 法服フク等 …… 151
- 法華經 …… 151
- 佛法ノ …… 172、223
- 法印イン …… 188

ボム
- 〔凡〕凡品 …… 94
- 凡 …… 95

ホン
- 〔本〕不アラス本ン望マウ二 …… 30
- 本躰 …… 202
- 本也 …… 254

ボン
- 〔盆〕覆瓮（盆）子 …… 109

マ
- 〔摩〕維ユイ磨（摩）（マ）ユ會ノ …… 169
- 〔麻〕麻布 …… 120
- 胡ー麻 …… 212
- マ（末）→マツ
- マ（茶）→サ

マイ
- 〔米〕白米 …120、205

マウ
- 〔邁〕老ラン邁(マイ)クンタリ也 …136
- 〔亡〕亡マウ …247
- 〔孟〕孟マウ冬トウ …94
- 〔望〕不アラス本ン望マウニ …182
- 非スヤ希ケ望マウ …30
- 〔網〕魚-納(網)マウ …191

マツ
- 〔末〕末マ僧 …158

マン
- 〔満〕満-山 …182
- 盈ヤウ満マンシテ〔ミチ〕 …129
- 〔漫〕漫マンミツ …153
- 〔萬〕八萬四千之 …74

ミ
- 〔味〕造-味曾 …121
- 味-曾 …211
- ミ(味)→ビ
- 〔彌〕阿彌陀ノ …150

ミツ
- 〔蜜〕蜜、ミツ〳〵〔ミヒチニ／ミヒソカニ〕 …33

ミヤウ
- 〔名〕假ヶ名 …166
- 〔明〕分フ明ミヤウニ …96
- 〔茗〕茗荷 …209

ム
- 〔无〕无ム常ナリ …146
- 〔無〕無ム文モンノ …44

メ
メイ
- 〔命〕命歎 …116
- 師命 …116
- 人シン命イ …148
- 所命之 …158
- 依テ人ミ之命ニ …223
- 所-命ノ …236
- 芳命ヲ …237
- 〔明〕朱明 …65
- 神明 …69
- 明恩ンヲ …221

メウ
- 〔妙〕極-妙 …79

メン
〔面〕面-談タン — 3
面拜 — 106
海面之 — 150
恨(帳)面ニ — 234

モ

モウ
〔曚〕曚モウ愚クヲ — 187
〔毛〕不ス敢アヘテ毛モウ擧コ — 17
毛モウ寶ホウ — 138
鹿-毛-草ヒシキ — 208

モウ(嬝)→デウ

モク
〔木〕草サウ木モク — 36
借-木エスリ — 46
八ツ木モクヲ — 123

〔牧〕牧モク宰サイナリト — 238
〔目〕除チ目モク之 — 12
耳ニ目モクヲ — 201

モツ
〔物〕汁シウ物モツヲ — 126

モン
〔問〕恩向(問)ヲ — 113
芳ハウ問モンヲ — 141
〔文〕無ム文モンノ — 44
文ン殊ス — 47, 135
花ノ文ヲ — 130
解文 — 150
解文 — 244
〔聞〕風フ聞モン — 222
〔門〕鴈-門之 — 123
門ニ — 142
洞トウ門モンヲ — 156
門モン跡セキ — 203

ヤ
〔也〕來キタ(レリ)也 — 65
往ユキタリ也 — 65
達タセリ也 — 93
也 — 94
比ヒ也 — 94
六リクヲ(イフ)也 — 95
口クヲ(イフ)也 — 95
上等トウノ(ヲ)也 — 96
不慭(ケ)レンセサレ者也 — 99
紹セウ隆リウセン…也 — 177
任運ウン不フウニ運ニ也クコト(?) — 181
何カ,驚ヲトロク也 — 234
〔野〕野ヤ草サン — 36
野羊ヤン之 — 143

ヤ（続き）

爲タリ…野人シン ……159
野僧 ……196
平イ野ヤニ ……221

ヤウ

〔楊〕楊ヤウノ貴妃ヒ之ヵ ……91
楊ヤウ寶ホウノ ……138
〔様〕定サタマレル様ヤウ ……49
舩様ヤン ……76
今様ヤウノ歌ウタノ ……86
薄ウス様ヤン ……89
様ミヤウ〳〵ノ ……90
様-器 ……217
〔盈〕盈ヤウ満マンシテ（ミチミツ）……153
〔羊〕羊ヤン績ソク ……34
野羊ヤン之 ……143
〔陽〕靑セイ陽ヤウ ……55
靑セイ陽ヤウ ……65
陽ヤウ公コウ之ヵ ……97

浴〔洛〕ラク陽ヤウ ……98
大-陽ヤウノ之 ……125
〔養〕養ヤウ由ユ之 ……143

ヤク

〔役〕役ヤクニ ……22
役ニ ……239
〔藥〕藥師 ……194
勺-若（藥）……247
〔益〕無シ益ヤク（アチキ）……86
无シ益ヤク ……209

ヤク〔益〕→エキ
ヤン〔羊〕→ヤウ

ユ

〔柚〕柚ユ ……215
〔由〕養ヤウ由ユ之 ……143

〔祐〕道タ祐ユ ……89

ユ〔摩〕→マ

ユイ

〔惟〕惟ユイ好カウ ……46
〔維〕維ユイ磨（摩）ユ（マ）會ノ ……169
〔遺〕遺ユイ風ヲ ……143

ユイ〔勇〕→ヨウ

ヨ

〔余〕余ヨ ……3下
五百余ヨ艘ソウ ……67
〔譽〕毀キ譽コ（ヨ）ヲ ……201
〔豫〕猷イウ→豫ヨ之心 ……31
〔藊〕暑（薯）預ヤマノイモ ……209

ヨウ

〔勇〕勇ヨン堪カウヲ クワウリヤクスモノ(?) ……31

ヨウ

〔容〕縱ソウ容〔ウ〕之　10
〔用〕採サイ用ヲ　178
〔溶〕溶ヨウ〃〃タリ　70
〔應〕響キ應ヨウシテ　74
〔庸〕愚-庸カゥ之〔ヨ〕　174
〔蓉〕芙フウ蓉ヨウ　118
ヨン(勇)→ヨウ

ラ

〔蘿〕薜セキ蘿ラ　118
蘿ラ納タウヲ　156
海-蘿　208
〔螺〕螺ラ鈿天ノ　37
螺鈿　81
螺ラ燈トウ之　126
〔儺〕儺ヒチ-儺ラ　216

ラ(良)→リヤウ

ライ

〔來〕□□□〈和泉往〉□〈來〉　1
往-來ス　51
往-來　77
朝-來之　234
和-泉往來　252
〔榴〕榴ライ子シ　82
〔禮〕禮ライス　154
〔麗〕高麗　78

ラウ

〔勞〕功ク-勞ラウ　8
有イ-勞ラウ　16
(消)〔勞〕　185
依-其ノ勞ニ者　185
舊キウ-勞ラウヲ　245
〔浪〕煙エン-浪ラウ之　9
〔老〕海-老　53

老ラウ-若シヤクコトニ(?)　174
催モヨヲス老ヲ　183
山-老　215
老ラン-邁(マイ)クンタリ也　247

ラク

〔洛〕浴(洛)ラク陽ヤウ　18
三ン-樂之　63
〔樂〕榮エイ樂ラク　98
ラク(略)→リヤク

ラフ

〔臘〕臘ラウ月ケツニ　242
〔臈〕夏カ臈ラウヲ　170
年ン臈ラウ　173

ラム

〔纜〕纜ム　67

ラン

〔覽〕御-覽ヲ　250
〔亂〕江-亂-海-亂-示カノコノリ　208

字音索引　ラン〜リヨ

ラン（老）→ラウ

リ

見出し	用例	頁
〔梨〕	一心房阿闍梨リ	204
〔理〕	蒸理ニ	154
〔里〕	閭ロ里之	119
	萬ー里之	179
	千ー里	179

リウ

見出し	用例	頁
〔柳〕	柳リウ絮ソ	51
〔流〕	流リウ跡セキ	19
〔溜〕	如シ微ヒ溜リン	224
〔留〕	留リウ犢トク之	34
〔隆〕	紹セウ隆リウセン…也	176
〔龍〕	龍リウ駒クヲ	173

リウ（陋）→ロウ

リキ（力）→リヨク

リク

見出し	用例	頁
〔六〕	六也リクヲ（イフ）	95
	五六廻リク火イ之	196

リツ

見出し	用例	頁
〔律〕	呂律リッ	96
〔篥〕	篳篥孔	95

リフ

見出し	用例	頁
〔立〕	成セイ立リウ	18
〔獨〕	ソク立リウ（ト）	203

リム

見出し	用例	頁
〔竪〕	竪リウ義キヲ	175
	竪ー義ヲ	176

見出し	用例	頁
〔林〕	上生林リン菀ェンカ	59
	翰カリウカ林	89
	林鍾	117
	槐火イ林リン之	142
	禪林之	166

リヤウ

見出し	用例	頁
〔両〕	両ー事	177
〔良〕	脩ス良ラヲ	232
〔量〕	量リヤウ計ケスヘシ	173
〔靈〕	常在靈ヤン山サン	93
〔領〕	受領リヤウ	8

リヤク

見出し	用例	頁
〔堪〕	勇ヨン堪カウヲ クワウリヤクスモノ（？）	31
〔歴〕	多歴リヤク之	170
〔略〕	疎ソラ略クニ	37

リヤク（堪）→クワウ

リヤン（靈）→リヤウ

リヨ

見出し	用例	頁
〔呂〕	仲呂	64
	呂律リッ	96
	南呂	144
	大呂	241
〔慮〕	「過クウ」（消）愚慮（ヨ）リロヲ	4

字音索引　リョ〜レツ

リョ
賢ケン慮リョヲ　10
高カウ慮リョヲ　13
萬ハン慮（去）クン リョ　224
賢ケン慮リョヲ　232
〔囿〕→ロ　30

リョウ
〔靇〕人シン靇リョウニ　26
リョウ（慮）→リョ　224
　　　179

リョク
〔力〕衆力ヲ　70
懇〔コ〕フンカロクヲ　72

リン
〔倫〕人シン倫リン　130
〔憐〕哀アイ憐リンシテ　61
〔輪〕轉テン法輪乙
〔鱗〕鱗リン甲カウ　247
逆ケキ鱗ナリ イロクツ

ル

ルイ
〔戻〕鶴クワ火戻（唳）ルイヲ　24
〔涙〕紅コン涙ルイ　13
涕テイ涙ルイ
〔累〕累ルイ日シツ　197
〔類〕類ルイ舩セム　198
多類ル（イ）ニ　67
萬－類　75

レ
〔例〕→レイ　219

レイ
〔令〕佳カシン辰ン令レイ月ット　92
〔例〕例レイ　4

例レノ絹　44
例布　44
前例レイ　230
〔嗅〕鶴クワ火戻（唳）ルイヲ　24
〔領〕恩ヲ領レイニ　48
〔麗〕美ヒ麗レイノ　80
〔齢〕壯生齢レイ　193

レウ
レイ（戻）→ルイ
レイ〔麗〕→ライ
〔了〕了レウチ知　88
了レン別ヘツ之
〔料〕曳ヒキ干ホシ料レウ　220
〔遼〕遼レウ東トウ之　214

レキ
〔歷〕經ケイ歷レキ　54

レツ
〔劣〕勝小（ショウ）劣ヲ　163
　　　　　　　　　　　　202

二六六

レン

〔戀〕戀（ヘン）鬱ウッ之間 …… 104
〔蓮〕蓮ﾄ根 …… 209
〔連〕連ン句 …… 88
レン（愶）→ケン
レン（了）→レウ

ロ

〔路〕世セイ路ロニ …… 52
路ロ次シノ …… 67
世セイ路ロ …… 21
世イ路ニ …… 61
〔縷〕針シン縷ロ　ハリイトスチ之 …… 69
〔櫓〕櫓ロ …… 118
〔榴〕柘榴 …… 171
〔間〕間ロ里之 …… 119

〔露〕雨ウ露ロノ之 …… 19
暖タン露ロ …… 28
白ク露ロ …… 140
暖タム露ロ　露ロ之 …… 161
〔露〕露ロ見之 …… 224
〔魯〕懸魚（魯）ロ之 …… 34

ロウ

〔陋〕微ヒ陋リウナリト …… 249

ロク

〔六〕六秦シム介カ所作 …… 40
雙ー六 …… 83
六 …… 95
六月 …… 117
〔祿〕公祿ロク …… 6
〔籙〕弓胡籙 …… 40
〔鹿〕鹿章生ウ可カノ之 …… 122

ロン

〔論〕内論義キノ …… 200
ロン（坑）→ワン

ワ

〔和〕和合シテ …… 69
和琴 …… 82
和歌カ …… 87
和漢カン …… 90
和風之 …… 161

ワウ

〔厊〕厊王弱尺之 …… 190
〔往〕□□（和泉往）□〈来〉 …… 1
往来 …… 51
往來ス …… 77
往年 …… 197

ワウ

暮ホ往ウ之 …… 233
和泉往來 …… 252
〔王〕王昭セウ君之カ …… 92
上王（？）佛之 …… 155
勤キン王之 …… 232
金王丸 …… 254
〔隍〕納タイ隍ワウ之 …… 23
〔黄〕黄ワウ葉ェウ之 …… 13
黄ワウ河カ …… 56
黄ン頭ッ之 …… 194
黄鍾 …… 227

ワン

ワン（黄）→ワウ …… 82
〔埦〕茶（サ）埦 ロン（ワ）

ヰ

〔囲〕囲ヒ碁キ …… 83
〔委〕委ェ啓ヰケイセン …… 124
委旨 …… 239
〔威〕風ン威ヰ …… 228
〔為〕無フウ為ヒノ之 …… 24
為ヰ山サム之 …… 225

ヱ

〔會〕維ユイ磨（摩）ユ（マ）會ノ …… 169
件ノ會ェ …… 172
慈ー恩ー會 …… 176
三會之 …… 180
此ノ會ニ …… 185
當ー會ニ …… 185
霜月會 …… 200
此會ノ …… 202
件會 …… 204

ヱイ

〔穢〕穢ェ頂丁ニ …… 60
ヱ（衛）→エイ
〔榮〕榮ェイ樂ラク …… 18
榮ェイ期キカ …… 62
〔營〕經□（？）カー營ェイ …… 102
御經ケイ營ェイ …… 222
經營 …… 228
〔衞〕潛セン衞ェノ之 …… 223
〔詠〕吟キン詠ェイ …… 86
詠ェイシ …… 92

ヱツ

〔越〕越ェン鳥テウ …… 162

ヱム

〔艶〕美艶ェク也（ン）…… 91
〔遠〕遠々ェムく …… 229
〔鹽〕鹽ェン梅ハイ …… 243

字音索引　エン〜ヲン

エン
〔菀〕上生林リン菀ェンカ　59
〔鴛〕紫シ鴛鴦ヵ(ヱ)ンノ　73
ヱン(越)→エツ

ヲ

ヲ
〔鳴〕鳴ヲ呼ヵ之　191

ヲウ
〔應〕相應ヲウシテ　72
應−鍾　195
〔翁〕樵セウ翁ヲウカ　62
〔鷗〕白ハク鷗カモメ之ヵ翅ッハサ　73

ヲン
恩ヲンニ　11
値アヒ恩ヲンニ　17
〔恩〕廣クワウ恩ヲン　23

恩ヲ蔭インニ　25
恩ヲ領レイニ　48
恩ヲ德トク　57
恩ヲン山セン　61
恩ヲ波ハ之　110
恩向ヲ　113
所ロ被ラレタル恩絕セ、　128
爲ニ恩ノ使ッカワサル　130
雲山之恩ヲ　134
崇アカメ恩ヲ　138
恩澤タクヲ　141
依テ…恩ニ　152
檀タン恩　161
仁シン恩ンニ　163
慈シ恩ヲン　175
慈−恩−會　176
廣−恩ヲ　178
明恩ンヲ　221

矜コン恩ン　248
恩山ノ　250
〔溫〕寒溫ヲンヌ之　111
溫和火之　113
寒−溫ヲ　165
ヲン(溫)→ヲウ

漢字索引

漢字索引部首一覧

一畫

一部 二七四　丨部 二七四　丶部 二七四　丿部 二七四　乙部 二七四　亅部 二七五

二畫

二部 二七五　亠部 二七五　人部 二七五　儿部 二七七　入部 二七七　八部 二七七
冂部 二七八　冖部 二七八　冫部 二七八　几部 二七八　凵部 二七八　刀部 二七九
力部 二七九　勹部 二七九　匕部 二七九　匚部 二七九　匸部 二七九　十部 二七九
卜部 二七九　卩部 二八〇　厂部 二八〇　厶部 二八〇　又部 二八〇

三畫

口部 二八〇　囗部 二八〇　土部 二八一　士部 二八一　夂部 二八一　夕部 二八二
大部 二八三　女部 二八三　子部 二八三　宀部 二八四　寸部 二八四　小部 二八五
尢部 二八五　尸部 二八五　山部 二八五　巛部 二八六　工部 二八六　己部 二八六
巾部 二八六　干部 二八六　幺部 二八七　广部 二八七　廴部 二八七　廾部 二八七
弋部 二八七　弓部 二八七　彐部 二八七　彡部 二八七　彳部 二八八

四畫

心部 二八八　戈部 二八九　戶部 二九〇　手部 二九〇　支部 二九〇　攴部 二九一
文部 二九一　斗部 二九一　斤部 二九二　方部 二九二　无部 二九二　日部 二九二
曰部 二九三　月部 二九三　木部 二九四　欠部 二九五　止部 二九六　歹部 二九六
殳部 二九六　毋部 二九六　比部 二九六　毛部 二九六　氏部 二九七　气部 二九七
水部 二九七　火部 二九九　爪部 二九九　父部 三〇〇　爻部 三〇〇　片部 三〇〇
牛部 三〇〇　犬部 三〇〇

五畫

玉部 三〇〇　瓦部 三〇〇　甘部 三〇一　生部 三〇一　用部 三〇一　田部 三〇一
疋部 三〇一　疒部 三〇一　癶部 三〇一　白部 三〇二　皮部 三〇二

六畫

皿部 三〇二　目部 三〇二　矛部 三〇二　矢部 三〇三　石部 三〇三　示部 三〇三　禾部 三〇三　穴部 三〇四　立部 三〇四

竹部 三〇四　米部 三〇五　糸部 三〇五　网部 三〇七　羊部 三〇七　羽部 三〇七　老部 三〇七　而部 三〇七

耒部 三〇八　耳部 三〇八　聿部 三〇八　肉部 三〇九　臣部 三〇九　自部 三〇九　至部 三〇九　臼部 三〇九　舌部 三〇九　舟部 三〇九　艮部 三〇九　色部 三〇九　艸部 三一〇　虍部 三一二　虫部 三一二　血部 三一二　行部 三一二　衣部 三一三

西部 三一三　見部 三一三　角部 三一三

七畫

言部 三一四　谷部 三一四　豆部 三一四　豕部 三一五　貝部 三一五　赤部 三一五　走部 三一五　足部 三一六　身部 三一六　車部 三一六　辛部 三一六　辰部 三一六　辵部 三一六　邑部 三一七

西部 三一七　里部 三一七

八畫

金部 三一八　長部 三一八　門部 三一九　阜部 三一九　隹部 三一九　雨部 三二〇　青部 三二〇　非部 三二〇

九畫

面部 三二〇　革部 三二〇　音部 三二一　頁部 三二一　風部 三二一　飛部 三二一

食部 三二一　首部 三二一　香部 三二一

十畫

馬部 三二二　骨部 三二二　高部 三二二　髟部 三二二　鬯部 三二三

十一畫

魚部 三二三　鳥部 三二三　鹵部 三二四　鹿部 三二四　麥部 三二四　麻部 三二四

十二畫

黃部 三二四　黑部 三二四

十三畫

鼓部 三二五

十四畫

鼻部 三二五

十五畫

齒部 三二五

十六畫

龍部 三二五

(1) 一 部

- 〔一〕00001 【字音】イチ 【和訓】〔一〕ヒトタビ、ヒトツ 〔一二〕ツバヒラカニス 〔一負〕ヒトヒ
- 〔丁〕00002 【和訓】〔丁〕ヨホロ
- 〔七〕00006 【字音】シチ
- 〔三〕00012 【字音】サム 【和訓】〔三〕ミタビ
- 〔上〕00013 【字音】ジヤウ 【和訓】〔上〕アグ、ウヘ
- 〔下〕00014 【字音】カ、ゲ 【和訓】〔下〕クダル、モト
- 〔不〕00019 【字音】フ 【和訓】〔不〕アラズ、ズ 〔不怕〕コスロフナト 〔不能〕アタハズ
- 〔且〕00029 【字音】フ 【和訓】〔且〕カツ、カツウハ、カツガツ、
- 〔世〕00031 【字音】セ、セイ 【和訓】〔世〕ヨ

(1) 丨 部

- 〔中〕00073 【字音】チウ 【和訓】〔中〕ウチ、ナカ 〔中間〕ナカゴロ
- 〔串〕00080 【和訓】〔串柿〕クシガキ

(1) 、 部

- 〔丸〕00094 【字音】グヮン 【和訓】〔丸〕マル 〔丸餅〕マルモチ
- 〔丹〕00099 【字音】タン 【和訓】〔丹波栗〕タンバグリ

(1) ノ 部

- 〔久〕00118 【字音】ク 【和訓】〔久〕ヒサシ
- 〔之〕00125 【字音】シ 【和訓】〔之〕ガ、コレ、ノ、ユク 〔加之〕シカノミナラズ
- 〔乍〕00130 【和訓】〔乍〕ナガラ
- 〔乎〕00131 【字音】コ 【和訓】〔乎〕ヤ
- 〔乗〕00154 【字音】ジヨウ 【和訓】〔乗〕ノル、ノ 〔乗物〕ノリモノ

(1) 乙 部

【乙】00161 【字音】オツ

【九】00167 【字音】キウ、ク

【也】00171 【字音】ヤ 【和訓】〔也〕カナ、ナリ

【乳】00190 【和訓】〔乳垸〕チモヒ

【乾】00204 【和訓】〔乾〕カワク

【亂】00214 【字音】ラン 【和訓】〔江亂海示〕カノコノリ

(1) 亅 部

【了】00226 【字音】レウ 【和訓】〔了〕ヲハル

【事】00241 【字音】ジ 【和訓】〔事〕コト、ツカマツル 【御事】オホムゴト

(2) 二 部

【二】00247 ヒラカニス 【字音】ジ、ニ 【和訓】〔二〕フタツ 〔二二〕ツバ

【于】00252 【字音】ウ 【和訓】〔于〕ニ 〔于斯〕ココニ

【云】00254 【字音】ウン 【和訓】〔云〕イフ

【互】00255 【字音】ゴ 【和訓】〔互〕タガヒニ

【五】00257 【字音】ゴ

【亘】00262 【字音】ゴ 【和訓】〔亘〕ワタル

(2) 亠 部

【亡】00287 【字音】マウ

【交】00291 【字音】カウ、ケウ 【和訓】〔交〕マジハル、マジフ

【亦】00293 【和訓】〔亦〕マタ

【京】00299 【字音】キヤウ

(2) 人 部

【人】00344 【和訓】〔人〕ヒト 〔人々〕ヒトビト

【仁】00349 【字音】ジン

【今】00358 【字音】キム、コム 【和訓】〔今〕イマ 〔今年〕コトシ 〔今様〕イマヤウ

【介】00359 【字音】カイ 【和訓】〔介〕スケ

【仍】00361 【和訓】〔仍〕ヨリテ

【仕】00368 【字音】シ

【付】00373 【字音】フ 【和訓】〔付〕ツク 〔煎付〕イツケ

【仙】00374 【字音】セン

〔令〕00387 〔和訓〕〔令〕シム 〔字音〕レイ

〔以〕00388 〔和訓〕〔以〕モテ 〔以降〕コノカタ 〔所以〕ソエニ 〔字音〕イ

〔仰〕00400 〔和訓〕〔仰〕アフグ 〔字音〕カウ

〔仲〕00403 〔字音〕チウ

〔件〕00410 〔和訓〕〔件〕クダン

〔任〕00416 〔和訓〕〔任〕マカス 〔字音〕ニム

〔企〕00422 〔和訓〕〔企〕クハタツ 〔字音〕キ

〔役〕00429 〔字音〕ヤク

〔伊〕00432 〔和訓〕〔伊勢〕イセ 〔伊賀干苅〕イガホシウリ 〔字音〕イ

〔伏〕00438 〔字音〕フク

〔似〕00485 〔和訓〕〔似〕ニル

〔伽〕00486 〔字音〕ガ

〔但〕00495 〔和訓〕〔但〕タダシ

〔住〕00505 〔字音〕ヂウ

〔佐〕00506 〔字音〕サ

〔何〕00511 〔和訓〕〔何〕イカガ、イヅレ、ナゾ

〔余〕00515 〔字音〕ヨ

〔佛〕00517 〔和訓〕〔佛〕ホトケ 〔字音〕ブツ

〔作〕00518 〔和訓〕〔作〕サカ、ツクル 〔美作〕ミマサカ 〔字音〕サク

〔個〕00545 〔和訓〕〔俳個〕タチヤスラフ、ヤスラフ

〔佳〕00557 〔字音〕クワイ 〔字音〕カ

〔使〕00573 〔和訓〕〔使〕シム、ツカハス、ツカヒ 〔字音〕シ

〔來〕00581 〔和訓〕〔來〕キタル 〔字音〕ライ

〔侈〕00583 〔和訓〕〔侈〕ホコリ 〔雨侈〕アマホコリ

〔例〕00587 〔字音〕レイ

〔供〕00605 〔字音〕クヰヨウ、コウ

〔依〕00607 〔和訓〕〔依〕ヨル 〔字音〕イ

〔侶〕00647 〔和訓〕〔侶〕トモガラ

〔便〕00659 〔和訓〕〔便〕スナハチ 〔字音〕ベン

〔俄〕00665 〔和訓〕〔俄〕ニハカニ

〔俎〕00679 〔和訓〕〔俎〕マナイタ

〔俗〕00695 〔字音〕ゾク

〔信〕00707 〔和訓〕〔信布梨〕シノブナシ 〔字音〕シン

〔修〕00721 〔字音〕シュ

〔俳〕00726 〔和訓〕〔俳個〕タチヤスラフ、ヤスラフ 〔字音〕ハイ

【儿部・入部・八部】

〔俾〕00740 【和訓】〔俾〕シカシナガラ

〔倒〕00767 【和訓】〔倒〕クヅス

〔借〕00781 【和訓】〔借木〕エスリ

〔值〕00786 【和訓】〔值〕アフ

〔倫〕00793 【字音】リン

〔假〕00835 【字音】ケ 【和訓】〔假名〕カンナ

〔偏〕00848 【字音】ヘン 【和訓】〔偏〕ヒトヘニ

〔偸〕00901 【和訓】〔偸〕ヒソカニ

〔催〕01005 【字音】チウ 【和訓】〔催〕モヨホス

〔傾〕01038 【字音】ケイ

〔僕〕01094 【字音】ボク

〔僧〕01117 【字音】ソウ

〔樅〕01157-01 【字音】ケン

〔儲〕01284 【和訓】〔儲〕マウク、マウケ

(2) 儿 部

〔元〕01340 【和訓】〔元〕モト

〔先〕01349 【字音】セン 【和訓】〔先〕サキ

〔光〕01350 【字音】クワウ 【和訓】〔光〕ヒカリ

(2) 入 部

〔入〕01415 【字音】ニフ 【和訓】〔入〕イル、イレ、スリイレ 〔磨入〕

〔內〕01418 【字音】ナイ 【和訓】〔內〕ウチ

〔全〕01424 【字音】... 【和訓】〔全〕マタシ

(2) 八 部

〔兩〕01436 【字音】リヤウ

〔八〕01450 【字音】ハチ、ハツ

〔公〕01452 【字音】コウ 【和訓】〔公〕オホヤケ

〔六〕01453 【字音】リク、ロク

〔兮〕01455 【字音】ケイ

〔共〕01458 【和訓】〔共〕トモ

〔兵〕01462 【字音】ヒヤウ

〔其〕01472 【和訓】〔其〕ソノ、ソレ

〔具〕01473 【字音】グ 【和訓】〔具〕ツブサニ

〔兼〕01483 【字音】ケム

漢字索引　冂　一　冫　几　凵　刀

---

(2) 冂部

【冊】01516　【字音】サク

【再】01524　【和訓】〔再〕フタタビ

(2) 一部

【冠】01580　【字音】クワン　【和訓】〔冠〕カブリ

(2) 冫部　ユ

【冬】01610　【字音】トウ　【和訓】〔冬〕フユ　〔夏冬〕ナツフ

【冷】01622　【和訓】〔冷〕スサマジ

---

(2) 几部

【几】01737　【字音】キ　【和訓】〔立几帳〕タテキチヤウ

【凡】01739　【字音】ボム　【和訓】〔凡〕オヨス

(2) 凵部

【出】01811　【字音】シュツ　【和訓】〔出〕イダス、イヅ、イデ　〔打出〕ウチイデ

(2) 刀部

【刀】01845　【和訓】〔刀〕カタナ　〔大刀〕タチ　〔小刀〕コガタナ　〔長刀〕タチ

【字音】タウ

【分】01853　【字音】ブン　【和訓】〔分〕ワカツ

【切】01858　【和訓】〔切〕ケレ　〔尻切〕シリケレ　〔革尻切〕カハ

【刑】01886　【字音】ケイ

【別】01924　【字音】ベツ　【和訓】〔別〕ワカル

【利】01932　【字音】リ　【和訓】〔利〕イロリ　〔色利〕イロリ

【到】01950　【和訓】〔到〕イタル

【制】01961　【和訓】〔制魚〕コノシロ

【刺】01969　【字音】シ

【剃】01989　【和訓】〔剃〕ソル

【則】01994　【字音】ソク　【和訓】〔則〕スナハチ

【前】02011　【字音】ゼン　【和訓】〔前〕キシカタ　〔前〕ススム、マヘ　〔向

漢字索引　刀　力　勹　匚　十　卩

刀部（つづき）

〔剪〕02088　〔和訓〕〔剪〕キル
〔副〕02097　〔和訓〕〔副〕ソフ
〔剰〕02109　〔和訓〕〔剰〕ミツ
〔劇〕02218　〔字音〕ゲキ
〔劔〕02245　〔和訓〕〔擁劔〕カサメ

(2) 力部

〔力〕02288　〔字音〕リョク
〔功〕02295　〔字音〕ク、コウ
〔加〕02297　〔和訓〕〔加〕クハフ　〔加之〕シカノミナラズ
〔劣〕02302　〔字音〕レツ
〔助〕02313　〔和訓〕〔助〕タスケ
〔勇〕02360　〔字音〕ヨウ
〔動〕02390　〔字音〕ドウ
〔勘〕02393　〔字音〕カム

〔勝〕02409　〔字音〕ショウ　〔和訓〕〔勝〕スグル
〔勞〕02410　〔字音〕ラウ　〔和訓〕〔勞〕イタハル
〔勢〕02422　〔和訓〕〔勢〕セ　〔伊勢〕イセ
〔勤〕02424　〔字音〕キン、ゴン　〔和訓〕〔勤〕ツトム
〔勸〕02486　〔字音〕クワン

(2) 勹部

〔包〕02506　〔字音〕ハウ

(2) 匚部

〔匠〕02605　〔字音〕シャウ
〔匣〕02610　〔和訓〕〔匣〕ハコ　〔硯匣〕スズリバコ

(2) 十部

〔十〕02695　〔字音〕ジフ
〔千〕02697　〔字音〕セン
〔升〕02702　〔字音〕ショウ
〔卉〕02706　〔字音〕クキ
〔半〕02707　〔字音〕ハン
〔協〕02742　〔和訓〕〔協〕カナフ
〔南〕02750　〔字音〕ナム

(2) 卩部

〔印〕02848　〔字音〕イン
〔卷〕02860　〔字音〕クワン　〔和訓〕〔卷〕マキ　〔卷漆〕マキウルシ　〔荒卷〕アラマキ

漢字索引　厂　ム　又　口

(2) 厂部

〔原〕02973　〔和訓〕〔原〕ハラ　〔野原〕ノハラ
〔厨〕03005　〔字音〕チウ
〔厭〕03025　〔和訓〕〔厭〕イトフ

(2) ム部

〔去〕03070　〔和訓〕〔去〕サリシ
〔参〕03098　〔字音〕サム

(2) 又部

〔又〕03115　〔和訓〕〔又〕マタ　〔又々〕マタマタ　タ
〔友〕03119　〔和訓〕〔友〕トモ　〔字音〕イウ

〔取〕03158　〔和訓〕〔取〕トリ、トル　〔梶取〕カムドリ　〔湯取〕ユトリ　〔鞆取〕トモトリ
〔受〕03159　〔字音〕ジユ
〔叟〕03176　〔字音〕ソウ

(3) 口部

〔口〕03227　〔和訓〕〔口〕クチ　〔懸鰐口〕カケワニグチ　〔江口〕エグチ　〔鰐口〕ワニグチ
〔古〕03233　〔字音〕ク　〔和訓〕〔古〕イニシヘ
〔句〕03234　〔字音〕ク
〔叩〕03238　〔字音〕ク　〔和訓〕〔叩〕タタク　〔叩戸〕タタ　イヘ
〔只〕03239　〔和訓〕〔只〕タダ

〔可〕03245　〔字音〕カ　〔和訓〕〔可〕ベシ
〔史〕03249　〔字音〕シ
〔司〕03257　〔字音〕シ
〔各〕03281　〔字音〕カク　〔和訓〕〔各〕オノオノ
〔合〕03287　〔字音〕ガフ
〔吉〕03289　〔和訓〕〔吉野柿〕ヨシノガキ
〔同〕03294　〔和訓〕〔同〕オナジ
〔名〕03297　〔字音〕ミヤウ　〔和訓〕〔名〕ナ　〔假名〕カンナ
〔吐〕03300　〔和訓〕〔吐〕ハク
〔向〕03301　〔和訓〕〔向〕カタ、ムカフ　〔向前〕キシカタ
〔君〕03323　〔字音〕クン
〔吟〕03330　〔字音〕ギン　〔和訓〕〔吟〕ナゲク
〔含〕03350　〔和訓〕〔含〕フフム

〔吹〕03373 【和訓】〔吹〕フク

〔吻〕03375 【和訓】〔吻〕サキラ 【字音】〔吻〕フツ

〔吾〕03379 【和訓】〔吾〕ワガ

〔告〕03381 【和訓】〔告〕ツグ

〔呂〕03386 【字音】〔呂〕リヨ

〔味〕03456 【字音】〔味〕ビ、ミ

〔呼〕03471 【字音】〔呼〕コ 【和訓】〔呼〕ヨバフ

〔命〕03473 【字音】〔命〕メイ 【和訓】〔命〕イノチ

〔和〕03490 【字音】〔和〕クワ、ワ 【和訓】〔和布〕ニギメ

〔咎〕03493 【和訓】〔咎〕トガ

〔哀〕03580 【字音】〔哀〕アイ

〔品〕03581 【和訓】〔品〕シナ、シナジナ

〔哉〕03596 【和訓】〔哉〕カナ

〔員〕03633 【和訓】〔員〕カズ

〔唐〕03709 【和訓】〔唐笠〕カラカサ 【字音】〔唐〕タウ

〔唯〕03761 【和訓】〔唯〕タダ、タダシ

〔唳〕03767 【字音】〔唳〕レイ

〔商〕03803 【字音】〔商〕シヤウ

〔問〕03814 【字音】〔問〕モン

〔崛〕03819 【字音】〔崛〕クツ

〔啓〕03820 【字音】〔啓〕ケイ

〔啻〕03886 【和訓】〔啻〕タダ

〔喜〕03957 【字音】〔喜〕キ

〔喧〕03976 【和訓】〔喧〕カマビスシ

〔嗚〕04084 【字音】〔嗚〕ヲ

〔嗜〕04089 【和訓】〔嗜〕タシナム

〔嗟〕04102 【和訓】〔嗟〕ナゲク

〔嘯〕04246 【和訓】〔嘯〕ウグコス

〔器〕04376 【字音】〔器〕キ 【和訓】〔器〕ウツハモノ

〔嚴〕04589 【字音】〔嚴〕ゲム

〔囀〕04614 【和訓】〔囀〕サヘヅル

〔囊〕04633 【和訓】〔囊〕フクロ 〔餌囊〕エブ 【字音】クロ

(3) 囗部

〔四〕04682 【字音】〔四〕シ

〔回〕04690 【字音】〔回〕クワイ

〔因〕04693 【和訓】〔因〕ヨル

〔困〕04717 【和訓】〔困〕タシナム

〔國〕04798 【字音】〔國〕コク 【和訓】〔國〕クニ 〔國國〕クニグ

〔圍〕04806 【字音】〔圍〕ヰ

(3) 土部

〔土〕04867 【和訓】〔土蕈〕ツチハジカミ

漢字索引　土　士　夂　夕

〔字音〕ド

〔在〕04881　〔字音〕ザイ　〔和訓〕〔在〕アリ

〔地〕04890　〔字音〕チ

〔坂〕04910　〔和訓〕〔坂〕サカ　〔鳥坂苔〕トリサカノリ

〔坌〕04926　〔字音〕バン　〔和訓〕〔坌〕マミル

〔坏〕04930　〔和訓〕〔坏〕ツキ　〔窪坏〕クボツキ　〔高坏〕タカツキ

〔垂〕05012　〔和訓〕〔垂〕タル

〔垸〕05090　〔字音〕ワン　〔和訓〕〔垸〕モヒ　〔乳垸〕チモヒ　〔大垸〕オホモヒ　〔春日垸〕カスガモヒ

〔執〕05120　〔字音〕シフ

〔城〕05193　〔和訓〕〔城〕ミヤコ

〔堂〕05207　〔字音〕ダウ

〔堅〕05210　〔和訓〕〔堅鹽〕カタシホ

〔堪〕05266　〔字音〕カム、クワウ、リヤク　〔和訓〕〔堪〕タフ

〔報〕05275　〔字音〕ホウ

〔塗〕05338　〔和訓〕〔塗屐〕ヌリアシダ　〔塗折敷〕ヌリヲシキ　〔塗〕

〔塵〕05388　〔字音〕チン　〔和訓〕〔塵〕チリ

〔境〕05409　〔字音〕サカヒ　〔和訓〕〔境〕サカヒ

〔塒〕05425　〔字音〕クワク

〔増〕05454　〔和訓〕〔増〕マス

〔墨〕05469　〔和訓〕〔墨〕スミ　〔墨餅〕スミモ　〔繼墨〕ツギスミ　〔墨〕チヒ

〔壊〕05590　〔字音〕クワイ

(3)　士　部

〔士〕05638　〔字音〕シ

〔壺〕05662　〔字音〕コ

〔壽〕05672　〔字音〕ジュ

(3)　夂　部

〔夏〕05720　〔字音〕カ　〔和訓〕〔夏冬〕ナツフユ　〔夏裝束〕ナツシヤウゾク　〔夏裘〕

(3)　夕　部

〔夕〕05749　〔字音〕セキ

〔外〕05750　〔字音〕グワイ　〔和訓〕〔外〕ト、ホカ

〔多〕05756　〔字音〕タ　〔和訓〕〔多〕オホシ

〔夜〕05763　〔字音〕ヤ　〔和訓〕〔夜〕ヨル

〔夢〕05802　〔和訓〕〔夢〕ユメ

(3) 大 部

【大】05831
【和訓】〔大〕オホキ 〔大刀〕タチ 〔大垸〕オホモヒ 〔大根〕オホネ 〔大梗〕オホムネ 〔大殿油〕オホトノアブラ 〔大河〕オホカハ 〔大角豆〕ササゲ 〔大豆〕オホマメ

【天】05833
【字音】テン

【太】05834
【和訓】〔太〕フト 〔心太〕ココロブト
【字音】タイ

【夫】05835
【字音】フ

【失】05844
【和訓】〔失〕ウシナフ

【夷】05852
【字音】イ

【奈】05893
【和訓】〔奈〕ナドモス

(3) 女 部

【奉】05894
【和訓】〔奉〕ウケタマハル、タテマツル

【奔】05921
【字音】ホウ
【和訓】〔奔〕ワシル

【奥】05985
【字音】アウ

【奬】05997
【字音】シヤウ

【女】06036
【和訓】〔遊女〕ウカラメ

【好】06053
【字音】チヨ
【和訓】〔精好〕ソロフ

【如】06060
【字音】カウ
【和訓】〔如〕ゴトシ 〔如此〕カクノゴトシ

【妃】06061
【字音】ヒ

【妄】06063
【和訓】〔妄〕ミダリテ、ミンダテ

【妙】06090
【字音】メウ

【妻】06140
【字音】サイ

【姜】06147
【字音】セフ

【始】06166
【和訓】〔始〕ハジメ

【委】06181
【字音】キ

【姻】06250
【字音】イン

【姿】06257
【和訓】〔姿〕シナ

【威】06259
【字音】キ

【姫】06441
【字音】エン

【媚】06513
【和訓】〔媚著〕アイヅク

【嫋】06614
【字音】デウ

【嬾】06872
【和訓】〔嬾〕モノウシ

(3) 子 部

【子】06930
【和訓】〔岐子〕クチナシ 〔胡桃子〕クルミ 〔覆盆子〕イチゴ

【孔】06933
【字音】シ
【和訓】〔孔〕アナ

（子部）

〔字〕07〔06942〕　〔字音〕ジ

〔孟〕〔06960〕　〔字音〕マウ

〔季〕〔06965〕　〔字音〕キ

〔學〕〔07033〕　〔字音〕ガク　〔和訓〕〔學〕ナラフ、マナブ

(3) 宀部

〔守〕〔07071〕　〔字音〕　〔和訓〕〔守〕マブル

〔安〕〔07072〕　〔字音〕アン　〔和訓〕〔安〕イドコンガ

〔宕〕〔07103〕　〔字音〕　〔和訓〕〔宕〕アクガル

〔宗〕〔07106〕　〔字音〕スウ、ソウ

〔官〕〔07107〕　〔字音〕クワン

〔定〕〔07109〕　〔字音〕　〔和訓〕〔定〕サダマル

〔宛〕〔07110〕　〔字音〕チャウ、テイ　〔和訓〕〔宛〕アタカモ

〔宜〕〔07111〕　〔字音〕　〔和訓〕〔宜〕ヨロシク

〔宣〕〔07132〕　〔字音〕セン

〔室〕〔07136〕　〔字音〕シツ　〔和訓〕〔室〕ムロ　〔西室〕ニシムロ

ロ

〔宮〕〔07156〕　〔字音〕ク

〔宰〕〔07160〕　〔字音〕サイ

〔家〕〔07169〕　〔字音〕ケ　〔和訓〕〔家〕イヘ

〔容〕〔07172〕　〔字音〕ヨウ

〔宿〕〔07195〕　〔字音〕シュク

〔寂〕〔07200〕　〔字音〕セキ　〔和訓〕〔寂〕シヅマル

〔寄〕〔07203〕　〔字音〕キ

〔寒〕〔07239〕　〔字音〕　〔和訓〕〔寒〕サムシ

〔寔〕〔07244〕　〔字音〕　〔和訓〕〔寔〕マコトニ

〔寛〕〔07282〕　〔字音〕バク

〔察〕〔07283〕　〔字音〕サツ

〔寡〕〔07292〕　〔字音〕　〔和訓〕〔寡〕タカシ

〔實〕〔07294〕　〔字音〕ジツ　〔和訓〕〔實〕ミ

〔寫〕〔07320〕　〔字音〕シャ

〔寶〕〔07376〕　〔字音〕ホウ

(3) 寸部

〔寺〕〔07414〕　〔字音〕ジ

〔射〕〔07434〕　〔字音〕シャ

〔尅〕〔07435〕　〔字音〕コク　〔和訓〕〔尅〕トキ

〔將〕〔07438〕　〔字音〕　〔和訓〕〔將〕マサニ

〔專〕〔07439〕　〔字音〕セン

〔尊〕〔07445〕　〔字音〕ソン

〔尋〕〔07447〕　〔字音〕　〔和訓〕〔尋〕タヅヌ

〔對〕〔07457〕　〔字音〕　〔和訓〕〔對〕ムカフ

(3) 小 部

〔小〕07473 【和訓】〔小刀〕コガタナ 〔小麥粉〕コムギノコ

〔少〕07475 【字音】セウ 【和訓】〔少〕スクナシ

〔尚〕07493 【字音】セウ 【和訓】〔尚〕ナホ、ヒサシ

(3) 尢 部

〔尤〕07543 【和訓】〔尤〕モトモ

〔尩〕07559 【字音】ワウ

〔就〕07599 【和訓】〔就〕ツク

(3) 尸 部

〔尸〕07634 【和訓】〔尸〕シリ 〔革尻切〕カハシリケレ

〔尼〕07635 【字音】ニ

〔尾〕07650 【和訓】〔尾〕ヒ 〔虵尾〕スサブ

〔局〕07653 【字音】キヨ

〔局〕07663 【和訓】〔局〕バン

〔居〕07666 【和訓】〔居〕イタル、トツク

〔屈〕07669 【字音】クツ

〔屏〕07692 【字音】ビヤウ

〔屐〕07748-01 【和訓】〔塗屐〕ヌリアシダ

〔屠〕07761 【字音】ト

〔屢〕07787 【和訓】〔屢〕シバシバ

(3) 山 部

〔山〕07869 【和訓】〔山〕ヤマ 〔山老〕トコロ 【字音】サン、セン

〔岐〕07936 【字音】キ 【和訓】〔岐子〕クチナシ

〔岑〕07937 【和訓】〔岑〕ミネ

〔岳〕08001 【字音】ガク

〔岸〕08009 【和訓】〔岸〕キシ

〔峯〕08093 【和訓】〔峯〕ミネ

〔島〕08108 →〔嶋〕08434、〔嶌〕08435

〔峻〕08116 【和訓】〔峻〕ハゲシ

〔崇〕08152 【和訓】〔崇〕アガム

〔崦〕08208 【字音】イウ

〔礠〕08354 【字音】ジ

〔嶋〕08434 【和訓】〔嶋〕シマ 〔柴嶋〕クニシマ 〔蟹嶋〕カニシマ

漢字索引　山　巛　工　己　巾　干

【嶌】08435　【和訓】〔嶌〕シマ　〔犬嶌〕イヌシマ
【嶺】08553　【和訓】〔嶺〕ミネ
【巖】08649　【字音】ガム

(3)　巛　部

【川】08673　【字音】セン　【和訓】〔川骨〕カハホネ
【州】08678　【字音】シウ
【巢】08696　【字音】サウ

(3)　工　部

【工】08714　【字音】ク
【巧】08721　【和訓】〔巧〕タクミ
【巨】08722　【字音】コ
【差】08732　【和訓】〔差〕サス　【字音】サ

(3)　己　部

【己】08742　【和訓】〔己〕オノレ
【已】08743　【和訓】〔已〕スデニ　〔而已〕ノミ、マクノミ

(3)　巾　部

【巿】08775　【字音】シ
【布】08778　【和訓】〔布〕シク、ヌノ、ブ、メ　〔信布梨〕シノブナシ　〔和布〕ニギメ　〔荒布〕アラメ　【字音】フ
【帆】08787　【和訓】〔帆〕トマ　【字音】ハム
【帋】08809　【字音】シ
【希】08813　【和訓】〔希〕マレ
【師】08916　【字音】シ
【帳】08939　【字音】チャウ　【和訓】〔立几帳〕タテキチャウ
【帯】08950　【字音】タイ　【和訓】〔帯〕オビ
【帷】08954　【字音】イ　【和訓】〔帷〕カタビラ　〔湯帷〕ユカタビラ
【常】08955　【字音】ジャウ

(3)　干　部

【干】09165　【和訓】〔干〕ホシ、モトム　〔干棗〕ホシナツメ　〔干海松〕ホシミル　〔干苽〕ホシウリ　〔伊賀干苽〕イガホシウリ　〔曳干料〕ヒキホシレウ

〔平〕09167 【字音】ヘイ 【和訓】〔平茸〕ヒラタケ

〔年〕09168 【字音】ネン 〔頃年〕コロトシ 【和訓】〔年〕トシ 〔今年〕コトシ

〔幷〕09170 【字音】ネン 【和訓】〔幷〕ナラビニ

〔幸〕09176 【和訓】〔幸〕サイハヒニ

(3) 广 部

〔床〕09242 【和訓】〔床〕ユカ

〔底〕09262 【和訓】〔底〕ソコ

〔庚〕09278 【字音】カウ

〔度〕09313 【字音】ド 【和訓】〔度〕ハカラフ

〔庫〕09330 【字音】コ

〔庸〕09378 【字音】ヨウ

〔廣〕09493 【字音】クワウ

(3) ゑ 部

〔延〕09569 【字音】エン

〔廻〕09575 【字音】クワイ 【和訓】〔廻〕メグラス、メグル

(3) 廾 部

〔廿〕09586 【字音】ニジフ

〔弁〕09588 【字音】ベン 【和訓】〔弁〕ワキマフ

〔弃〕09594 【和訓】〔弃〕スツ

〔弊〕09644 【字音】ヘイ

(3) 弓 部

〔弓〕09692 【和訓】〔弓木〕ユミキ 〔弓胡籙〕ユミヤナグヒ

〔引〕09699 【和訓】〔引〕ヒク

〔弘〕09709 【字音】グ

〔弭〕09768 【和訓】〔弭〕ユハズ

〔弰〕09777 【和訓】〔弰〕ユガケ

〔弱〕09791 【字音】ジヤク

〔彈〕09865 【字音】ダン

〔彌〕09877 【和訓】〔彌〕イヨイヨ

(3) 彡 部

〔形〕09969 【和訓】〔形〕カタ 〔鋺形〕ナマリカタ

(彡・彳 部)

〔彩〕09992 【和訓】〔彩畫〕イロフ 〔彩鎖〕イロヘクサリ

〔彫〕09995 【字音】テウ

(3) 彳 部

〔彼〕10066 【和訓】〔彼〕カレ 〔彼此〕カレコレ

〔往〕10073 【字音】ワウ 【和訓】〔往〕ユク

〔征〕10077 【字音】セイ

〔待〕10085 【字音】タイ 【和訓】〔待〕マツ

〔律〕10097 【字音】リツ

〔後〕10098 【字音】ゴ

〔徒〕10121 【字音】ト 【和訓】〔徒〕イタヅラニ、タダ

〔得〕10137 【和訓】〔得〕ウ

〔從〕10152 【字音】ジウ、ショウ 【和訓】〔從〕ヨリ

〔御〕10157 【字音】ギョ、ゴ 【和訓】〔御事〕オホムゴト 〔御氣色〕ミキソク

〔復〕10183 【字音】フク 【和訓】〔復〕マタ

〔微〕10203 【字音】ビ

〔徴〕10239 【字音】チ

〔徳〕10243 【字音】トク

〔徹〕10245 【和訓】〔徹〕トホス

(4) 心 部

〔心〕10295 【字音】シム 【和訓】〔心〕ココロ 〔心太〕ココロブト

〔必〕10299 【字音】ヒツ 【和訓】〔必〕カナラズ

〔忌〕10310 【字音】キ

〔忍〕10312 【和訓】〔忍〕シノブ

〔志〕10331 【字音】シ 【和訓】〔志〕ココロザシ

〔忘〕10333 【和訓】〔忘〕ワスル

〔忝〕10348 【和訓】〔忝〕カタジケナシ

〔忿〕10366 【字音】ソウ

〔快〕10369 【和訓】〔快〕ココロヨシ

〔怜〕10385 【和訓】〔怜〕ユル

〔念〕10390 【字音】ネム

〔忽〕10405 【和訓】〔忽〕タチマチ、ニハカニ

〔怕〕10448 【和訓】〔不怕〕コスロフナト

〔思〕10462 【字音】シ 【和訓】〔思〕オモヒ、オモフ

〔性〕10478 【字音】シャウ

〔怨〕10479 【和訓】〔怨〕ヲシ

〔恐〕10552 【和訓】〔恐〕オソラクハ、オソレ

〔恤〕10583 【字音】ジュツ

〔恥〕10585 【字音】チ 【和訓】〔恥〕ハヂ、ハヅ

【恨】10588 【和訓】〔恨〕ウラムラクハ

【恩】10591 【字音】ヲン

【恪】10592 【字音】カク

【悦】10629 【字音】エツ 【和訓】〔悦〕ヨロコブ

【悉】10635 【和訓】〔悉〕コトゴトク

【悔】10659 【和訓】〔悔〕クユ

【悕】10661 【字音】ケ

【悚】10672 【字音】ショウ

【悲】10720 【和訓】〔悲〕カナシム

【情】10756 【和訓】〔情〕ココロ

【倦】10795 【和訓】〔倦〕モノウシ

【惟】10820 【字音】ユイ 【和訓】〔惟〕ココニ

【惣】10829 【和訓】〔惣〕スベテ

【愁】10885 【和訓】〔愁〕ウレヘ

【意】10921 【字音】イ 【和訓】〔意〕ココロ

【愚】10946 【和訓】〔愚〕オロカ

【愛】10947 【字音】アイ

【感】10953 【字音】カム

【慇】11045 【和訓】〔慇懃〕ネムゴロ

【慈】11048 【字音】ジ

【慚】11096 【和訓】〔慚〕ハヅ

【慨】11122 【和訓】〔慨〕ナゲク

【慮】11132 【字音】クン、リヨ 【和訓】〔慮〕オボス

【慶】11145 【和訓】〔慶〕ヨロコビ

【憂】11170 【字音】イウ

【憐】11206 【字音】リン

【憑】11210 【和訓】〔憑〕タノミ、タノム

【慫】11216 【和訓】〔慫〕ナマジヒニ

【憚】11222 【和訓】〔憚〕ハバカル

【憤】11239 【和訓】〔憤〕イキドホリ

【憲】11269 【字音】ケン

【憶】11295 【和訓】〔憶〕オモフ

【懃】11321 【和訓】〔慇懃〕ネムゴロ

【懇】11326 【字音】コン

【應】11330 【字音】ヨウ、ヲウ

【懷】11456 【字音】クワイ 【和訓】〔懷〕イダク、オモフ

【懸】11462 【和訓】〔懸〕カク 〔懸籠〕カケゴ 〔懸盤〕カケバン 〔懸鰐口〕カケワニグチ

【戀】11504 【字音】レン 【和訓】〔戀〕コフ

(4) 戈部

【成】11544 【字音】ジヤウ、セイ

漢字索引　戈　戸　手

〔我〕11545　〔和訓〕〔我〕ワレ

〔或〕11563　〔和訓〕〔或〕アルイハ

(4) 戸 部

〔戸〕11696　〔和訓〕〔戸〕ト、ヘ　〔叩戸〕タタ　〔鳴戸〕ナルト　イヘ

〔戻〕11712　〔字音〕ルイ

〔房〕11714　〔字音〕バウ

〔所〕11715　〔字音〕ショ　〔和訓〕〔所〕トコロ　〔所々〕トコロドコロ　〔所以〕ソエニ　〔所謂〕イハイル、イル

〔扇〕11743　〔字音〕セン　〔和訓〕〔扇〕アフギ、アフグ

---

(4) 手 部

〔手〕11768　〔和訓〕〔手〕テ　〔手筥〕テバコ　〔手箱〕テバコ　〔水手〕フナデ

〔才〕11769　〔字音〕サイ

〔打〕11781　〔和訓〕〔打出〕ウチイデ

〔扶〕11840　〔和訓〕〔扶〕タスク

〔承〕11852　〔和訓〕〔承〕ウケタマハル

〔抄〕11863　〔和訓〕〔挾抄〕カイコ

〔抑〕11883　〔字音〕セウ　〔和訓〕〔抑〕ソモソモ

〔折〕11890　〔和訓〕〔折〕サク　〔折敷〕ヲシキ　〔折積〕ヲリヅミ　〔塗折敷〕ヌリヲシキ

〔披〕11909　〔和訓〕〔披〕ヒラク

〔押〕11929　〔和訓〕〔押〕オシ　〔押鮎〕オシアユ　〔飯押〕イヒオシ

〔抽〕11930　〔字音〕チウ　〔和訓〕〔抽〕ヌキ、ヌク　〔股抽〕モモヌキ

〔拂〕11936　〔和訓〕〔拂〕ハラフ

〔拋〕11948　〔和訓〕〔拋〕ナグ

〔拍〕11952　〔字音〕ハク

〔拔〕11959　〔字音〕バツ

〔拙〕11965　〔字音〕セツ　〔和訓〕〔拙〕ツタナシ

〔拜〕11969　〔字音〕ハイ

〔拾〕12014　〔和訓〕〔拾〕ヒロフ

〔持〕12019　〔和訓〕〔持〕モツ

〔拵〕12041　〔和訓〕〔拵〕ササグ

〔振〕12093　〔和訓〕〔振〕フルフ

〔挾〕12118　〔字音〕ケフ　〔和訓〕〔挾〕カイ　〔挾抄〕カイコ

〔捧〕12189　〔和訓〕〔捧〕ササグ

【捨】12191　【和訓】〔捨〕スツ

【掃】12237　【和訓】〔掃〕ハラフ

【掉】12243　【和訓】〔掉〕サヲサス

【排】12256　【和訓】〔排〕ヒラク

【採】12274　【字音】サイ　【和訓】〔採〕トル、ヒロフ

【探】12276　【和訓】〔探〕サグル

【接】12280　【字音】セフ

【推】12284　【和訓】〔推〕オス

【措】12286　【和訓】〔措〕オク、オス

【撓】12313　【字音】ジョウ

【提】12344　【字音】テイ　【和訓】〔提〕ヒサゲ

【揭】12389　【字音】ケイ

【搔】12477　【和訓】〔搔繩〕カクナハ

【搖】12479　【和訓】〔搖〕オゴカス

【搗】12480　【和訓】〔搗栗〕カチグリ

【摩】12613　【和訓】〔摩〕ナツ

マ

【摺】12647　【字音】マ　【和訓】〔摺〕スリ　〔水摺〕ミヅス

リ

【撰】12753　【和訓】〔撰〕エラミ

【擁】12781　【和訓】〔擁劒〕カサメ

【擇】12796　【字音】タク

【操】12806　【字音】サウ　【和訓】〔操〕ミサヲ

【擔】12828　【字音】タム

【據】12839　【和訓】〔據〕ヨル

【擧】12863　【和訓】〔擧薑〕コブシハジカミ

【擬】12870　【字音】ギ

【攀】12926　【字音】ヘン

(4) 攴部

【改】13114　【和訓】〔改〕アラタマル、アラタ

ム

【字音】カイ

【政】13135　【字音】セイ

【故】13161　【字音】コ

【效】13186　【字音】カウ

【敢】13260　【字音】カン　【和訓】〔敢〕アフ、アヘテ

【散】13265　【字音】サン　【和訓】〔散〕チラス

【敷】13359　【字音】フ　【和訓】〔敷〕シキ　〔折敷〕ヲシキ　〔塗折敷〕ヌリヲシキ

【數】13363　【字音】スウ　【和訓】〔數〕カズ

【斂】13407　【和訓】〔斂〕ヲサマル

(4) 文部

【文】13450　【字音】ブン、モン

（4）斗部
【斗】13489 【字音】ト
【料】13501 【字音】レウ
【斜】13509 【和訓】〔斜〕ナナメ
【斠】13517 【和訓】〔斠〕クム 【字音】シム

（4）斤部
【斯】13563 【和訓】〔斯〕コレ 〔于斯〕ココニ
【新】13572 【字音】シン
【斷】13576 【和訓】〔斷〕アシガナヘ、カナヘ

（4）方部
【方】13620 【字音】ハウ

【於】13628 【和訓】〔於〕オイテ、ニ、ヨリ、ヲ 【字音】オ
【旅】13644 【字音】リヨ 【和訓】〔旅〕タビ

（4）无部
【无】13716 【和訓】〔无〕ナシ 【字音】ム →〔無〕19113
【既】13724 【和訓】〔既〕スデニ

（4）日部
【日】13733 【和訓】〔日〕ヒ 〔日者〕ヒゴロ 〔明日香〕アスカ 〔春日埼〕カスガモヒ 【字音】ジツ

【旦】13734 【字音】タン
【旨】13738 【和訓】〔旨〕ムネ 【字音】シ
【早】13742 【和訓】〔早〕ハヤシ 【字音】サウ
【旬】13746 【字音】ジュン
【昆】13792 【字音】コン
【昇】13794 【和訓】〔昇〕ノボル 【字音】ショウ
【昌】13803 【字音】シャウ
【明】13805 【和訓】〔明〕アキラカ 〔明日香〕アスカ 【字音】ミャウ、メイ
【昏】13806 →〔昬〕13853
【易】13814 【和訓】〔易〕ヤス、ヤスシ 〔易〕カリヤス
【昔】13816 【和訓】〔昔〕ムカシ
【星】13837 【字音】セイ
【春】13844 【和訓】〔春〕ハル 〔春日埼〕カス

ガモヒ

〔昏〕13853　【字音】シユン　【和訓】〔昏〕ユフサリ、ユベ
〔昭〕13855　【字音】セウ
〔是〕13859　【字音】シ　【和訓】〔是〕コレ
〔時〕13890　【字音】ジ　【和訓】〔時〕トキ
〔晩〕13930-01　【和訓】〔晩〕モヨホス
〔書〕13948　【和訓】〔書〕ヒル
〔晨〕13962　【字音】シン　【和訓】〔晨〕アシタ
〔普〕13982　【字音】フ
〔景〕13983　【字音】ケイ　【和訓】〔景〕カゲ
〔晴〕13994　【字音】セイ　【和訓】〔晴〕ハレ
〔暇〕14036　【字音】カ　【和訓】〔暇〕イトマ
〔暑〕14051　→〔署〕32191
〔暖〕14064　【字音】ダン　【和訓】〔暖〕アタタカ

〔暗〕14065　【字音】アム　【和訓】〔暗〕クラシ
〔暮〕14128　【字音】ボ　【和訓】〔暮〕クル、ユフベ
〔暨〕14165　【和訓】〔暨〕イタル
〔曉〕14176　【和訓】〔曉〕アカツキ、ユベ
〔曚〕14223　【字音】モウ

(4) 日　部

〔曲〕14280　【字音】クヨク
〔曳〕14282　【字音】エイ　【和訓】〔曳〕ヒキ　〔鹽曳〕シホヒキ　〔曳干料〕ヒキ　ホシレウ
〔更〕14283　【和訓】〔更〕サラニ
〔書〕14294　【字音】ショ
〔曾〕14299　【字音】ソ　【和訓】〔近曾〕コゾ

〔最〕14301　【字音】サイ
〔會〕14306　【字音】エ

(4) 月　部

〔月〕14330　【字音】グヱツ　【和訓】〔月〕ツキ
〔有〕14332　【字音】イウ　【和訓】〔有〕アリ
〔服〕14345　【字音】フク　【和訓】〔服〕キモノ
〔朏〕14351　【字音】ホツ
〔望〕14368　【字音】バウ、マウ　【和訓】〔望〕ノゾミ、ノゾム
〔朝〕14374　【字音】テウ　【和訓】〔朝〕アシタ
〔期〕14378　【字音】キ、ゴ　【和訓】〔期〕カタラフ

(4) 木 部

〔木〕14415　〔和訓〕〔木〕キ　〔木賊〕トクサ　〔借木〕エスリ　〔弓木〕ユミキ　〔篤木〕アツギ　〔字音〕ボク、モク

〔末〕14419　〔和訓〕〔未〕イマダ、ズ

〔末〕14420　〔和訓〕〔末〕スヱ　〔字音〕マツ

〔本〕14421　〔和訓〕〔本〕モト　〔字音〕ホン

〔朱〕14424　〔字音〕シュ

〔机〕14435　〔和訓〕〔机〕ツクヱ

〔朽〕14439　〔和訓〕〔朽〕クツ

〔村〕14464　〔字音〕スン

〔杓〕14466　〔和訓〕〔杓〕ヒサゴ

〔束〕14480　〔和訓〕〔束〕ツカ　〔夏襲束〕ナツシヤウゾク　〔鮫束〕サメツカ　〔字音〕ソク

〔杭〕14494　〔和訓〕〔杭〕クヒ

〔東〕14499　〔字音〕トウ　〔和訓〕〔東〕ヒムガシ

〔杷〕14505　〔字音〕ハ

〔松〕14516　〔和訓〕〔松〕マツ　〔千海松〕ホシミル　〔浮海松〕ウキミル　〔海松〕ミル　〔字音〕ショウ

〔枇〕14528　〔字音〕ビ

〔枕〕14546　〔和訓〕〔枕〕マクラ

〔林〕14551　〔字音〕リム

〔枝〕14557　〔和訓〕〔枝栗〕エダグリ　〔字音〕シ

〔枯〕14579　〔和訓〕〔枯〕カル

〔柏〕14617　→〔拍〕11952

〔某〕14618　〔和訓〕〔某〕ソレガシ

〔染〕14621　〔和訓〕〔染〕ソム

〔柘〕14626　〔字音〕ザク

〔柚〕14629　〔字音〕ユ

〔柳〕14662　〔字音〕リウ　〔和訓〕〔柳〕ヤナギ

〔柴〕14664　〔和訓〕〔柴嶋〕クニシマ

〔柿〕14681　〔和訓〕〔柿〕カキ　〔串柿〕クシガキ　〔吉野柿〕ヨシノガキ

〔栗〕14695　〔字音〕シ　〔和訓〕〔栗〕クリ　〔丹波栗〕タンバグリ　〔搗栗〕カチグリ　〔枝栗〕エダグリ　〔稜栗〕イガグリ

〔校〕14713　〔字音〕カゾフ　〔和訓〕〔校〕カゾフ

〔根〕14745　〔字音〕コン　〔和訓〕〔根〕ネ　〔大根〕オホネ

〔桂〕14755　〔字音〕ケイ

〔桃〕14757　〔和訓〕〔獼猴桃〕コクハ　〔胡桃子〕クルミ

漢字索引　木　欠

【桑】14772
【字音】サウ
【和訓】〔桑〕クハ

【桶】14811
【字音】ヲケ
【和訓】〔桶〕ヲケ

【梅】14830
【字音】バイ
【和訓】〔梅〕ウメ

【梗】14849
【字音】ガイ
【和訓】〔梗〕ムネ　〔大梗〕オホムネ

【條】14859
【字音】デウ
【和訓】〔條〕エダ

【梨】14873
【字音】リ
【和訓】〔梨〕ナシ　〔信布梨〕シノブナシ

【梶】14889
【和訓】〔梶取〕カムドリ

【弃】14913
→〔弃〕09594

【棗】14937
【字音】タウ
【和訓】〔棗〕ナツメ　〔干棗〕ホシナツメ

【掉】14992
【和訓】〔掉〕サヲ

【椎】15024
【和訓】〔椎〕シヒ

【楊】15112
【字音】ヤウ

【楫】15168
【字音】イフ
【和訓】〔楫〕カヂ、ソロフ

【業】15170
【字音】ゲフ、ゴフ
【和訓】〔業〕ワザ

【極】15181
【字音】ゴク

【椋】15214
【和訓】〔椋〕ハンザフ

【榮】15273
【字音】エイ

【榴】15280
【字音】ロ

【槐】15323
【字音】クワイ

【樂】15399
【字音】ガク、ラク

【樞】15450
【和訓】〔樞〕トボソ

【樣】15457
【字音】ヤウ
【和訓】〔樣〕サマ　〔樣樣〕サマザマ　〔今樣〕イマヤウ　〔薄樣〕ウスヤウ

【樵】15489
【字音】セウ

【樹】15496
【和訓】〔樹〕キ

【樺】15497
【和訓】〔樺〕カバ

【橘】15551
【和訓】〔橘〕タチバナ　〔高橘〕タカタチバナ　〔花橘〕ハナタチバナ

【横】15594
【和訓】〔横〕ヨコ　〔横笛〕ヨコブエ

【檀】15632
【字音】ダン

【橧】15796
【字音】ライ

【櫓】15798
【字音】ロ

【櫨】15844
【和訓】〔櫨〕ハジ

【櫪】15846
【和訓】〔櫪〕シキイタ

(4)　欠　部

【次】15992
【字音】ジ

【欲】16080
【和訓】〔欲〕オモフ、ス、ホス

【歌】16167
【和訓】〔歌〕ウタ

(4) 欠部（承前）

〔歡〕16182 【字音】カ 【和訓】〔歡〕ナゲキ、ナゲク、ナ

〔歎〕16226 【字音】タン 【和訓】〔歎〕カ

〔歡〕16242 【字音】クワン 【和訓】〔歡〕ヨロコブ

(4) 止部

〔止〕16253 【字音】シ

〔正〕16255 【字音】シャウ

〔此〕16259 【和訓】〔此〕コノ、コレ 〔此等〕コレラ 〔如此〕カクノゴトシ 〔彼此〕カレコレ 〔若此〕カク 〔此〕コレ ノゴトシ

〔歩〕16264 【字音】ブ 【和訓】〔歩〕アユミ

〔武〕16273 【字音】ブ

(4) 歹部

〔歳〕16326 【字音】サイ

〔歴〕16340 【字音】リヤク、レキ

〔歸〕16349 【字音】クヰ 【和訓】〔歸〕カヘル

〔殊〕16451 【字音】シュ 【和訓】〔殊〕コトニ

(4) 殳部

〔殿〕16651 【和訓】〔殿〕トノ 〔大殿油〕オホトノアブラ

〔毀〕16654 【字音】クヰ

(4) 母部

〔母〕16723 【字音】ボ 【和訓】〔母〕ハハ

〔毎〕16725 【和訓】〔毎〕ゴトニ

(4) 比部

〔比〕16743 【字音】ヒ 【和訓】〔比〕コロホヒ、ナラブ

(4) 毛部

〔毛〕16772 【字音】モウ 【和訓】〔毛沓〕ケグツ 〔鹿毛草〕ヒジキ

〔毫〕16831 【字音】ガウ

(4) 気 部

〔氣〕17059
【和訓】〔御氣色〕ミキソク
【字音】キ、ケ

(4) 水 部

〔水〕17083
【和訓】〔水〕ミヅ 〔水手〕フナデ
〔水摺〕ミヅスリ 〔水雲〕スノ
リ、ノリ

〔氷〕17087
【字音】スイ
【和訓】〔氷〕コホリ 〔氷魚〕ヒイ
ヲ

〔汁〕17104
【字音】ジフ

〔求〕17105
【和訓】〔求〕モトム

〔汗〕17130
【和訓】〔汗〕アセ

〔江〕17140
【和訓】〔江亂海示〕カノコノリ
〔江口〕エグチ

〔池〕17141
【字音】チ

〔汰〕17160
【字音】タ

〔汲〕17163
【和訓】〔汲〕クム

〔決〕17174
【字音】クヱツ

〔沈〕17189
【字音】チム

〔沐〕17201
【和訓】〔沐〕アム

〔沓〕17206
【和訓】〔沓〕クツ 〔毛沓〕ケグツ

〔沙〕17212
【和訓】〔沙〕イサゴ

〔沮〕17238
【和訓】〔沮〕ヘダタル、ヘダツ

〔河〕17245
【和訓】〔河〕カハ 〔大河〕オホカ
ハ

〔油〕17253
【字音】カ
【和訓】〔油〕アブラ 〔大殿油〕オ
ホトノアブラ

〔治〕17256
【字音】チ

〔沽〕17258
【字音】コ

〔泉〕17274
【字音】セン

〔泊〕17275
【和訓】〔泊〕トマリ 〔泊々〕トマ
リトマリ

〔法〕17290
【字音】ホフ
【和訓】〔法〕ノリ

〔泛〕17298
【和訓】〔泛〕ウカブ

〔波〕17308
【和訓】〔波〕ナミ、ハ 〔丹波栗〕
タンバグリ

〔泥〕17311
【字音】ハ
【和訓】〔泥障〕アフリ

〔洗〕17379
【字音】セン

〔洛〕17383
【字音】ラク

〔洞〕17386
【字音】トウ

〔津〕17396
【和訓】〔津〕ツ

〔洩〕17401
【和訓】〔洩〕モラス

〔洪〕17402
【字音】コウ

〔洮〕17408
【字音】テウ

〔洲〕17413
【和訓】〔洲〕ス

〔流〕17431
【和訓】〔流〕ナガス、ナガル、ナ

ガレ

〔浪〕17482 〔字音〕ラウ 〔和訓〕〔浪〕ナミ

〔浮〕17487 〔字音〕フ 〔和訓〕〔浮海松〕ウキミル

〔浴〕17496 〔和訓〕〔浴〕アム

〔海〕17503 〔字音〕カイ 〔和訓〕〔海〕ウミ 〔海松〕ミル 〔海粨〕アミ 〔海老〕エビ 〔千海松〕ホシミル 〔海雲〕モツ 〔海蘿〕ノリ、フノリ 〔江蘺〕カノコノリ 〔浮海松〕ウキミル

〔涅〕17521 →〔沮〕17238

〔涓〕17529 〔字音〕ケン 〔和訓〕〔涓〕タマミヅ

〔消〕17541 〔和訓〕〔消〕キユ

〔涕〕17543 〔和訓〕〔涕〕ナミダ 〔涕涙〕ナミ

ダ

〔涯〕17582 〔字音〕ガイ 〔和訓〕〔涯〕キハマリ、キハメ

〔涼〕17606 〔和訓〕〔涼〕スズシ

〔涙〕17644 〔字音〕ルイ 〔和訓〕〔涕涙〕ナミダ

〔深〕17687 〔和訓〕〔深〕フカシ

〔混〕17694 〔字音〕コン 〔和訓〕〔混〕ヒタタク

〔清〕17695 〔字音〕セイ 〔和訓〕〔清〕スマス、スム

〔添〕17698 〔和訓〕〔添〕ソフ

〔渚〕17758 〔和訓〕〔渚〕トマリ

〔湯〕17874 〔和訓〕〔湯取〕ユトリ 〔湯帷〕ユカタビラ

〔源〕17926 〔字音〕グエン

〔溜〕17943 〔字音〕リウ

〔温〕17968 〔字音〕ヲン 〔和訓〕〔温〕タヅヌ

〔溶〕17983 〔字音〕ヨウ

〔溽〕17996 〔字音〕ジヨク

〔滑〕18032 〔和訓〕〔滑〕ヘシ 〔青滑〕アヲヘシ

〔滯〕18075 〔字音〕タイ

シ

〔滿〕18099 〔字音〕マン 〔和訓〕〔滿〕ミツ

〔漆〕18108 〔和訓〕〔漆〕ウルシ 〔漆金〕ウルシガネ 〔卷漆〕マキウルシ 〔赤漆〕アカウルシ 〔黑漆〕クロウルシ

〔漏〕18120 〔和訓〕〔漏〕モル

〔漕〕18131 〔和訓〕〔漕〕コグ

〔漢〕18153 〔字音〕カン

〔漫〕18166 〔字音〕マン

〔漬〕18167 〔和訓〕〔漬苽〕ツケウリ

【漸】18179 【和訓】漸シバラク、ヤウヤク

【潔】18231 【和訓】潔イサギヨクス

【潛】18240 【字音】セム 【和訓】潛アラハ

【澗】18253 【和訓】澗タニ

【潤】18255 【和訓】潤ウルホス、ウルホヒ

【潭】18271 【字音】タン

【澤】18383 【字音】タク

【濃】18442 【字音】ニン 【和訓】濃コ、コマヤカ 〔邑〕 〔濃〕ムラゴ

【濤】18508 【字音】タウ

(4) 火 部

【火】18850 【和訓】火ヒ 【篝火】カガリビ

【炙】18922 【和訓】炙物ヤキモノ

【炬】18949 【和訓】炬トボシビ

【炭】18953 【和訓】炭スミ

【烋】18991 【和訓】ヤスム

【烏】18998 【字音】ウ、コ 【和訓】烏賊イカ

【焉】19076 【字音】エン

【無】19113 【字音】ブ、ム → 〔无〕13716 【和訓】無ナシ 〔無益〕アヂキナシ

【然】19149 【和訓】然シカリ、シカレバ 〔然而〕シカレドモ 〔雖然〕シカリトイヘドモ

【煎】19184 【字音】セン 【和訓】煎付イッケ 〔煎物〕イリモノ

【煙】19203 【字音】エン

【照】19226 【和訓】照テラス

【熊】19294 【字音】イウ

【熟】19332 【字音】ジユク

【熨】19346 【和訓】熨衣ノシ

【燃】19394 【和訓】燃トボス

【燈】19402 【字音】トウ

【燒】19420 【和訓】燒蛸ヤイダコ

【營】19457 【字音】エイ 【和訓】營イトナミ、イトナム

【燭】19480 【和訓】燭トボシミ

【爆】19540 【和訓】爆物アブリモノ

(4) 爪 部

【爭】19663 【和訓】爭アラソフ

【爰】19672 【和訓】爰ココニ

【爲】19686 【字音】ヰ 【和訓】爲ス、タメ、タラク、タリ、ナル 〔爲當〕ハタ

漢字索引　爻　片　牛　犬　玉

(4) 爻部

爾 19750 【和訓】〔爾〕シカ

(4) 片部

片 19813 【和訓】〔片〕カタ　〔片々〕カタガタ　〔片飼〕カタガヒ

(4) 牛部

牛 19922 【和訓】〔牛〕ウシ　【字音】ギウ

牧 19950 【字音】モク

物 19959 【和訓】〔物〕モノ　〔乗物〕ノリモノ　〔炙物〕ヤキモノ　〔煎物〕イリモノ　〔爆物〕アブリモノ　〔縫物〕ヌヒモノ　〔翫物〕モテアソビモノ　〔蒸物〕ムシモノ　【字音】ブツ、モツ

特 20013 【和訓】〔特〕コトニ、マコトニ

犢 20196 【字音】トク

(4) 犬部

犬 20234 【和訓】〔犬島〕イヌシマ

犯 20238 【字音】ハム

狀 20280 【字音】ジャウ

狎 20329 【和訓】〔狎〕ナル

狛 20349 【字音】ハク　【和訓】〔狛〕コマ

狹 20428 【字音】ケフ　【和訓】〔狹〕サ　〔若狹〕ワカサ

猪 20534 【和訓】〔猪隈〕ヰノクマ

猫 20535 【和訓】〔猫面〕ネコオモテ

猴 20553 【和訓】〔獼猴桃〕コクハ　【字音】コウ

猶 20557 【和訓】〔猶〕ナホ　【字音】イウ

獨 20558 【字音】ドク

獪 20725 【字音】イウ

獼 20748 【和訓】〔獼猴〕コクハ

獻 20783 【字音】ケン

(5) 玉部

王 20821 【字音】ワウ

玉 20823 【字音】ギョク　【和訓】〔玉〕タマ

珍 20920 →〔珎〕20921

珎 20921 【字音】チン

珠 20956 【和訓】〔珠〕タマ

理 21014 【字音】リ

瓘 21072 【字音】クワン

漢字索引　玉瓦甘生用田疋

〔琴〕21079 〔字音〕キム 〔和訓〕〔琴〕コト
〔琵〕21080 〔字音〕ビ
〔琶〕21081 〔字音〕ハ
〔瑩〕21155 〔和訓〕〔瑩〕ミガク
〔璧〕21269 〔和訓〕〔璧〕タマ

(5) 瓦部
〔瓦〕21438 〔和訓〕〔瓦〕カハラ
〔瓷〕21491 〔字音〕シ

(5) 甘部
〔甘〕21643 〔和訓〕〔甘葛〕アマヅラ 〔甘鹽〕アマシホ

(5) 生部
〔生〕21670 〔字音〕シャウ、セイ 〔和訓〕〔生〕ウマル

(5) 用部
〔用〕21703 〔字音〕ヨウ

(5) 田部
〔田〕21723 〔字音〕デン 〔和訓〕〔田〕タ 〔田豆〕クワキ
〔由〕21724 〔字音〕ユ 〔和訓〕〔由〕ヨシ
〔甲〕21725 〔字音〕カフ
〔申〕21726 〔字音〕シン 〔和訓〕〔申〕サル

〔男〕21730 〔字音〕ダム 〔和訓〕〔男〕ヲトコ
〔畏〕21778 〔和訓〕〔畏〕オソル
〔留〕21808 〔字音〕リウ
〔略〕21839 〔字音〕リャク
〔番〕21858 〔和訓〕〔番〕ツガヒ
〔畫〕21859 〔和訓〕〔畫〕ヱガク 〔彩畫〕イロ
〔當〕21890 〔字音〕タウ 〔和訓〕〔為當〕ハタ
〔疊〕21983 〔字音〕デフ 〔和訓〕〔疊〕タタミ

(5) 疋部
〔疏〕22000 〔和訓〕〔疏〕クサビラ
〔疎〕22002 〔和訓〕〔疎〕ウトム、オロソカ

漢字索引　正 广 癶 白 皮 皿 目

【疑】22007　【字音】ソ　【和訓】〔疑〕ウタガフ

(5) 广部

【疲】22084　【和訓】〔疲〕ツカル

【病】22127　【字音】ビヤウ

(5) 癶部

【發】22669　【字音】ハツ　【和訓】〔發〕オコス

(5) 白部

【白】22678　【字音】ハク、ビヤク　【和訓】〔白箸〕シラハシ　〔白革〕シラカハ

【百】22679　【字音】ヒヤク

【皆】22699　【和訓】〔皆〕ミナ

(5) 皮部

【皮】22823　【字音】ヒ　【和訓】〔皮〕カハ　〔足皮〕アシカハ

【皺】22899　【和訓】〔皺〕シワ

(5) 皿部

【盆】22959　【字音】ボン　【和訓】〔覆盆子〕イチゴ

【盈】22961　【字音】エイ　【和訓】〔盈〕ミツ

【益】22972　【和訓】〔益〕マス　〔無益〕アヂキナシ

【盡】23029　【字音】ジン　【和訓】〔盡〕ツクス

【盤】23036　【字音】バン　【和訓】〔懸盤〕カケバン　〔立盤〕タチバン

【盥】23041　【字音】バン　【和訓】〔盥〕タラヒ

(5) 目部

【目】23105　【字音】モク　【和訓】〔目〕メ　〔賣目〕アカラメス

【相】23151　【字音】サウ　【和訓】〔相〕アヒ

【省】23179　【字音】セイ　【和訓】〔省〕ハブク

【眇】23188　【字音】ベウ

【眉】23190　【和訓】〔眉〕マユ

目部（承前）

【字音】ビ

〔眞〕23235 【字音】シン

〔眠〕23240 【和訓】〔眠〕ネブリ

〔眣〕23247 【字音】チツ

〔眩〕23254 【和訓】〔眩〕クルベク

〔眷〕23311 【字音】クエン

〔眼〕23318 【和訓】〔眼〕マナコ

〔睦〕23460 【和訓】〔睦〕ムツブ

〔瞻〕23742 【字音】セム 【和訓】〔瞻〕マブル

(5) 矛部

〔矜〕23852 【字音】コウ

(5) 矢部

〔矢〕23931 【和訓】〔矢〕ヤ

〔矣〕 【字音】イ

〔知〕23935 【字音】チ 【和訓】〔知〕シル

〔矧〕23938 【和訓】〔矧〕イハムヤ

(5) 石部

〔石〕24024 【和訓】〔石花〕セ 〔石純〕コモ

〔矴〕24029 【和訓】〔矴〕カシ

〔砂〕24046 【字音】シャ

〔硯〕24233 【和訓】〔硯〕スズリ 〔硯匣〕スズリバコ

〔碁〕24261 【字音】キ、ゴ

〔碧〕24334 【和訓】〔碧〕ミドリ

〔碩〕24338 【字音】セキ

〔磨〕24449 【和訓】〔磨入〕スリイレ

〔礙〕24542 【和訓】〔礙〕ハバカリ

(5) 示部

〔示〕24623 【字音】ジ 【和訓】〔江亂海示〕カノコノリ

〔祈〕24640 【和訓】〔祈〕イノル

〔祐〕24652 【字音】ユ

〔祖〕24664 【字音】ソ

〔神〕24673 【字音】シン

〔祭〕24700 【和訓】〔祭〕マツリ

〔祿〕24741 【字音】ロク

〔禁〕24743 【字音】キム

〔禪〕24835 【字音】ゼン

〔禮〕24844 【字音】ライ

(5) 禾部

〔私〕24913 【和訓】〔私〕ワタクシ

禾 部（承前）

【字音】シ
〔秋〕24940　【字音】シウ　【和訓】〔秋〕アキ
〔妖〕24941　【字音】シウ　【和訓】〔妖〕アキ
〔秦〕24995　【字音】シン
〔移〕25045　【字音】イ　【和訓】〔移〕ウツル
〔稍〕25083　【和訓】〔稍〕ヤクヤク、ヤヤ
〔秣〕25093-01　【和訓】〔秣栗〕イガグリ
〔稠〕25130　【字音】チウ　【和訓】〔稠〕シゲシ
〔稝〕25180　【和訓】〔稝〕イフ
〔稼〕25217　【字音】カ
〔穀〕25221　【和訓】〔穀〕コメ
〔積〕25266　【和訓】〔積〕ツミ、ツム、ツモル　〔折積〕ヲリヅミ　〔長積〕ナガ

ツミ
〔穢〕25331　【字音】エ

(5) 穴 部
〔空〕25415　【和訓】〔空〕ソラ、ムナシ
〔窓〕25494　【和訓】〔窓〕マド
〔窪〕25580　【和訓】〔窪坏〕クボツキ
〔窮〕25593　【字音】キウ、クウ
〔寝〕25618-01　【字音】シム

(5) 立 部
〔立〕25721　【和訓】〔立〕タツ　〔立几帳〕タテ、キチャウ　〔立盤〕タチバン
〔章〕25761　【字音】シヤウ
〔竪〕25790　【字音】リフ
〔竭〕25803　【和訓】〔竭〕ツク
〔端〕25806　【字音】タン
〔競〕25831　【和訓】〔競〕キホフ

(6) 竹 部
〔竹〕25841　【字音】チク
〔笙〕25913　【字音】シヤウ
〔笛〕25917　【和訓】〔笛〕フエ　〔横笛〕ヨコブエ
〔笠〕25924　【和訓】〔笠〕カサ　〔唐笠〕カラカサ　〔綾藺笠〕アヤヰガサ
〔第〕25943　【字音】ダイ
〔筆〕25987　【字音】ヒツ　【和訓】〔筆〕フムデ
〔等〕25992　【字音】トウ　【和訓】〔等〕ラ　〔此等〕コレラ
〔策〕26030　【和訓】〔策〕ブチウツ

漢字索引　竹　米　糸

【筥】26051　〔和訓〕〔手筥〕テバコ

【箏】26133　〔字音〕〔箏〕シヤウ

【筝】26135　〔字音〕セイ

【箙】26148　〔和訓〕〔箙〕エビラ、カリヤナグヒ、ヤナグヒ

【管】26162　〔字音〕クワン

【箱】26209　〔和訓〕〔箱〕ハコ　〔手箱〕テバコ

【箸】26224　〔和訓〕〔箸〕ハシ　〔白箸〕シラハシ

【節】26243　〔和訓〕〔節〕トキ　〔字音〕セツ

【篇】26257　〔字音〕ヘン

【篝】26320　〔和訓〕〔篝火〕カガリビ

【篤】26344　〔和訓〕〔篤木〕アツギ

【簝】26352　〔字音〕リツ

【箭】26356　〔和訓〕〔箭〕ヤ

【筆】26393　〔字音〕ヒチ

【筬】26414　〔和訓〕〔筬〕ハタゴ

【簇】26437　〔字音〕ゾク

【簜】26441　〔字音〕トウ

【簀】26524　〔字音〕キ

【籍】26676　〔字音〕セキ

【籙】26734　〔和訓〕〔弓胡籙〕ユミヤナグヒ　〔胡籙〕ヤナグヒ

【籠】26752　〔字音〕ロ　〔和訓〕〔籠〕コ　〔懸籠〕カケゴ　〔革籠〕シタミコ

(6) 米 部

【米】26832　〔字音〕マイ　〔和訓〕〔米〕コメ　〔黒米〕クロゴメ

【粉】26872　〔字音〕フン　〔和訓〕〔粉〕コ　〔小麦粉〕コムギノコ

【粳】26967　〔和訓〕〔粳〕ウルシネ

【粽】26993　〔和訓〕〔粽〕アメ

【精】26997　〔和訓〕〔精好〕ソロフ

【糖】27070　〔和訓〕〔糖〕アメ

【糠】27105　〔和訓〕〔海糠〕アミ

【糯】27173　〔和訓〕〔糯〕モチ

(6) 糸 部

【紅】27243　〔字音〕コウ　〔和訓〕〔紅〕クレナヰ

【納】27264　〔字音〕ダフ、ナフ　〔和訓〕〔納〕ヲサム

【紙】27293　〔字音〕シ →〔帋〕08809　〔和訓〕〔紙〕カミ

【紛】27295　〔和訓〕〔紛〕マガフ

【素】27300　〔和訓〕〔素〕モト

漢字索引　糸

【索】27306　【字音】サク　【和訓】〔索餅〕ムギナハ
【紫】27337　【字音】シ　【和訓】〔紫〕ムラサキ　〔紫苔〕ムラサキノリ　〔紫革〕ムラサキカハ
【累】27343　【字音】ルイ　【和訓】〔累〕カサヌ
【細】27344　【字音】サイ
【紹】27361　【字音】セウ
【紺】27362　【字音】コム
【絃】27373　【字音】グェン　【和訓】〔絃〕ヲ
【結】27398　【字音】ケチ、ケツ　【和訓】〔結〕ムスブ
【絶】27407　【字音】ゼツ　【和訓】〔絶〕タツ、タユ
【給】27432　【和訓】〔給〕タマフ

【絮】27443　【字音】ジョ　【和訓】〔絮〕イト
【絲】27448　【字音】シ　【和訓】〔絲〕イト　〔絲綿〕イトワタ
【絹】27470　【字音】シ　【和訓】〔絹〕キヌ　〔長絹〕ナガキヌ
【經】27508　【字音】キャウ、ケイ　【和訓】〔經〕フ
【維】27568　【字音】ユイ
【網】27577　【字音】マウ
【綻】27587　【字音】フクロブ　【和訓】〔綻〕ホコロブ
【綾】27591　【和訓】〔綾藺笠〕アヤヰガサ　〔綾錦〕アヤニシキ
【綿】27592　【和訓】〔綿〕ワタ　〔絲綿〕イトワタ
【緻】27598　【字音】テツ
【緒】27633　【和訓】〔緒〕ヲ

【緣】27656　【字音】エン
【緩】27669　【字音】クワン　【和訓】〔緩〕ユルシ
【縑】27750　【和訓】〔縑〕カトリ
【縣】27784　【和訓】〔縣〕コホリ
【縫】27809　【和訓】〔縫〕ヌヒ、ヌフ　〔縫物〕ヌヒモノ
【縱】27819　【字音】ショウ
【縷】27832　【字音】ロ　【和訓】〔縷〕イトスヂ
【繁】27849　【字音】ハン
【織】27892　【字音】ショク　【和訓】〔織〕オル
【繡】27913　【和訓】〔繡〕ヌヒアヤ、ヌヒモノ
【繩】27937　【和訓】〔繩〕ナハ　〔掻繩〕カクナハ　〔麻繩〕ヲナハ
【繋】27940　【和訓】〔繋〕ツナグ

【繪】27964 〔和訓〕〔繪〕オリモノ
【繼】27997 〔和訓〕〔繼〕ツグ 〔繼墨〕ツギス
【纈】28028 〔字音〕ケツ
【纃】28037 〔和訓〕〔纃〕ツギ 〔纃々〕ツギツギニ
【纊】28050 〔字音〕カウ
【纜】28053 〔字音〕ラム
【纔】28070 〔和訓〕〔纔〕ワヅカニ
【纖】28072 〔和訓〕〔纖〕キボソシ、ヒソヤカ
【纜】28100 〔和訓〕〔纜〕トモヅナ

(6) 网部

【罪】28293 〔和訓〕〔罪〕ツミ
【罷】28336 〔和訓〕〔罷〕ヤム

(6) 羊部

【羊】28425 〔字音〕ヤウ 〔和訓〕〔羊〕ヒツジ
【美】28435 〔字音〕ビ 〔和訓〕〔美作〕ミマサカ
【義】28504 〔字音〕ギ

(6) 羽部

【羽】28614 〔字音〕ウ 〔和訓〕〔羽〕ハ 〔鳥羽〕トバ
【翁】28635 〔字音〕ヲウ
【翅】28642 〔和訓〕〔翅〕ツバサ
【習】28672 〔字音〕シフ 〔和訓〕〔習〕タヅヌ、ナラヒ
【翔】28689 〔和訓〕〔翔〕カケル

【翩】28762 〔字音〕ヘン
【翫】28766 〔和訓〕〔翫〕モテアソブ 〔翫物〕モテアソビモノ
【翰】28780 〔字音〕カン

(6) 老部

【老】28842 〔字音〕ラウ 〔和訓〕〔山老〕トコロ 〔海老〕エビ
【耆】28849 〔字音〕キ
【者】28853 〔字音〕シャ 〔和訓〕〔者〕イフハ、コロ、ハ、バ、モノ 〔日者〕ヒゴロ

(6) 而部

【而】28871 〔和訓〕〔而〕シカモ、シカルヲ、

而 部

シテ 〔而已〕ノミ、マクノミ
〔然而〕シカレドモ

耐 28879
〔字音〕ジ
〔和訓〕〔耐〕オサフ

(6) 耒 部

耕 28907
〔和訓〕〔耕〕カヘス

(6) 耳 部

耳 28999
〔字音〕ニ
〔和訓〕〔耳〕ミミ

耽 29024
〔和訓〕〔耽〕フケル

聊 29049
〔和訓〕〔聊〕イササカニ

聚 29093
〔和訓〕〔聚〕アツム

聞 29104
〔和訓〕〔聞〕キク、キコユ
〔字音〕モン

聲 29166
〔和訓〕〔聲〕コエ

聳 29167
〔字音〕ソビク

職 29183
〔和訓〕〔職〕シキ

聽 29211
〔和訓〕〔聽〕キク
〔字音〕テイ

(6) 聿 部

肇 29228
〔和訓〕〔肇〕ハジメ

(6) 肉 部

肝 29273
〔字音〕カン

股 29284
〔和訓〕〔股抽〕モモヌキ

肩 29299
〔和訓〕〔肩〕カタ

背 29363
〔和訓〕〔背〕ソムク
〔字音〕ハイ

胡 29400
〔和訓〕〔胡桃子〕クルミ 〔胡籙〕
ヤナグヒ 〔弓胡籙〕ユミヤナグ
ヒ
〔字音〕コ、ゴ

胸 29442
〔和訓〕〔胸〕ムネ

能 29454
〔和訓〕〔不能〕アタハズ
〔字音〕ノウ

胱 29462
〔字音〕テウ

脂 29463
〔字音〕シ

脣 29526
〔字音〕シン

脩 29535
〔字音〕シウ

脱 29539
〔字音〕ダツ

膏 29800
〔字音〕カウ

膚 29829
〔字音〕フ

膝 29837
〔和訓〕〔膝〕ヒザ

膠 29841
〔和訓〕〔膠〕ニカハ

膳 29891
〔字音〕ゼン

膽 29933
〔字音〕タム

臘 30009
〔字音〕ラフ

(6) 臣部

〔臨〕30087 【和訓】〔臨〕ノゾム

(6) 自部

〔自〕30095 【和訓】〔自〕オノヅカラ、ミヅカラ、ヨリ

(6) 至部

〔至〕30142 【字音】シ 【和訓】〔至〕イタテ、イタル

〔臺〕30161 【字音】ダイ

――――――――――――――――――

(6) 臼部

〔與〕30212 【和訓】〔與〕ト

〔興〕30226 【字音】キョウ

〔舊〕30249 【和訓】〔舊〕フル 【字音】キウ、ク

(6) 舌部

〔舌〕30277 【和訓】〔舌長鐙〕シタナガアブミ

〔舒〕30300 【字音】ジョ

(6) 舟部

〔舟〕30350 【字音】シウ 【和訓】〔舟〕フネ 〔鵜舟〕ウフネ

〔舩〕30384 【和訓】〔舩〕フネ 〔釣舩〕ツリブネ

――――――――――――――――――

【字音】セン

〔舫〕30386 【和訓】〔舫〕ハシフネ

〔舳〕30397 【字音】ヘ 【和訓】〔舳〕 〔艫舳〕トモヘ

〔鍛〕30511 【字音】ソウ

〔艫〕30582 【和訓】〔艫舳〕トモヘ

(6) 艮部

〔良〕30597 【字音】リャウ

(6) 色部

〔色〕30602 【和訓】〔色〕イロ 〔色々〕イロイロ 〔色利〕イロリ 〔色革〕イロカハ 〔御氣色〕ミキソク 【字音】シキ、ショク

〔艶〕30637 【字音】エム

(6) 艸 部

〔芋〕30670　【和訓】〔芋〕イヘノイモ、イモ

〔芍〕30674　【字音】シヤク

〔芙〕30694　【字音】フ

〔芥〕30715　【字音】ケ

〔芬〕30728　【字音】フン

〔花〕30734　【和訓】〔花〕ハナ　〔花橘〕ハナタチバナ　〔石花〕セ

〔芳〕30736　【字音】ハウ

〔苅〕30771　【字音】クワ　【和訓】〔苅易〕カリヤス

〔苔〕30778　【字音】タイ　【和訓】〔苔〕コケ、ノリ　〔青苔〕アヲノリ　〔紫苔〕ムラサキノリ　〔鳥坂苔〕トリサカノリ

〔苗〕30781　【字音】ベウ

〔苛〕30785　【字音】カ

〔苟〕30790　【和訓】〔苟〕イヤシクモ

〔苣〕30794　【和訓】〔苣〕チサ

〔若〕30796　【字音】ジヤク　【和訓】〔若〕モシ　〔若狭〕ワカサ　〔若此〕カクノゴトシ

〔苦〕30797　【字音】ク、コ　【和訓】〔苦茸〕ニガタケ

〔苫〕30802　【和訓】〔苫〕トマ

〔苽〕30827　【字音】クワ　【和訓】〔苽〕ウリ　〔伊賀干苽〕イ　〔干苽〕ホシウリ　ガホシウリ　〔漬苽〕ツケウリ

〔茂〕30833　【和訓】〔茂〕モ　〔賀茂〕カモ

〔茄〕30835　【字音】カ

〔茅〕30836　【和訓】〔茅〕チ

〔茗〕30864　【字音】ミヤウ

〔茜〕30871　【和訓】〔茜〕アカネ

〔茲〕30911　【和訓】〔茲〕コレ

〔茶〕30915　【字音】サ

〔茸〕30918　【和訓】〔茸〕タケ　〔平茸〕ヒラタケ

〔草〕30945　【和訓】〔草〕クサ　〔苦茸〕ニガタケ　ケ　クサ　〔鶏頭草〕ミヅフフキ　〔鴨頭草〕ツユ　〔鹿毛草〕ヒジキ　〔鹿角草〕カ　ノノシモ

〔荏〕30950　【和訓】〔荏裏〕エツツミ

〔荒〕30953　【字音】カウ　【和訓】〔荒巻〕アラマキ　〔荒布〕アラメ

〔荷〕31000　【字音】カ

〔莊〕31035　【字音】サウ

〔莒〕31046　【和訓】〔莒〕ハコ

〔莚〕31059　【和訓】〔莚〕ムシロ

〔莫〕31078　【字音】バク　【和訓】〔遮莫〕サモアラバアレ

【苑】31135 【字音】エン

【菊】31153 【字音】キク

【菓】31168 【字音】クワ

【菜】31184 【字音】サイ 【和訓】〔菜〕ナ 〔青菜〕アヲナ

【菟】31189 【字音】ト

【華】31214 【字音】クワ、クヱ

【菲】31220 【字音】ヒ

【萃】31251 【字音】スイ

【革】31255 【和訓】〔革籠〕シタミコ

【萌】31265 【和訓】〔萌〕キザス

【萬】31339 【字音】バン、マン

【落】31362 【和訓】〔落〕オチル

【葉】31387 【和訓】〔葉〕ハ

【著】31410 【字音】エフ 【和訓】〔著〕キル、ツク 〔媚著〕アイヅク

【葛】31420 【和訓】〔葛〕カヅラ、ツラ 〔甘葛〕アマヅラ

【葦】31437 【和訓】〔葦手〕アシデ

【純】31545 【和訓】〔石純〕コモ

【蒙】31555 【和訓】〔蒙〕カブル

【蒲】31611 【和訓】〔蒲〕カマ

【蒸】31618 【和訓】〔蒸物〕ムシモノ 〔蒸鮑〕ムシアハビ

【蒼】31627 【字音】ジョウ

【蓄】31642 【字音】チク

【蓉】31648 【字音】ヨウ

【蓬】31720 【字音】ホウ

【蓮】31722 【字音】レン

【蓼】31744 【和訓】〔蓼〕タデ

【蔭】31840 【字音】イム 【和訓】〔蔭〕カゲ

【蕤】31995 【字音】ヌイ

【蕨】32001 【和訓】〔蕨〕ワラビ

【蕩】32002 【和訓】〔蕩〕トラク

【蕪】32004 【和訓】〔蕪〕カブラ

【蔀】32049-01 【字音】ブ

【蕷】32054 【和訓】〔薯蕷〕イモ、ヤマノイモ

【藤】32081 【和訓】〔藤〕アシダ

【薄】32083 【和訓】〔薄様〕ウスヤウ

【薑】32110 【和訓】〔薑〕ハジカミ 〔土薑〕ツチハジカミ 〔擧薑〕コブシハジカミ 〔鳴薑〕ナルハジカミ

【薛】32125 【字音】ヘキ

【薦】32143 【字音】セン

【薪】32149 【和訓】〔薪〕タキギ

【薐】32188-01 【字音】ラフ

【薯】32191 【和訓】〔薯蕷〕イモ、ヤマノイモ

【薫】32192 【和訓】〔薫〕タキモノ 【字音】クン

漢字索引 艸虍虫血行

艸部（続き）

〔薺〕32208 【和訓】〔薺〕ナヅナ

〔藝〕32330 【字音】 【和訓】〔藝〕オキテ

〔藤〕32340 【字音】トウ

〔藥〕32341 【字音】ヤク

〔藪〕32348 【字音】ソウ

〔蘭〕32399 【和訓】〔蘭〕ヰ 〔綾蘭笠〕アヤヰガサ

〔蘇〕32427 【字音】ソ

〔蘋〕32435 【字音】ヒン

〔蘿〕32590 【字音】ラ

(6)虍部

〔虎〕32675 【和訓】〔虎〕トラ

〔處〕32697 【字音】ショ

〔虛〕32709 【字音】キョ

(6)虫部

〔虵〕32820 【和訓】〔虵尾〕ススブ

〔蚊〕32849 【和訓】〔蚊蛤〕ハマグリ

〔蚹〕32894 【和訓】〔蚹〕タコ 〔燒蚹〕ヤイダコ

〔蛇〕32964 →〔虵〕32820

〔蚫〕32984 【和訓】〔蚫〕アハビ 〔蒸蚫〕ムシアハビ

〔蛤〕33023 【字音】カフ 【和訓】〔蛤〕ハマグリ

〔蜜〕33143 【字音】ビチ、ミツ 【和訓】〔蜜々〕ヒソカニ

〔蝙〕33271 【字音】ヘン

〔蝠〕33288 【字音】フク

〔螢〕33434 【字音】ケイ 【和訓】〔螢〕ホタル

〔蟄〕33491 【字音】チ、チフ

〔螺〕33512 【字音】ラ 【和訓】〔螺〕ツビ

〔蟹〕33668 【和訓】〔蟹嶋〕カニシマ

(6)血部

〔衆〕33981 【字音】シウ

(6)行部

〔行〕34029 【字音】カウ、ギヤウ 【和訓】〔行縢〕ムカバキ

〔術〕34046 【字音】ジュツ

〔衝〕34069 【和訓】〔衝重〕ツクガサネ

〔衞〕34074 【字音】エイ

(6) 衣部

【衣】34091　〔字音〕エ　〔和訓〕〔衣〕キヌ、コロモ　〔尉衣〕ノシ　〔表衣〕ウヘノキヌ

【表】34105　〔字音〕ヘウ　〔和訓〕〔表〕ヘ　〔表袴〕ウヘノハカマ　〔表衣〕ウヘノキヌ

【袋】34171　〔和訓〕〔袋〕フクロ

【被】34222　〔和訓〕〔被〕ラル

【袴】34236　〔和訓〕〔袴〕ハカマ　〔表袴〕ウヘノハカマ

【裁】34258　〔和訓〕〔裁〕オル、ヲル

【裏】34294　〔和訓〕〔裏〕ウチ

【裔】34303　〔字音〕エイ

【裹】34372　〔和訓〕〔裹〕ツツミ　〔往裹〕エツ　ツミ

【複】34417　〔和訓〕〔複〕カサナル

【褐】34435　〔字音〕カツ

【褥】34495　〔和訓〕〔褥〕ウハシキ

【襃】34574-01　〔字音〕シヤウ　〔和訓〕〔夏襃束〕ナツシヤウゾク

【襟】34647　〔字音〕キム

(6) 襾部

【西】34763　〔字音〕セイ　〔和訓〕〔西〕ニシ　〔西室〕ニシムロ

【要】34768　〔字音〕エウ

【覆】34789　〔和訓〕〔覆〕オホフ　〔覆盆子〕イチゴ

(7) 見部

【見】34796　〔字音〕ケン　〔和訓〕〔見〕ミユ、ミル

【覓】34815　〔和訓〕〔覓〕モトム

【視】34836　〔和訓〕〔視〕ミル

【親】34918　〔字音〕シン　〔和訓〕〔親〕オヤ

【覺】34973　〔字音〕カク　〔和訓〕〔覺〕オボユ、サマス

【覽】34977　〔字音〕ラム

【觀】34993　〔字音〕クワン

(7) 角部

【角】35003　〔字音〕カク　〔和訓〕〔角〕ツノ　〔大角豆〕ササゲ　〔鹿角草〕カノノツシモ

(7) 言　部

【解】35067
【和訓】〔解〕トク
【字音】ゲ

【觸】35181
【和訓】〔觸〕フル

【言】35205
【字音】ゲン、ゴン
【和訓】〔言〕イフ、コトバ

【計】35220
【字音】ケイ
【和訓】〔計〕カズフ、カゾフ、ハカリコト

【訥】35274
【和訓】〔訥〕オソシ

【訪】35284
【和訓】〔訪〕トブラフ

【許】35298
【和訓】〔許〕バカリ

【詎】35370
【和訓】〔詎〕タレ

【詞】35394
【字音】シ
【和訓】〔詞〕コトバ

【詠】35409
【字音】ユイ

【詩】35427
【字音】シ

【詳】35446
【和訓】〔詳〕ツバヒラカ

【認】35502
【和訓】〔認〕トム

【誠】35537
【和訓】〔誠〕マコト

【誦】35551
【字音】ジュ

【誨】35553
【字音】クワイ

【調】35609
【字音】テウ

【談】35633
【字音】ダム

【論】35658
【字音】ロン

【誼】35706
【字音】クワン

【諫】35724
【字音】ケン

【諳】35736
【字音】イム

【諸】35743
【和訓】〔諸〕モロモロ

【謁】35757
【字音】ショ

【謂】35759
【和訓】〔謂〕イフ　〔所謂〕イハイ
ル、イル

【講】35824
【字音】カウ

【謝】35827
【字音】シヤ

【謡】35832
【和訓】〔謡〕ウタフ

【謹】35900
【和訓】〔謹〕ツツシム

【譁】35928
【字音】クワ

【證】35946
【字音】ショウ

【譽】36066
【字音】ヨ

【讀】36088
【和訓】〔讀〕ヨム

【變】36117
【字音】ヘン

【讃】36163
【字音】サン

(7) 谷　部

【谷】36182
【和訓】〔谷〕キハマル
【字音】コク

(7) 豆　部

【豆】36245
【和訓】〔豆〕マメ　〔大豆〕オホマ

メ 【大角豆】ササゲ 【田豆】ク
ワキ

[豈] 36249 【字音】トウ 【和訓】[豈]アニ

(7) 豕部

[豕] 36334 【字音】キ 【和訓】[豕]キノコ
[象] 36372 【字音】ザウ
[豫] 36425 【字音】ヨ 【和訓】[豫]アラカジメ

(7) 貝部

[貝] 36656 【字音】バイ
[負] 36660 【和訓】[負]ヒ 【一負】ヒトヒ
[貯] 36698 【和訓】[貯]タクハフ
[貳] 36703 【字音】ニ

[貴] 36704 【字音】クキ
[費] 36717 【和訓】[費]ツヒヤス
[貽] 36719 【和訓】[貽]ノコス
[賀] 36725 【和訓】[賀]ガ 【賀茂】カモ 【伊賀千苽】イガホシウリ
[資] 36750 【字音】シ 【和訓】[資]タスク、タスケ
[賊] 36759 【字音】ゾク 【和訓】[木賊]トクサ 【烏賊】イ
カ
[賓] 36788 【字音】ヒン
[賦] 36800 【字音】フ
[賜] 36809 【和訓】[賜]タマハル、タマフ
[賞] 36813 【字音】シャウ
[賢] 36822 【字音】ケン
[賣] 36825 【和訓】[賣目]アカラメス
[質] 36833 【和訓】[質]ミ 【字音】シチ

---

(7) 赤部

[赤] 36993 【和訓】[赤漆]アカウルシ 【赤
黑】アカグロ

(7) 走部

[走] 37034 【字音】ソウ 【和訓】[走]ハシル
[起] 37048 【字音】... 【和訓】[起]オコル
[赴] 37084 【和訓】[赴]トム
[越] 37110 【字音】エツ 【和訓】[越]コユ
[趍] 37124 【和訓】[趍]ワシル
[趣] 37207 【和訓】[趣]オモブク

漢字索引 足身車辛辰辵

(7) 足部

〔足〕37365 【和訓】〔足〕タル 〔足皮〕アシカ
ハ
〔跡〕37493 【字音】セキ 【和訓】〔跡〕アト
〔路〕37524 【字音】ロ 【和訓】〔路〕ミチ
〔蹄〕37724 【和訓】〔蹄〕ヒヅメ
〔蹤〕37823 【字音】ショウ

(7) 身部

〔身〕38034 【字音】シン 【和訓】〔身〕ミ
〔躰〕38065 【字音】タイ

(7) 車部

〔車〕38172 【字音】シャ
〔軟〕38213 【字音】ゼン
〔載〕38309 【和訓】〔載〕ノス
〔輕〕38346 【和訓】〔輕〕カロシ
〔輩〕38398 【字音】 【和訓】〔輩〕トモガラ
〔輪〕38400 【字音】リン
〔轉〕38507 【字音】テン 【和訓】〔轉〕メグル

(7) 辛部

〔辤〕38671 【字音】ジ

(7) 辰部

〔辰〕38682 【字音】シン
〔辱〕38686 【字音】ニク

(7) 辵部

〔迎〕38748 【和訓】〔迎〕ムカフ
〔近〕38752 【字音】キン、コン 【和訓】〔近〕チカシ 〔近曾〕コゾ
〔返〕38758 【字音】ヘン
〔迨〕38791 【和訓】〔迨〕オヨブ
〔逑〕38803 【字音】ジュツ
〔迷〕38825 【和訓】〔迷〕マドフ
〔退〕38839 【和訓】〔退〕シリゾク
〔送〕38842 【字音】タイ 【和訓】〔送〕オクル

【辵部(辶)】

- 〔逆〕38849 〔字音〕ゲキ 〔和訓〕〔逆類〕サカツラ
- 〔途〕38882 〔字音〕ト 〔和訓〕〔途〕ミチ
- 〔逞〕38883 〔和訓〕〔逞〕ミチ
- 〔通〕38892 〔字音〕ツウ、トウ
- 〔造〕38898 〔字音〕ザウ 〔和訓〕〔造〕ツクリ
- 〔連〕38902 〔字音〕レン 〔和訓〕〔連〕ツラヌ
- 〔進〕38943 〔字音〕シン 〔和訓〕〔進〕ススム
- 〔遁〕38982 〔和訓〕〔遁〕ノガル
- 〔遂〕38985 〔和訓〕〔遂〕シタガフ、トグ
- 〔遇〕38991 〔字音〕グウ 〔和訓〕〔遇〕アフ
- 〔遊〕38994 〔和訓〕〔遊〕アソブ 〔遊女〕ウカラメ

- 〔運〕38998 〔字音〕ウン
- 〔過〕39002 〔字音〕クワ 〔和訓〕〔過〕スグ
- 〔遑〕39006 〔和訓〕〔遑〕イトマアリ
- 〔道〕39010 〔字音〕ダウ 〔和訓〕〔道〕ミチ
- 〔達〕39011 〔字音〕タツ
- 〔遙〕39035 〔和訓〕〔遙〕ハルカ
- 〔遞〕39045 〔和訓〕〔遞〕タガヒニ
- 〔遠〕39047 〔和訓〕〔遠〕トホシ
- 〔適〕39076 〔字音〕ユム 〔和訓〕〔適〕タマタマ
- 〔遮〕39086 〔字音〕シャ 〔和訓〕〔遮莫〕サモアラバアレ
- 〔遲〕39113 〔字音〕チ
- 〔遷〕39123 〔字音〕セン
- 〔選〕39127 〔和訓〕〔選〕エラム

- 〔遺〕39134 〔字音〕ユイ 〔和訓〕〔遺〕ノコン
- 〔遼〕39137 〔字音〕レウ
- 〔邁〕39169 〔字音〕マイ
- 〔還〕39174 〔字音〕グヱン
- 〔邊〕39216 〔字音〕ヘン

(7) 邑部

- 〔邑〕39269 〔字音〕イフ 〔和訓〕〔邑濃〕ムラゴ
- 〔郷〕39571 〔字音〕キヤウ
- 〔鄙〕39597 〔字音〕ヒ

(7) 酉部

- 〔酌〕39768 〔字音〕シャク 〔和訓〕〔酌〕クム

【酒】39776 【和訓】【酒】サケ

【酢】39824 【字音】シユ 【和訓】【酢鹽】スシホ

【酬】39850 【字音】シウ 【和訓】【酬】コタフ、ムクユ

【醬】40011 【字音】シヤウ 【和訓】【醬】ヒシホ

【醴】40053 【和訓】【醴】ニゴリ

(7) 里 部

【里】40131 【字音】リ

【重】40132 【字音】チウ 【和訓】【重】カサネ、カサネテ 【衝重】ツクガサネ

【野】40133 【字音】ヤ 【和訓】【野】ノ 【野原】ノハラ 【吉野柿】ヨシノガキ

【量】40138 【字音】リヤウ

(8) 金 部

【金】40152 【字音】キム、コム 【和訓】【金】コガネ 【漆金】ウルシガネ

【釜】40164 【和訓】【釜】カマ

【針】40165 【字音】シム 【和訓】【針】ハリ

【釣】40172 【字音】テウ 【和訓】【釣舩】ツリブネ 【釣魚】ツリウヲ

【鈿】40279 【字音】デン

【鉢】40317 【字音】ハチ

【銀】40355 【字音】ギン 【和訓】【銀】シロカネ

【鏁】40435 【和訓】【鏁】クサリ 【彩鏁】イロ

ヘクサリ

【錣】40507 【和訓】【錣形】ナマリカタ

【錦】40569 【和訓】【錦】ニシキ 【綾錦】アヤ

【鍾】40672 【字音】ショウ

【鎭】40744 【字音】チン

【鏡】40812 【和訓】【鏡】カガミ

【鐘】40902 →【鍾】40672

【鐙】40904 【和訓】【鐙】アブミ 【舌長鐙】シタナガアブミ

【鐵】40991 【和訓】【鐵】クロガネ

(8) 長 部

【長】41100 【和訓】【長】ナガ、ナガクス、ナガシ 【長刀】タチ 【長積】ナガツミ 【長絹】ナガキヌ 【舌長鐙】シタナガアブミ

【字音】チャウ

(8) 門 部

門 41208 【字音】モン
開 41233 【字音】カイ 【和訓】〔開〕ヒラク
閑 41247 【字音】カン 【和訓】〔閑〕ヒソカニ
間 41249 【字音】カン 【和訓】〔間〕アヒダ、コロ 〔中間〕ナカゴロ
閭 41301 【字音】ロ
閤 41334 【字音】カフ
闔 41434 【字音】カン、ケン
闕 41456 【字音】ジャ 【和訓】〔闕〕カク
關 41470 【和訓】〔關〕アヅカル

(8) 阜 部

阿 41599 【字音】ア
陀 41600 【字音】ダ
附 41606 【字音】フ 【和訓】〔附〕ツケ
陋 41616 【字音】ロウ
降 41620 【字音】カウ 【和訓】〔降〕クダス、クダル 〔以降〕コノカタ
限 41627 【字音】ゲン 【和訓】〔限〕カギリ
除 41669 【字音】チョ
陳 41698 【和訓】〔陳〕ノブ
陶 41705 【字音】タウ
陸 41708 【和訓】〔陸〕クガ
陽 41725 【和訓】〔陽〕クスリ 【字音】ヤウ

隆 41746 【字音】リウ
隈 41748 【和訓】〔隈〕クマ 〔猪隈〕ヰノクマ
隍 41754 【字音】ワウ
階 41755 【和訓】〔階〕ハシ
隙 41792 ↓〔隟〕41829
障 41821 【字音】シャウ 【和訓】〔泥障〕アフリ
隟 41829 【和訓】〔隟〕ヒマ
隣 41847 【和訓】〔隣〕チカシ
隨 41871 【和訓】〔隨〕シタガフ

(8) 佳 部

雖 42104 【和訓】〔雖〕イヘドモ 〔雖然〕シカリトイヘドモ
雙 42116 【和訓】〔雙〕ナラビ 【字音】サウ

漢字索引　佳　雨　青　非　面　革

〔雑〕42122　〔字音〕ザフ

〔離〕42140　〔和訓〕〔離〕ハナル

〔難〕42145　〔和訓〕〔難〕オモフ、カタシ

(8) 雨 部

〔雨〕42210　〔和訓〕〔雨〕アメ　〔雨俟〕アマホコリ　〔字音〕ウ

〔雪〕42216　〔和訓〕〔雪〕ユキ　〔字音〕セツ

〔雲〕42235　〔和訓〕〔雲〕クモ　〔水雲〕スノリ、ノリ　〔海雲〕モヅク　〔字音〕ウン

〔霑〕42329　〔和訓〕〔霑〕ウルフ

〔霜〕42363　〔字音〕サウ

〔霧〕42418　〔和訓〕〔霧〕キリ　〔字音〕ブ

〔露〕42463　〔和訓〕〔露〕ツユ

〔靈〕42531　〔字音〕ロ

〔靈〕42532　〔字音〕リヤウ

(8) 青 部

〔青〕42564　〔和訓〕〔青滑〕アヲヘシ　〔青苔〕アヲノリ　〔青菜〕アヲナ　〔字音〕セイ

〔靜〕42578　〔字音〕ジヤウ　〔和訓〕〔靜〕シヅカ　〔字音〕セイ

(8) 非 部

〔非〕42585　〔和訓〕〔非〕アラズ

(9) 面 部

〔面〕42618　〔和訓〕〔面〕オモテ　〔猫面〕ネコオモテ　〔字音〕メン

(9) 革 部

〔革〕42710　〔和訓〕〔革〕カハ　〔革尻切〕カハシリケレ　〔白革〕シラカハ　〔紫革〕ムラサキカハ　〔色革〕イロカハ

〔靴〕42729　〔字音〕クワ

〔鞆〕42794　〔和訓〕〔鞆取〕トモトリ

〔鞍〕42815　〔字音〕クラ　〔和訓〕〔鞍〕クラ

〔鞭〕42937　〔字音〕ベン

〔韈〕43079　〔和訓〕〔韈〕シタウヅ

(9) 音部

【音】43265 【和訓】〔音〕オト 【字音】イム、オム
【響】43325 【和訓】〔響〕ヒビク

(9) 頁部

【頂】43335 【和訓】〔頂〕イタダキ 【字音】テイ
【頃】43338 【和訓】〔頃年〕コロトシ 【字音】クキヤウ
【須】43352 【和訓】〔須〕スベカラク
【預】43373 【和訓】〔預〕アヅカル →〔蕷〕32054
【頑】43374 【字音】グワン
【頗】43415 【字音】ハ
【領】43423 【字音】リヤウ、レイ
【頭】43490 【和訓】〔鴨頭草〕ツユクサ 〔鶏頭草〕ミヅフフキ 【字音】ヅ、トウ
【頰】43496 【和訓】〔頰〕ツラ 〔逆頰〕サカツラ
【頸】43515 【和訓】〔頸〕クビ 〔鳥頸〕トリクビ
【頹】43518 【和訓】〔頹〕クヅル
【頻】43519 【和訓】〔頻〕シキリニ 【字音】ビン
【顏】43591 【字音】ガン
【願】43623 【字音】グワン
【類】43636 【字音】ルイ
【顧】43689 【和訓】〔顧〕カヘリミル 【字音】コ
【顯】43726 【字音】ケン

(9) 風部

【風】43756 【和訓】〔風〕カゼ 【字音】フウ
【飄】43946 【字音】ヘウ

(9) 飛部

【飛】44000 【和訓】〔飛〕トブ 〔飛驒餅〕ヒダモチヒ 【字音】ヒ

(9) 食部

【食】44014 【字音】ショク
【飡】44022 【字音】サン
【飣】44042 【字音】チウ

漢字索引　食　首　香　馬　骨

食

【飯】44064　〔和訓〕〔飯押〕イヒオシ　〔字音〕ハン
【飼】44107　〔和訓〕〔飼〕カヒ、カフ　〔鳥飼〕トリカヒ　〔片飼〕
【飽】44109　〔和訓〕〔飽〕アク
【飾】44111　〔和訓〕〔飾〕カザル
【養】44144　〔和訓〕〔養〕ヤシナフ　〔字音〕ヤウ
【餌】44146　〔和訓〕〔餌嚢〕エブクロ
【餘】44185　〔和訓〕〔餘〕アマ
【餅】44220　〔和訓〕〔餅〕モチヒ　〔丸餅〕マルモチヒ　〔墨餅〕スミモチヒ　〔飛驒餅〕ヒダモチヒ　〔索餅〕ムギナハ　〔字音〕ヘイ
【餤】44324　〔字音〕ツイ
【餲】44350　〔字音〕ヒチ
【饢】44485　〔字音〕ラ

(9)
首 部

【首】44489　〔和訓〕〔首〕カシラ　〔字音〕シュ

(9)
香 部

【香】44518　〔和訓〕〔明日香〕アスカ　〔字音〕カウ

(10)
馬 部

【馬】44572　〔和訓〕〔馬〕ウマ　〔字音〕バ
【馳】44593　〔和訓〕〔馳〕ハス
【駄】44633　〔字音〕ダ
【駐】44660　〔和訓〕〔駐〕トマル
【駑】44661　〔和訓〕〔駑〕オソマ　〔字音〕ド
【駒】44663　〔字音〕ク　〔和訓〕〔駒〕コマ
【駕】44667　〔字音〕ガ
【駘】44675　〔字音〕タイ
【騰】44915　〔和訓〕〔行騰〕ムカバキ
【驒】45002　〔和訓〕〔驒〕ダ　〔飛驒餅〕ヒダモチヒ
【驗】45024　〔字音〕ゲム
【驚】45029　〔和訓〕〔驚〕オドロク
【驛】45030　〔和訓〕〔驛〕マヤ

(10)
骨 部

【骨】45098　〔和訓〕〔骨〕ホネ　〔川骨〕カハホネ　〔字音〕コツ

漢字索引　骨　高　髟　鬯　魚　鳥

【體】45291 【字音】テイ

(10) 高部

【高】45313 【和訓】〔高〕タカシ　〔高坏〕タカツキ　〔高橋〕タカタチバナ 【字音】カウ

(10) 髟部

【髟】45400 【和訓】〔髟〕カミ 【字音】ハツ

(10) 鬯部

【鬱】45671 【字音】ウツ

(11) 魚部

【魚】45956 【和訓】〔魚〕イヲ、ウヲ　〔制魚〕コノシロ　〔氷魚〕ヒイヲ　〔釣魚〕ツリウヲ
【魯】46013 【字音】ロ
【鮀】46039 【和訓】〔鮀〕ナマヅ
【鮎】46070 【和訓】〔鮎〕アユ　〔押鮎〕オシアユ
【鮒】46075 【和訓】〔鮒〕フナ
【鮨】46123 【和訓】〔鮨〕スシ、スシモノ
【鮄】46124 【和訓】〔鮄〕イヲ、シロイヲ
【鮫】46127 【和訓】〔鮫束〕サメツカ
【鮭】46132 【字音】ケイ
【鮮】46133 【和訓】〔鮮〕アザヤカ
【鯉】46182 【和訓】〔鯉〕コヒ

【鯛】46226 【和訓】〔鯛〕タヒ
【網】46288-01 【和訓】〔鯛〕チチカブリ
【鰐】46337 【和訓】〔鰐口〕ワニグチ　〔懸鰐口〕カケワニグチ
【鰚】46357 【和訓】〔鰚〕ハラカ
【鰡】46374 【和訓】〔鰡〕ウナギ
【鯵】46442 【和訓】〔鯵〕アチ
【鰭】46470-01 【和訓】〔鰭〕ツクラ
【鱒】46492 【和訓】〔鱒〕マス
【鱗】46502 【字音】リン 【和訓】〔鱗〕イロクツ
【鱶】46592 【和訓】〔鱶〕フカ
【鱸】46600 【和訓】〔鱸〕スズキ

(11) 鳥部

【鳥】46634 【和訓】〔鳥〕トリ　〔鳥坂苔〕トリサカノリ　〔鳥羽〕トバ　〔鳥頸〕

漢字素引　鳥　鹵　鹿　麻　黄　黑

鳥部（続）

- トリクビ　〔鳥飼〕トリカヒ
- 〔鳳〕46671　【字音】ホウ
- 〔鳴〕46672　【和訓】〔鳴〕ナク　〔鳴戸〕ナルト　〔鳴蟲〕ナルハジカミ
- 〔鴈〕46734　【字音】ガン　ネ　【和訓】〔鴈〕カリ　〔鴈鼻〕カリバ
- 〔鴛〕46795　【字音】エン
- 〔鴨〕46823　【字音】アフ　【和訓】〔鴨頭草〕ツユクサ
- 〔鵜〕46952　【和訓】〔鵜舟〕ウフネ　ミヅフフキ
- 〔鷄〕47209　【和訓】〔鷄〕ニハトリ　〔鷄頭草〕
- 〔鷗〕47268　【字音】ヲウ　【和訓】〔鷗〕カモメ
- 〔鷪〕47327　【和訓】〔鷪〕ウグヒス
- 〔鶴〕47470　【字音】テウ　【和訓】〔鶴〕ツル

【字音】クワク

（11）鹵 部

- 〔鹽〕47579　【字音】エム　【和訓】〔鹽〕シホ　〔堅鹽〕カタシホ　〔鹽曳〕シホヒ　〔甘鹽〕ア　キ　〔酢鹽〕スシホ　マシホ

（11）鹿 部

- 〔鹿〕47586　【字音】ロク　【和訓】〔鹿毛草〕ヒジキ　〔鹿角〕草　カノノツノシモ
- 〔麗〕47663　【字音】ライ、レイ
- 〔麝〕47682　【字音】ジヤ

（11）麥 部

- 〔麥〕47717　【和訓】〔麥〕ムギ　〔小麥粉〕コムギノコ

（11）麻 部

- 〔麻〕47888　【字音】マ　【和訓】〔麻繩〕ヲナハ

（12）黄 部

- 〔黄〕47926　【字音】ワウ

（12）黑 部

- 〔黑〕48038　【和訓】〔黑〕クロ　〔黑漆〕クロウ

ルシ 〔黑米〕クロゴメ 〔赤黑〕
アカグロ

〔默〕48063
【字音】コク
【和訓】〔默〕モダス

〔黛〕48075
【字音】タイ

〔點〕48083
【字音】テム

(13) 鼓 部

〔鼓〕48330
【字音】コ

(14) 鼻 部

〔鼻〕48498
【和訓】〔鼻〕ハネ 〔鴈鼻〕カリバ
ネ

(15) 歯 部

〔齡〕48632
【字音】レイ
【和訓】〔齡〕ヨハヒ

(16) 龍 部

〔龍〕48818
【字音】リウ
【和訓】〔龍〕タツ

あとがき

高野山西南院に参上して、寶藏の聖教類の拜觀のお許しを得たのは、昭和四十年のことであった。御住職和田有玄猊下の格別の御懇情により、同院に宿泊させて頂いて、貴重な聖教類、特に平安鎌倉時代の訓點資料を多數拜見することが出來た。その中に『和泉往來』一卷が含まれて居り、その際、行を共にした小林芳規博士と一緒に、詳しく拜觀する時間に惠まれたのであった。その際の解讀の結果は、小林博士によつて纏められた原稿が、石川謙博士の編纂に係る『日本教科書大系 往來篇第二卷 古往來（二）』に提供されて、昭和四十二年五月にその全文の翻字が刊行されたのであるが、その内容には、小生の意見も一部、提示されてゐる。その後、古典研究會の刊行書の一として、「古典籍索引叢書」の出版が計畫され、小生が編輯の主幹となつて、汲古書院から刊行されることになり、その中に是非とも『和泉往來』の總索引を收錄させて頂きたいとの希望を懷き、平成元年四月に、月本雅幸氏と共に參上した。その際、和田猊下より、その出版の御許可を賜り、原本の撮影をさせて頂いたのであった。その折には、汲古書院の石川力氏、寫眞技師の幸田彰氏も同行し、重ねて種々御芳情を忝うした。

『和泉往來』は、文治二年（一一八六）の書寫奥書を有し、二百五十餘行の比較的短い卷子本ではあるが、全卷に亙つて、假名による極めて詳しい訓點が施されてをり、他の訓點資料には得難い豐富な傍訓が、貴重な國語資料を提供してゐる。

本書については、夙に識者の注目する所となり、昭和三十五年以來、故遠藤嘉基博士の數多い業績が公にされ、博士が會長を務められた訓點語學會の研究發表會での御發表や、その機關誌『訓點語と訓點資料』の誌上にも度重なる御寄稿があ

三二七

つて、詳細な研究が推進された。そして、昭和五十六年十二月には、「京都大學國語國文資料叢書二十八」として、遠藤博士により、『和泉往來　高野山西南院藏』と題して、全文の影印と翻字とが、詳しい注記・解説と數篇の論文とを附して刊行された。又、植垣節也氏、曾田文雄氏、福島邦道氏、その他の諸氏による、多くの研究が公にされ、索引としては、西崎亨氏の「高野山西南院本和泉往來和訓索引」（『訓點語と訓點資料』第四十二輯、昭和四十五年五月）が公刊された。更に、昭和五十六年四月には、貴重古典籍刊行會から、第三期の一冊として、約九〇％に縮約されたコロタイプ版の複製本が刊行され、山田忠雄氏の詳密な解説が附載された。

これら先達の多くの業績によつて、『和泉往來』の解讀、研究は大いに進展した。特に、上述の遠藤博士や、小林博士の論考には、多くの新見が含まれてゐる。唯、原本には本文、訓點の兩面に亘つて、誤寫や誤點の箇所が多く、その解讀には格別に困難な面があり、諸氏の意見にも一致しない部分が多く殘されてゐる。又、全文、乃至は一部分の翻字は、既に複數のものが公刊されてゐるが、全文の讀下し文は、未だ一つも公にされてをらず、索引については、右記の西崎氏の業績があるが、字音索引・漢字索引は未だ刊行された例を見ない。これは、從來の諸研究者各位が、愼重を期して安易に踏切られなかつたためかと思はれるが、たとへ不十分なものであつても、今後の研究の捨石となることを願ひつ、、全文の讀下し文、總索引の作成の作業に挑んだ次第である。しかし、その途中で、解決困難な箇所が續出し、作業は遲々として進まず、菲才無學を喞つばかりで、徒に年月を過して今日に至つてしまつた。しかし、諸般の情勢は、これ以上の延滯を許さなくなり、多くの未解決の問題を抱へたま、の状態で、とにかくも公刊に踏切り、諸賢の御批正を仰ぐこととした次第である。

索引を「和訓索引」と「字音索引」との二本立てとしたこと、「和訓索引」では「ニ」「ヲ」「ナリ」などの助辭類の大部分を省略したこと、「漢字索引」で採用した方式・體裁など、色々と今後の課題となるべき點も多いことと思はれる。

三二八

この作業の中で、上記の諸先學、同學の方々から、多くの御教示に與つたことを改めて感謝したい。その主なものは注記等に記載させて頂いたが、全部の所説を網羅引用するに至らなかつたことについては、各位の御海容をお願ひしたい。

思ふに、『和泉往來文治點』は、多数の訓點資料の中でも特異な性格を有する文獻であつて、平安時代末期乃至は鎌倉時代初期の訓點資料の一般的な状況を示したものとは考へられず、一時代前の表記方式を襲つた點や、他に例の稀な訓讀の様式などを含んでをり、この訓點の共時的記述、當時の平均的な訓點資料全體の中での位置附けなど、今後解明せらるべき多くの問題を抱へてゐると考へられる。しかし現在の段階では、遺憾ながら卑見を開陳するための十分な用意と時間が得られず、今後の研究に期待する次第である。

本書の讀み下し文と索引の原稿については、最初、筆寫の原稿で作成したが、讀み下し文の原稿については、昭和四十年、西南院において、小林芳規博士と共同で原本を調査する機會を與へられて以來、同博士から特に多くの御教示を頂いた。又、索引の原稿については、金子彰氏の御厚意によつて、索引の逆引を實施して下さり、多くの御指摘を頂いた。その後、改めて翻字本文、讀下し文につき、パソコン入力による原稿を作成して印刷に附したのであるが、出版計畫以來、編輯、校正の段階で、汲古書院の前社長坂本健彦氏、現社長石坂叡志氏以下の各位、殊に編集長大江英夫氏に格別の御盡力を頂いた。大江氏は、本書の編纂全般に亘り、周到に配慮され、又、索引の逆引に際して全項目を一旦原文の行順に配列替へをする作業や、和訓索引と字音索引とに基づき、複雑な項目等の配列を變換して、漢字索引を作成する作業など、小生の手の及ばない面で、コンピューター操作によつて、これらの作業を可能とされたのである。その御勞苦に對して、心から感謝の意を表したい。又、コンピューター會社のエニウェイ社の御協力も多大であつた。各位の御芳情に對して厚く御禮申上げたい。尚、原本調査を始め、種々御世話を願つた月本雅幸氏、又、校正に際して長期間助力してくれた荊妻に對しても、その勞を犒ひたい。

去る平成十五年秋、圖らずも和田有玄猊下御遷化の報に接した。御生前に本書を拝呈して、格別の御厚意にお報いすることが出來なかつたことは、非力の致すところ、誠に申譯なき限りである。このやうな御無禮にも拘らず、今回、現御住職和田有伸師より、改めて出版の御許可を頂くことが出來た。その御芳情に衷心より感謝申し上げつつ、この一本を、謹んで故猊下の御靈前にお捧げして、偏に御冥福をお祈りする次第である。

平成十六年五月十日

築　島　裕　識

古典籍索引叢書　第九巻（第十回配本）

高野山
西南院藏本**和泉往來總索引**

平成十六年七月十五日發行

監修者　築　島　　裕

編者

出版　古　典　研　究　會

發行者　石　坂　叡　志

整版　株式会社エニウエイ

富士リプロ株式会社

發　行　汲　古　書　院

102-
0072
東京都千代田區飯田橋二-五-四
電話〇三(三二六五)九七六四
FAX〇三(三二二二)一八四五

© 二〇〇四

ISBN4-7629-3338-4 C3381

古典籍索引叢書

定期予約受付中！

第一期全十五卷　築島　裕主編

---

❶ 三寶繪（東大寺切）總索引

春日和男　宮澤俊雅　安田尚道　増成富久子

保安元年（一一二〇）書寫平假名本の語彙總索引。一帖全文と東大寺切として知られる多數の斷簡本文の翻字を收錄。名古屋市博物館所藏。

❷ 東京國立博物館藏本古今和歌集總索引

築島　裕　小倉正行　石川洋子　土井光祐　德永良次一

元永本の翻字・語彙索引（用例は句文節單位）・漢字索引。

▼A5判上製　總720頁　定價22427円　94年9月刊行

❸ 學習院大學藏本伊勢物語總索引

築島　裕

學習院大學所藏の三條西家本を底本とし、原本の假名遣い（定家假名遣）通りの文節單位の總索引。全文の影印と翻字を收錄。

❹ 源氏物語繪卷詞書總索引

田島毓堂

院政期寫繪卷詞書の翻字（『源氏物語大成』本文と對照）・總索引。

▼A5判上製　總392頁　定價14272円　94年3月刊行

❺ 高野山西南院藏本往生要集總索引

月本直子　月本雅幸

高野山西南院所藏平安時代末期書寫の假名書本を底本とする文節單位の總索引。全文の影印と翻字を收錄。

▼A5判上製　總424頁　定價15291円　93年10月刊行

❻ 宮内廳書陵部藏本寶物集總索引

月本直子　月本雅幸

鎌倉時代前半書寫一卷本の影印・翻字本文・總索引・解題。

▼A5判上製　總424頁　定價15291円　93年10月刊行

❼ 東京國立博物館藏本延喜式祝詞總索引

沖森卓也

九條家本の影印・翻字本文・訓讀文・漢字索引・語彙索引・解説。

▼A5判上製　總544頁　定價20388円　95年1月刊行

---

❽ 東大寺諷誦文稿總索引

築島　裕

影印・翻字・讀下し文・漢字索引・假名索引等を收錄。

▼A5判上製　總400頁　定價15750円　01年3月刊行

❾ 高野山西南院藏本和泉往來總索引

築島　裕

影印・翻字・譯文・和訓索引・字音索引・漢字索引を收錄。

▼A5判上製　總348頁　定價11550円　04年7月刊行

❿ 宮内廳書陵部藏本群書治要經部語彙索引

原　卓志　小林芳規　山本秀人　佐々木勇　山本眞吾　丹治芳男

金澤文庫舊藏本に加えられた訓點（清原教隆加點〈建長五年（一二五三）〜正嘉元年（一二五七））についての和訓索引・字音索引。

▼A5判上製　總484頁　定價16311円　96年2月刊行

⑪⑫ 石山寺藏本大唐西域記語彙索引（一）（二）

月本雅幸

石山寺所藏全十二帖の内、卷第一〜八の全文を影印して一冊に收め、卷第二・六・八の訓讀文と卷第一〜八の假名要語索引とを一冊に收錄。

▼A5判上製　總496頁　定價16311円　95年4月刊行

⑬ 醍醐寺藏本遊仙窟總索引

築島　裕　杉谷正敏　丹治芳男

康永三年（一三四）書寫加點奧書本の影印・翻字本文・本文異文對照表・和訓假名索引・字音音注索引・漢字索引。

▼A5判上製　總496頁　定價16311円　95年4月刊行

⑭⑮ 陽明文庫藏本御堂關白記自筆本總索引（一）（二）

峰岸　明

藤原道長自筆本の翻字（一）と漢字索引（單語單位）・假名索引（二）。

▼⑭＝A5判上製　360頁　定價12233円　95年6月刊行
▼⑮＝A5判上製　670頁　定價20388円　95年6月刊行

既刊十冊（白ヌキ数字は未刊）。